JOANNA JĘDRZEJCZYK

WOJOWNICZKA

JAK STAŁAM SIĘ NIEZWYCIĘŻONA

Joanna Jędrzejczyk, Przemysław Osiak

JOANNA JĘDRZEJCZYK

WOJOWNICZKA

JAK STAŁAM SIĘ NIEZWYCIĘŻONA

Tekst: Joanna Jędrzejczyk, Przemysław Osiak
Zdjęcia:
Okładka – Łukasz Grochala/Cyfrasport x2
Ostatnia strona – Łukasz Grochala, Radosław Jóźwiak/Cyfrasport, Konrad Koczywas/FOTONEWS, Aleksander Majdański
Środek: Brandon Magnus/Zuffa LLC/Getty Images x2, Todd Lussier/Zuffa LLC/Getty Images, Jeff Bottari/Zuffa LLC/Getty Images, Brent Lewin/Bloomberg/Getty Images
Wkładka 1, 2, 3 – archiwum prywatne Joanny Jędrzejczyk
Wkładka 4 – AP Photo/Brandon Wade/East News x2, Imago/Jakob Hoff/East News, Jeff Bottari/Zuffa LLC/Getty Images, Mike Stobe/Zuffa LLC/Getty Images, AFP PHOTO/Paul CROCK/East News, Marek Biczyk/Newspix.pl, Brandon Magnus/Zuffa LLC/Getty Images x2, AP Photo/Julio Cortez/East News, Jason Silva/ Alamy Live News/EAST NEWS, Aleksander Majdański

Redakcja: Renata Surmacz
Korekta: Aneta Gawędzka-Paniczko
Fotoedycja: Jarosław Arczewski
Projekt okładki: NOWE KRESKI Mariusz Korolczuk
DTP: INSATSU Michał Żelezniakowicz
Druk: Drukarnia Jedność w Kielcach

Wydawca:
Ringier Axel Springer Polska Sp. z o.o.
ul. Domaniewska 52, 02-672 Warszawa
Prezes zarządu: Edyta Sadowska
Dyrektor zarządzający segmentem sportowym: Rafał Romaniuk
Koordynator wydawniczy: Katarzyna Drosio-Raszplewicz

ISBN: 978-83-8091-233-5

Warszawa 2017

Spis treści

OD AUTORKI

Dziękuję Bogu za siłę, wiarę i zdrowie. Za to, że dał mi tak dobrych rodziców.

Nie byłabym tu, gdzie jestem, bez mamy Anny i taty Jana. Kocham ich bardzo mocno. Tę książkę dedykuję im, jak również moim siostrom Ewie i Kasi, małemu siostrzeńcowi Adasiowi, mojemu narzeczonemu Przemkowi, szwagrom Jarkowi i Krzysiowi oraz przyjaciołom, którzy od wielu lat są ze mną w dobrych i złych momentach. Dziękuję najlepszej przyjaciółce Ani, a także Asi, Malwinie, Magdzie i Larry'emu.

Dziękuję mojemu menedżerowi Karolowi. Jest on pomysłodawcą tej książki, ale przede wszystkim kuzynem i przyjacielem, z którym przekraczam niemożliwe granice.

Jesteście najważniejsi w moim życiu!

Dziękuję wszystkim, których spotkałam na swojej drodze życia. Za wszystkie dobre, miłe, jak i bolesne doświadczenia, które mnie ukształtowały.

Drodzy Czytelnicy i Fani, Wam także dedykuję tę książkę! Nigdy się nie poddawajcie. Niech moja autobiografia będzie dowodem na to, że wiara, chęci, marzenia, stawiane cele i ciężka praca przynoszą wyczekiwane owoce. Dziękuję za wsparcie!

Dziękuję całej redakcji „Przeglądu Sportowego".

Przyjemnością było pracować ze współautorem tej książki Przemysławem Osiakiem, w dzisiejszych czasach jednym z najlepszych dziennikarzy zajmujących się sportami walki. Wiele godzin poświęcenia, determinacji i podróży przyniosło udany efekt.

OD WSPÓŁAUTORA

Tamtego dnia, a było to w połowie lipca 2014 roku, Joannie przyznano wizę do Stanów Zjednoczonych. Minęło prawie jedenaście lat, od kiedy zaczęła uprawiać sport. Zdobyła sześć tytułów mistrzyni świata w boksie tajskim i kickboxingu, zwiedziła pół świata, ale w USA nigdy nie walczyła. Usiedliśmy na jednej z ławek na rogu ulic Pięknej i Mokotowskiej, rzut beretem od ambasady. Jędrzejczyk opowiadała, że nie boi się myśleć o tytule wielkiej federacji UFC, choć w mieszanych sztukach walki miała za sobą zaledwie sześć pojedynków. Zwycięskich, rewelacyjnych, jak choćby te w Moskwie i Londynie, ale jedynie sześć. MMA wciąż było dla niej nowością i ryzykiem.

26 lipca 2014 roku w San Jose w Kalifornii rozbiła swoją pierwszą rywalkę w ośmiokątnej klatce Ultimate Fighting Championship. Dwieście dni później w teksańskim Dallas cieszyła się już z pasa mistrzyni świata, który w doskonałym stylu obroniła potem cztery razy. Na świecie nie ma dzisiaj drugiej niezwyciężonej kobiety, która walczyłaby w bardziej spektakularny sposób. Nikt nie robi tego lepiej od Joanny Jędrzejczyk. Po Agnieszce Radwańskiej nie ma bardziej rozpoznawalnej w skali światowej sportsmenki z naszego kraju.

Zanim Asia opowie o fascynujących przygodach ze swojego życia, chciałbym jej podziękować za poświęcone mi godziny i uwagę. Nigdy nie zawiodła, zawsze pamiętała o spotkaniu, zadzwoniła bądź napisała. Przyjechała po mnie na dworzec, odgrzała obiad, przygotowała coś na powrót. Zapytała, czy dojechałem, jakby pasażerom pociągów na trasie Olsztyn – Warszawa groziło szczególne niebezpieczeństwo. Jeśli robi to wybitny sportowiec, a z takim ty jako dzieciak marzący o dziennikarstwie chciałeś obcować, czujesz wdzięczność.

Nie zagłębiając się w kwestie promotorskie, MMA dzisiaj ma taką pozycję w USA jak boks zawodowy. W czasach Muhammada Alego był to sport numer jeden obok baseballa i wyścigów konnych. Na przestrzeni lat stracił swoją pozycję na rzecz gier zespołowych. Mieszane sztuki walki dogoniły boks, słupki oglądalności są równe, jeśli nie wyższe. Oczywiście jeszcze długo żadne wydarzenie w sportach walki nie pobije najdroższego pojedynku w dziejach pomiędzy pięściarzami Floydem Mayweatherem Juniorem i Mannym Pacquiao. Do 2 maja 2015 roku cztery i pół miliona Amerykanów zapłaciło dziewięćdziesiąt albo sto dolarów, aby obejrzeć trzydzieści sześć minut walki. Bilet do MGM Grand w cenie kilkunastu tysięcy dolarów wcale nie należał do najdroższych. Łączny dochód z potyczki Amerykanina z Filipińczykiem wyniósł sześćset milionów. To się prędko nie powtórzy. Dla UFC normą stała się sprzedaż na poziomie miliona, zapewniająca kilkadziesiąt milionów dolarów dochodu z jednej gali z samego pay-per-view. Latem 2016 roku bracia Lorenzo i Frank Fertitta sprzedali udziały UFC inwestorom z firmy WME/IMG za – uwaga – cztery miliardy dolarów. W dziejach całego sportu nie było droższej transakcji.

Mieszane sztuki walki zawierają nie tylko boks, ale i inne dyscypliny, stąd bywają nazywane wszechstylową walką. W boksie promotorzy pracują z wieloma zawodnikami, szukając dla tych najlepszych okazji do rywalizacji o pas jednej z czterech prestiżowych federacji. W MMA też jest wielu promotorów, ale tylko jeden absolutnie największy, dla którego walczy kilkuset zawodników i zawodniczek, który sam przyznaje tytuł mistrza świata. Jeśli zdobyłeś pas UFC, wiadomo, że nie ma od ciebie lepszych. Joanna Jędrzejczyk jest mistrzynią UFC. Żadna kobieta nie wygrała tu więcej walk niż ona.

Bezsprzecznie najlepsze MMA pod względem sportowym to właśnie Ultimate Fighting Championship. Nie Bellator, nie KSW i nie Fight Exclusive Night. W boksie zawodowym istnieje siedemnaście kategorii wagowych, a mistrzami świata możemy obecnie nazwać ponad osiemdziesięciu pięściarzy, co jest oczywiście powodem do żartów, zarazem klęską możnych tego sportu. W UFC mężczyźni rywalizują o osiem pasów, kobiety o trzy. Joanna Jędrzejczyk jest jedną z zaledwie trzech mistrzyń świata w organizacji sportowej o wartości czterech miliardów dolarów.

Joanna wygrywa wszystkie pojedynki i nigdy nie zawodzi, czego nie można powiedzieć o wielu innych gwiazdach uprawianej przez nią dyscypliny. Od półtora roku jest najlepszą zawodniczką świata bez podziału na wagi. Na liście najlepszych bez podziału na wagi i płeć zajmuje szóste miejsce. W dziesiątce najlepszych bokserów świata prestiżowego magazynu „The Ring" nigdy nie było Polaka, choć miejsce dla Dariusza Michalczewskiego albo Tomasza Adamka w szczytowych momentach ich karier nie byłoby przesadzone. Joannę śmiało możemy nazwać najwybitniejszą polską przedstawicielką sportów walki w XXI wieku obok Adamka, a także najlepszą wojowniczką w historii naszego sportu. Żaden z naszych rodaków nie ma obecnie szans, aby stać się główną atrakcją imprezy w MGM Grand w Las Vegas czy Madison Square Garden w Nowym Jorku. W sportach walki nie ma bardziej prestiżowych aren, a Jędrzejczyk święciła tam triumfy w pojedynkach o tytuł. Biorąc pod uwagę media społecznościowe, w skali światowej cieszy się większą popularnością niż Deontay Wilder, amerykański mistrz świata wagi ciężkiej w boksie, przynajmniej z racji narodowości następca „Największego" Muhammada Alego czy Mike'a Tysona.

Jest jeszcze jedna ważna rzecz, o której trzeba napisać. Kobiety, które walczą. Po co? Czy nie mogą tego zostawić mężczyznom? Czy ring albo oktagon to miejsce dla nich? Cóż, to nie są panie, którym coś poprzestawiało się w głowie albo w gospodarce hormonalnej. Wiele zawodniczek MMA to wspaniałe, silne kobiety, niekiedy bardzo atrakcyjne, są w związkach, rodzą zdrowe dzieci. Oczywiście zdarza się, że w wyniku walki na jakiś czas tracą na urodzie. Winę za to ponoszą szczególnie takie zawodniczki jak Asia. W całym jej mistrzostwie największy problem polega na tym, że jeszcze nie nauczyła się zadawać ciosów tak, aby na twarzy przeciwniczki nie było po nich śladu. Takie czy inne obrażenia rywalki nie dają jej satysfakcji. Zawsze powtarza, że najbardziej liczy się rywalizacja sportowa, potwierdzenie supremacji, nagroda za wiele tygodni kolosalnego wysiłku.

Joanna jest pełną energii, żywiołową osobą, z którą każdy chce spędzać czas. Ma świetny gust, nosi dobre, stylowe ciuchy, a na stopy obowiązkowo zakłada parę markowych butów sportowych. Uśmiecha się do ludzi, jest życzliwa i ciekawa świata.

Po jej wizycie w redakcji „Przeglądu Sportowego", cztery dni po walce z Jessicą Penne w Berlinie, w której pierwszy raz zachowała mistrzostwo, wszyscy byli oczarowani. Jest coś w tym, że zostawia ludziom cząstkę swojej niespożytej energii.

Jej charakter objawia się w najprostszych sytuacjach. Kiedyś zastrzeliła mnie słowami „ja nie obgaduję ludzi", albo gdy po przykrym, wyczerpującym treningu, zgodziła się na parę godzin opowiadania mi historii z życia. Ze łzami w oczach, choć ukryła je za ciemnymi okularami, pobiegła jeszcze do sklepu, żeby kupić deskorolkę i piłkę do siatkówki dla siostrzeńca. Po walce z Claudią Gadelhą w Las Vegas popłakała się, gdy reporterka, zadając pytanie, nazwała ją „niewiarygodnie utalentowaną". Odpowiedziała, że są lepsi ludzie od niej. Jeśli zobaczycie ją pozującą do zdjęcia z rywalką, stojącą z nią oko w oko, na przykład podczas ceremonii ważenia, to pewnie uznacie, że coś w tym opisie się nie zgadza. Cóż, w takich momentach Jędrzejczyk po prostu musi pokazać, że nie da sobie w kaszę dmuchać. Od tego w jakimś stopniu też zależy wynik walki. Jednak poza pojedynkami są to jedyne chwile, w których widać w Joannie agresję.

Życiowa mądrość Jędrzejczyk nie wynika z dziesiątek przeczytanych lektur z rozważaniami filozofów, ale z życiowych doświadczeń. Pokazuje, jak ważne jest tradycyjne, rozsądne wychowanie dziecka, zatem w tym miejscu należą się ukłony dla państwa Anny i Jana Jędrzejczyków. Nie każde mądrze poprowadzone dziecko zostanie mistrzem świata w swojej specjalności, ale zapewne stanie się wspaniałym człowiekiem, a to już dużo.

Nie poznałem w Polsce sportowca, który może być lepszym od JJ wzorem dla młodego człowieka, chcącego dokonać w życiu czegoś wartościowego. 29-latka z Olsztyna stała się kimś, kogo na Zachodzie określa się jako *role model*. Inspiruje i udowadnia, że w drodze do mistrzostwa nie ma miejsca na lenistwo, półśrodki, bylejakość. Jest za to cierpliwość, pokora i ciężka praca, którą trzeba zaakceptować.

Po powrocie z Las Vegas w lipcu 2016 roku dużą radość sprawiła mi myśl, że Jędrzejczyk spełniła moje małe marzenie. Przypomniałem sobie, jak w drugiej albo trzeciej klasie gimnazjum w Łukowie pisałem w wypracowaniu, że ja, niby jako dziennikarz, zdaję relację z treningu Andrzeja Gołoty, przygotowującego się do kolejnego pojedynku o mistrzostwo świata wagi ciężkiej. Miałem czternaście lat, gdy zupełnie naiwnie zapytałem rodziców, czy nie znalazłyby się jakieś pieniądze na to, żebym poleciał do Nowego Jorku na walkę Gołoty z Johnem Ruizem. Jakoś nie. Pozostało mi więc codzienne odbieranie „Przeglądu Sportowego" z kiosku i szukanie informacji o boksie. Pojedynek Gołoty o pas federacji WBA odbył się 13 listopada 2004 roku. Minęło dwanaście lat, prasa jakoś się broni, a ja jako korespondent „Przeglądu Sportowego" mogłem relacjonować dwie zwycięskie walki polskiego sportowca o mistrzostwo świata ze Stanów Zjednoczonych – tę drugą z Madison Square Garden, gdzie Gołota kładł na deski Ruiza, lecz nie zdołał odebrać mu tytułu. Nigdy bym nie przypuszczał, że tym sportowcem, którego pojedynki zabiorą mnie w podróż na drugą stronę Atlantyku, okaże się kobieta.

Rozdział 1

JESTEM SAMA

Co to za problem wejść do oktagonu i się bić? Często słyszę takie opinie. Oczywiście wygłaszają je ci, którzy nie mają pojęcia o sporcie i walce. Zanim zaczniesz komentować cokolwiek, spróbuj.

Ludzie potrzebują chleba i igrzysk. Zawsze był ktoś, kto chciał bić się na arenie, zawsze byli inni, którzy chcieli mu kibicować w pojedynku. Z tego samego powodu powstały mieszane sztuki walki. Ktoś nazwie MMA brutalnym sportem, ktoś inny celebracją kultury fizycznej i sprawności człowieka. Kocham walkę, to moja praca i sens życia. Jestem wojowniczką.

Wielu ludzi uważa, że mój zawód jest łatwy. Wyprowadzasz cios, trafiasz i już. A to cała strategia, technika, dynamika, spryt i siła. Nawozem sukcesu jest chęć, poświęcenie, samozaparcie i determinacja. Czy wiesz, ile samodyscypliny wymaga codzienny trening?

Bywa tak, że człowiek nie może zmusić się do wyjścia na spacer bądź zrobienia półgodzinnej przebieżki, a cóż dopiero, gdy ma trenować dwa razy dziennie do granic wytrzymałości. Sport to bardzo ciężki kawałek chleba. A jeszcze niejeden powie, że wchodzimy do sali i tłuczemy się po głowach bez szczególnego pomyślunku, że jesteśmy na bakier z inteligencją.

Nie będę tego komentować, nie w tym rzecz. Mam wspaniałe życie.

– Jak tam, ciężka walka była? – pytają dziennikarze, gdy już wyjdę z oktagonu. W ogóle nie patrzę na to w tych kategoriach. Walka jest przyjemnością, harówką są przygotowania. Pokonywanie siebie to chyba największe wyzwanie, z jakim musi się zmierzyć zawodnik. Najgorszy jest okres zmęczenia fizycznego i psychicznego. On zawsze przychodzi. Mnie dopada jakieś trzy lub cztery tygodnie przed walką. Muszę wtedy bardzo uważać, żeby nie popadać w konflikty. Przetrenowanie powoduje rozdrażnienie, które odbija się także na najbliższych.

Stało się tak przed rewanżem z Claudią Gadelhą. Zbliżał się koniec marca 2016 roku. Po nagraniach programu The Ultimate Fighter (TUF) w Las Vegas wróciłam do Olsztyna. Odpoczywałam jakieś dwa dni albo i nie, po czym rozpoczęłam najdłuższe w moim życiu przygotowania do walki. Miałam być gotowa na 8 lipca, aby po powrocie do Vegas utrzeć nosa mojej najtrudniejszej rywalce, którą pokonałam na punkty półtora roku wcześniej w Phoenix. To była moja druga walka w UFC i najbardziej wyrównana z dotychczasowych pięciu.

Nie chciałam żadnej draki, ale nie polubiłyśmy się z Gadelhą. Widać to było podczas nagrań TUF, gdzie trenowałyśmy rywalizujące zespoły złożone z zawodników i zawodniczek MMA. Przy każdej okazji skakałyśmy sobie do oczu. Z mojej perspektywy wyglądało to tak, że tylko bronię się przed zaczepkami Claudii, wszystkimi uszczypliwościami i przykrościami. Ona skarżyła się, że to ja zaczynam i mam nie po kolei w głowie. Jestem tylko o rok starsza, ale odbierałam ją trochę jak gówniarę, której trzeba dać lekcję. Drażniła mnie samą swoją obecnością.

Denerwowało mnie szczególnie gadanie o wyniku pierwszej walki. Gadelha czuła się strasznie pokrzywdzona przez sędziów. Uważała, że była lepsza i to ona zasługiwała na pojedynek o pas z Carlą Esparzą. Nie miała racji, zwyciężyłam sprawiedliwie. Wkurzało mnie na maksa, gdy podważała moje mistrzostwo. Stała na drodze do moich marzeń. I jeszcze TUF, który mojej drużynie poszedł bardzo źle. W ćwierćfinałach przegraliśmy 1:7 – jedno zwycięstwo, siedem porażek. Claudia to cholernie mocna fighterka. Wiedziałam, że jeśli w Rio de Janeiro trenuje na sto procent, ja w Olsztynie muszę dać z siebie sto dziesięć. Wygram. Porażka? Wykluczone. Pas wróci ze mną do Polski. Zrobię więcej niż ona. Nie ma mowy, żeby jakakolwiek rywalka trenowała ciężej ode mnie. No way.

Powtarzamy, że walczymy dla siebie, dla bliskich. Tak naprawdę walczymy również dla wszystkich, którzy są częścią naszej społeczności, ogromnej społeczności kibiców MMA z całego świata. Mamy fanów, którzy czekają na nasz sygnał w internecie. Piszą, że jesteśmy ich idolami. „Dzięki Tobie też mogę pójść na trening", „Dajesz mi nadzieję", „Pomagasz mi wstać z łóżka", „Myśl o Tobie pozwala mi jakoś radzić sobie w tym moim powalonym życiu". Takie wpisy czytam codziennie. Walczę dla wszystkich, którzy mocno we mnie wierzą. Oni dają mi siłę, gdy trzeba zmobilizować się, by po raz tysięczny zacząć morderczy trening. Fani i bliscy. Ludzie, którzy są ze mną, po mojej stronie.

Treningi zaczęłam już podczas pobytu w Vegas. Najpierw moje ćwiczenia, potem trening w TUF, znowu moje zajęcia i w końcu nagrania do TUF. Tak wyglądał każdy dzień. Szlifowałam techniki parterowe w sali Roberta Drysdale'a, mistrza brazylijskiego jiu-jitsu. Po przylocie do Polski zostały mi trzy miesiące na treningi w Arrachionie Olsztyn.

Zaczęliśmy od siły. Nie lubię dźwigać żelastwa, wolę skupić się na tak zwanej sile eksplozywnej. Są to ćwiczenia, w których wykorzystuje się ciężar własnego ciała. Jest intensywnie. Pełna koncentracja, by działać szybciej, wyżej, mocniej. Daje to błyskawiczny ruch, któremu towarzyszy wygenerowanie ogromnej siły. Mojej siły.

Mój rekord to piętnaście pompek, nigdy się nie podciągałam. Moje atuty w walce opierają się na dynamice, nie na zwykłej, prymitywnej sile. Nie wiem, czy na ławeczce w siłowni dałabym radę podnieść sztangę ważącą sześćdziesiąt kilogramów.

Złapałam trochę masy, czułam się potężna, o ile może tak powiedzieć kobieta o wzroście 168 cm. Po miesiącu zaczęliśmy pracę nad wytrzymałością. Lubię zajęcia zwane stacyjkami. Trzydzieści sekund pracy i trzydzieści sekund odpoczynku. Potem czas pracy się wydłuża, a odpoczynku skraca. To bardzo ważny moment przygotowań, bo jeśli wszystko pójdzie zgodnie z planem, to efekty będzie widać w pojedynku. I nie przeszkadza mi monotonia.

Wiedziałam, że rewanż z Gadelhą może się zacząć od klinczu, od walki w parterze. To bardzo męczące. Mięśnie będą musiały być gotowe na natychmiastowy wysiłek. Dlatego muszę być wyjątkowo mocna. Czterdzieści sekund pracy i dwadzieścia pięć sekund odpoczynku. Kolejna godzina treningu. Nogi wzmocniłam bieganiem pod górkę w lesie. Tak się buduje wytrzymałość tlenową. Szło mi świetnie, byłam w niesamowitym gazie, aż…

Na początku czerwca poczułam się fatalnie. Organizm dostał mocno w kość. Zaczęłam tak zwane sparingi dochodzeniowe, czyli takie, w których ja pracuję bez przerwy przez pięć lub nawet piętnaście minut, a chłopaki wchodzą do klatki, zmieniając się co minutę lub nawet co pół minuty. Musi pracować ciało i głowa, bo trzeba pamiętać o taktyce. Raz wymiana ciosów w stójce, raz obrona przed sparingpartnerem wjeżdżającym w moje nogi, raz praca parterowa, raz ucieczka z parteru, raz zapasy. Praca tak zróżnicowana, jak zróżnicowanym sportem jest MMA.

Jeszcze kilka dni wcześniej byłam w siódmym niebie.

– Jestem bestią! – napisałam do mojego menedżera Tiago Okamury. Zrobiłam takie treningi, że nawet trenerzy Paweł Derlacz i Szymon Bońkowski, nieskorzy do pochwał, byli pod wrażeniem. Dali mi odczuć, że wykonałam dobrą robotę, choć na ogół rzadko mówili mi takie rzeczy. Najsilniejsi zawodnicy z Arrachionu, których najbardziej cenię, komentowali z podziwem:

– Aśka, ale z ciebie wariatka. Chyba nikt nie trenuje tak jak ty!

Cieszyłam się. Do Olsztyna przyjechała ekipa filmowa UFC.

– Kurde, co to był za trening! – powtarzał zachwycony Ben, a on to wie, odwiedza wielu znakomitych zawodników. Nagrywaliśmy kawałki do kolejnego programu o mnie.

To był czwartek. Nie zapomnę, jak wróciłam do mieszkania po mocnym treningu. Chciałam spotkać się z Benem, jego operatorem oraz dźwiękowcem, jakoś ugościć ich w moim mieście. Planowałam jeszcze wieczorne bieganie. Usiadłam na kanapie i zawiesiłam się. Znieruchomiałam. Siedziałam tak wieczność, może trzy godziny. Byłam poza czasem, poza rzeczywistością. Nie czułam siebie, nie myślałam. Ze zmęczenia nie mogłam się ruszyć. Dziwne, że ślina nie poleciała mi z kącików warg, mięśnie twarzy bowiem miałam bezwolne.

Na drugi dzień zupełnie wysiadłam psychicznie. Nawalało ciało i dołączyła się psychika. Totalny zjazd. Byłam bardzo słaba. A przecież w sobotę czekał mnie sparing. Nie mogłam po prostu nic zrobić. Nic mi nie wychodziło. Nie miałam mocy, mięśnie nie istniały. Ani tu krzyczeć, ani ryczeć, ani się bić. Psia mać.

Trenerzy zbyt późno zrozumieli, jak bardzo jest mi ciężko. A to przecież oni są od tego, żeby utemperować zawodnika, powiedzieć mu, że przesadza, że już dość. Wiedzieli, że nie gwiazdorzę w sali. Byłam pewna, że wcześniej trzeba było zmniejszyć obciążenia. Doszło do spięcia, nawrzucaliśmy sobie. Ktoś powinien był zauważyć, że przeginam z trenowaniem, że to za dużo. Że niesie mnie tylko ambicja, ale to trzeba widzieć. Paweł i Szymon są bardzo dobrymi szkoleniowcami. Jednak wtedy miałam ich serdecznie dosyć. Nic, tylko przyjdź na salę, zrób trening i na razie. Naprawdę myślałam, że to nasze ostatnie wspólne przygotowania.

– Fatalny sparing, nie trzymasz się planu – usłyszałam.

– Czuję się, jakbym przerzuciła tonę piachu. Odpuśćmy.

– Wyolbrzymiasz.

A ja byłam już tak zmęczona, że nie miałam siły trzymać rąk w górze. Lubię ostro zasuwać, ale teraz to już przesada. Chciałam przełożyć sparing, lecz nie było o tym mowy. Paweł i Szymon nie zapewniali mi komfortu psychicznego. Może źle to zabrzmi, ale podczas przygotowań do pojedynku zawodnik powinien być traktowany jak pępek świata. A żaden z trenerów nie zaczynał zajęć choćby od banalnego: „Jak się czujesz?". „Co tam?" – od takiego tekstu nie zaczyna się poważnej rozmowy.

„Czy potrzebujesz pomocy, wsparcia?" – nic takiego nie usłyszałam. Byłam mistrzynią świata, a przychodziłam na zajęcia grupowe. Jeśli trwały godzinę, zdarzało się, że ćwiczyłam z trenerem tylko kilkanaście minut.

Ale nic to, musiałam udźwignąć ten ciężar sama. Sport kobiet jest inny niż mężczyzn, przynajmniej trening powinien uwzględniać takie różnice. Trzeba się nieźle znać na psychologii, by to rozumieć. Gdy trenuję, też jestem kobietą.

Chodziłam bardzo rozdrażniona. Brakowało mi sił. Złapałam doła. Trzymała mnie codzienna rutyna. Wstawałam, wsiadałam do auta i jechałam na trening, ale zwyczajnie mi nie szło. Organizmu się nie oszuka. W samochodzie wymienisz jakąś część, dolejesz benzyny i jedziesz dalej. A my jesteśmy tylko ludźmi. Tu nie pomoże perfekcyjna dieta i najlepsze suplementy. Ciało i głowa muszą funkcjonować w idealnym tandemie. Jedno trzyma drugie. Bardzo pomogli mi olsztyńscy fizjoterapeuci. Kąpiele w lodowatej wannie, odnowa, te sprawy. Naprawdę zależało im, by postawić mnie na nogi. Wiedziałam, że muszę wytrzymać. Nie mogę zwolnić, zmienić rytmu.

Mówiłam sobie: tylko to przetrwaj. Pamiętałam o świętych słowach Muhammada Alego, który nienawidził każdej sekundy treningu, a do końca swoich dni żył jako mistrz i pozostanie nim w pamięci milionów ludzi: „Walka jest wygrana lub przegrana z dala od wszystkich świadków. Za kulisami, w sali treningowej i na całej ścieżce przygotowań, na długo zanim stanę w blasku świateł i zacznę swój taniec".

Trzeba działać i działać. Działać. Działać, a forma wróci. Ciało odżyje, głowa zafunkcjonuje. To odróżnia mistrzów od zwykłych zawodników. Słabszy uzna, że ma dość i odpuszcza. Wmówi sobie, że zasługuje na odpoczynek. W tych najcięższych momentach udowadniam, ile jestem warta. A gdy jest już po wszystkim, dumna z samej siebie krzyczę: wróciłam! Ben, to materiał dla filmowców. Jeśli ktoś chce udokumentować, przez co przechodzi wojownik, niech zapyta, kiedy kończy się praca nad wytrzymałością, a zaczynają sparingi.

Gdy przetrwam i wychodzę z tej beznadziei, doceniam siebie. Ale gdy trwa ta niemoc, wypatruję końca i szukam w sobie punktu zaczepienia, który da siłę. Pozwoli wrócić. Wysiłek, działanie, dieta, wysiłek i działanie. No i regeneracja. Najgorzej nie trafić z formą na samą walkę. Nie wyobrażam sobie, żeby w oktagonie ręce nie pracowały jak trzeba, by nogi były słabe, bym była powolna i żebym nie miała siły nawet na sprawla, czyli na wykonanie techniki obronnej przed sprowadzeniem do parteru. Przed rewanżem z bardzo silną fizycznie, świetną w parterze Gadelhą, potrzebowałam mocy, refleksu i sprawnej głowy.

Gdy jest źle, bliscy muszą być dla mnie wyrozumiali. Już się do tego przyzwyczaili. Dziękuję im za to. Kiedy przychodzi kryzys, ich codzienne zmartwienia wydają mi się nieistotne. Masz problem? Lepiej zobacz, z czym ja się mierzę każdego dnia! Muszę wstać i zasuwać na sto procent, gdy boli każdy milimetr mięśnia. Znużenie zalewa oczy. Bywam oschła. Staram się jednak udawać, że wszystko jest w porządku. To jest trudne, bo totalnie nic wtedy nie cieszy. Kiedy organizm jest skrajnie wyczerpany, nikt mi nie pomoże. Jestem sama. I sama muszę dać sobie z tym radę. Mówię do siebie, że mam się ogarnąć, że przed ostatnią walką też było źle. I przed przedostatnią, i przedprzedostatnią. Tłumaczę sobie: relaksuj się, odpoczywaj, wyciszaj. To przejdzie. Wszystko jest w sercu, głowie i w dobrych chęciach. Wszystko zależy od tego, ile jest w tobie samozaparcia i woli walki.

Tym razem wróciłam po niecałych dwóch tygodniach, które trwały wieczność. To były absolutnie najdłuższe i najbardziej wymagające przygotowania do walki, jakie dotychczas miałam. Jeśli nie chcesz zawieść samej siebie, nie możesz się zatrzymać. Nie wolno ci stanąć, ani obejrzeć się za siebie. Jest tylko to, co teraz i droga przed tobą. Za każdym razem muszę być lepsza od tej JJ, która trenowała przed poprzednim pojedynkiem. Robię to i być może dzięki takiemu podejściu utrzymuję się na fali. Dlaczego mistrzowie UFC tak często tracą pasy? Może dlatego, że się zatrzymują?

Nie zapominam, że MMA to piękny, ale i brutalny sport. Nokautujący cios, poddanie – twoje marzenia mogą zostać przekreślone w okamgnieniu. Przystępuję do walki z silną wiarą, że obronię tytuł, że będę go broniła długo i że odejdę ze sportu jako mistrzyni, co w sportach walki nie udaje się w zasadzie nikomu. Zamierzam być legendą UFC.

Rozdział 2

JAK POCHOWAŁAM CHOMIKA

Sześć lat po Ewie na świecie mieli się pojawić Paulina i Adaś. Przyszły Kasia i Asia. Bliźnięta dwujajowe. Dzisiaj śmiejemy się, że już na samym początku przegrałam walkę, bo Kasia wypchnęła mnie nóżkami. Sama jednak nie mogła się wydostać. Aż przez dwadzieścia pięć minut. Istniało ryzyko, że tylko ja będę żyła.

Rodzice poznali się w Olsztynie. Oboje pracowali przy produkcji opon w Stomilu. Mama Anna, rocznik 1961. Tata Jan, urodzony w 1959 roku. Wpadli sobie w oko na stołówce. Mama mówi, że spotkała tatę już pierwszego dnia w zakładzie. Chodzili ze sobą, po roku się pobrali. Moja starsza siostra Ewa urodziła się w 1981 roku.

Sześć i pół roku później mama miała większy ciężar do dźwigania. Na świat miały przyjść bliźnięta: dziewczynka i chłopczyk, Paulina i Adaś. Przed 18 sierpnia 1987 roku było już jednak wiadomo, że urodzą się bliźniaczki, Kasia i Asia. Najpierw wyszłam ja. Pamiętacie, jak mecze reprezentacji komentował Dariusz Szpakowski? „Przy piłce Michał Żewłakow, starszy o pięć minut brat Marcina Żewłakowa". Na Kasię trzeba było czekać nie pięć, ale dwadzieścia pięć minut. Pępowina owinęła się wokół jej rączki. Odwróciła się plecami. Nie miała tlenu, dusiła się. Nie wyszła główką, lecz tyłem. W skali Apgar dostała jeden punkt na dziesięć. To oznacza stan zamartwicy ciężkiej. Serduszko na szczęście pracowało. Trafiła do inkubatora, poleżała w nim przez kilka dni. Specjaliści czuwali, nie było powikłań.

Mimo wszystko to Kasia okazała się cięższa. Ważyła trzy kilogramy, ja o czterysta gramów mniej. Później obie stałyśmy się całkiem pyzatymi dziewczynkami, a Kasia już nigdy nie miała żadnego problemu ze zdrowiem.

Od samego początku było wiadomo, która z nas będzie silniejsza, żywsza, bardziej zakręcona, głośniejsza, śmielsza. Jednak zawsze trzymałyśmy się razem, w zgodzie. W domu, na podwórku, na wakacjach, w szkole. Czułam siostrzaną odpowiedzialność za Kasię. Broniłam jej, gdy zaczepiały nas starsze dzieciaki. Pyskowałam, gdy wyzywały nas od gówniarzy.

Na podwórku Kasia spędzała więcej czasu z dziewczynkami. Ja lubiłam bawić się także z chłopakami. Pukali do drzwi naszego mieszkania na trzecim piętrze i próbowali namówić mamę, żeby Asia zeszła na plac pod blokiem. Chcieli, żebym grała z nimi w piłkę, choć najpopularniejszy był wtedy palant, polska odmiana baseballa. Odbijaliśmy piłkę kijkami wystruganymi przez naszych ojców albo dziadków. Ganialiśmy od bazy do bazy. Przypomniałam sobie o tym dwa tygodnie po rewanżu z Gadelhą, gdy UFC zaprosiło mnie do Chicago, a jedną z atrakcji było rozpoczęcie meczu tamtejszych White Sox z Detroit Tigers w Major League Baseball. Stanęłam w kółeczku na płycie boiska stadionu Cellular Field. Rzuciłam piłeczkę prosto do łapacza. Sprawdźcie w internecie, jak dawniej zrobił to raper 50 Cent, postawiony przed identycznym zadaniem. Może u niego na podwórku nie grało się w palanta?

Przez całe życie mieszkałam w Olsztynie. Dopiero od lipca 2014 roku moje wyprawy do USA stały się tak częste, że aż trudne do zliczenia. We wrześniu 2016 roku, przed walką z Karoliną Kowalkiewicz, postawiłam na regularne treningi w American Top Team na Florydzie.

Miałyśmy z Kasią trzy lata, gdy przeprowadziliśmy się z alei Sikorskiego na ulicę Hallera. Rodzice zamienili dwupokojowe, 40-metrowe mieszkanie na trzypokojowe, 70-metrowe. Dzieliłam pokój z Kasią, Ewa dostała własny. Na początku mieszkałyśmy jednak we trzy. Rodzice urządzali mieszkanie powoli, stopniowo dokupując wszystko, co było potrzebne. Najlepiej pamiętam białe ściany, wszędzie białe. I boazerię. To typowy element wystroju skromnych polskich mieszkań zaraz po przemianach ustrojowych. Wybór w sklepach był nieporównywalnie mniejszy niż obecnie. Dziś mam białe ściany w mieszkaniu, ale na własne życzenie, nie z braku innych opcji.

Ganiałyśmy się po długim korytarzu w kształcie litery L. Zawsze byłam zbyt szybka i musiałam przywalić palcami u stóp w wystający próg. Te paluchy tak naprawdę bolą mnie przez całe życie. Wiele razy były spuchnięte, powybijane albo złamane. To skutek uprawiania sportu, a konkretnie wyprowadzania kopnięć. Z tego powodu zawsze zakładam szpilki o rozmiar większe.

Nie dostawałyśmy najlepszych, najbardziej oryginalnych zabawek, a jednak miałyśmy wszystko, czego nam było trzeba. Nigdy nie chodziłyśmy głodne albo zaniedbane. W domu nie było rarytasów, ale to dobrze. Rodzicom zawsze w pierwszej kolejności chodziło o to, aby wpoić nam najważniejsze zasady i wartości, a nie kult gadżetów. Miałyśmy sporo swobody, ale to nie oznaczało, że mogłyśmy robić, co chcemy.

Zamieszkaliśmy na Osiedlu Generałów. Nazywa się tak, bo ulice noszą ich nazwiska, choć niektórzy mówią na to blokowisko Hamburg. Jest to część Jarot, największego osiedla w mieście, które zamieszkuje jakieś dwadzieścia pięć tysięcy ludzi. To jedna siódma Olsztyna. Lubiłyśmy spędzać czas na świeżym powietrzu. Za naszym blokiem był sad z jabłoniami, lecz starsi ostrzegali nas, by tam nie chodzić. Grozili, że zostaniemy pogryzieni, a nawet zjedzeni przez wściekłe psy. Miałam jednak własne wyobrażenie świata, a upomnienia niekoniecznie brałam pod uwagę. Zawsze to ja zbierałam ochrzan od rodziców. Nawet jeśli zaczepiała mnie Kasia, to ona pierwsza zaczynała piszczeć, a wina spadała na mnie.

Uwielbiałam gry zespołowe. Skrzykiwało się całe osiedle, na placu pojawiała się chmara dzieciaków. Trzydzieścioro, a może i pięćdziesięcioro. Plac był otoczony przez cztery bloki, w tym nasz. Czasami przechodziliśmy na drugie podwórko, oddalone o kilkaset metrów. Kiedyś rodzice wpadli w panikę, gdy zniknęłyśmy im z oczu na dłuższy czas, bawiąc się gdzieś między blokami. Już wyobrażali sobie, że ktoś nas porwał. Tata był bardzo zły.

Innym razem najadłam się piachu. Trwała budowa, usypano górkę. Przekonałam Kasię, że koniecznie musimy z niej zjechać. Spróbowałam na brzuchu. Myślę, że to nic takiego, ale mama twierdziła, że gdyby nie jakiś pan, to mogłabym się tym połkniętym piaskiem nawet udławić. Dziś takim urwisem jest Adaś, synek Ewy. Nawet ja nie mogę nad nim zapanować.

– Dziecko, przecież byłaś taka sama – mówi mama.

– Bardzo ci współczuję – odpowiadam.

Z dziewczynkami grałyśmy w gumę, skakałyśmy na skakance, mazałyśmy kredą, bawiłyśmy się w piaskownicy. Chłopcom bardziej podobały się karty i żetony. Dużą popularnością cieszyła się gra paluszek-nosek-kciuk. Czy ktoś pamięta, na czym ona polega? Wycinało się w ziemi kawałek pola. Mama zaczęła się zastanawiać, dlaczego z domu giną ostre noże. Przynajmniej tych do smarowania masła miała pod dostatkiem.

Całe mieszkanie było na głowie mamy. Po urodzeniu Ewy poświęciła się rodzinie. Pracowała jedynie dorywczo. Tata na długie tygodnie wyjeżdżał do Niemiec, aby zarabiać i zapewnić nam byt. Pracował przy wykańczaniu mieszkań i domów. Oko miała na nas także starsza siostra. Ewa z naszej trójki była i jest najspokojniejsza, najpoważniejsza. Żadna z nas nie uczyła się lepiej niż ona. Gdy przychodziły do niej starsze koleżanki, podpatrywałyśmy je z Kasią przez dziurkę od klucza. Zazdrościłyśmy im, chciałyśmy wejść do środka, być z nimi, poczuć się bardziej dorosłe. Potrafiłyśmy siedzieć pod drzwiami pokoju Ewy dobrych kilka godzin. Podkładałyśmy liściki, zalecałyśmy się. Czasami kończyło się to przepychankami. Szczególnie charakterna była Karolina, jedna z przyjaciółek Ewy. Łapała nas za fraki i wyrzucała za próg.

Mama urodziła się w szpitalu w Grudziądzu, a wychowała się w Prabutach. To miasteczko oddalone o jakieś sto kilometrów na zachód od Olsztyna. Dziadkowie przeprowadzili się do małego Koniuszyna. Po śmierci męża babcia dostała mieszkanie w położonej obok Napiwodzie. Mama zamieszkała w Olsztynie jako osiemnastolatka, w 1979 roku. Tata przyjechał ze wsi Wykrot, leżącej koło Myszyńca. Ta śliczna miejscowość z pięknym kościołem bywa nazywana stolicą

Kurpi. Z Olsztyna mamy tam niecałe sto kilometrów. Kierunek – południowy wschód.

Jeździłyśmy z rodzicami nad Bałtyk i na inne wycieczki, lecz wakacje najczęściej spędzałyśmy na wsi. Zostawałyśmy u dziadków albo u wujostwa. Raz Wykrot, innym razem Koniuszyn albo Napiwoda. Świnki, krówki, gospodarstwo hodowlane – takie klimaty.

Nie byłabym sobą, gdybym czegoś nie zmajstrowała. Kiedyś wpadłam na pomysł, że pójdziemy z Kasią łowić ryby w rzeczce. Wyleciało mi tylko z głowy, że wypada poinformować o tym kogoś ze starszych. Zafundowałyśmy rodzinie trochę gorączkowych poszukiwań, a scenariusza grozy dopełniał fakt, że zbierało się na burzę. Nie wiem dlaczego, ale niektórym wydawało się, że mogłyśmy się w tej rzeczce utopić.

Jakoś wyszłyśmy z tego cało, czego niestety nie można powiedzieć o naszym chomiku. Przywiozłyśmy go w klatce do Wykrotu z Olsztyna, żeby zobaczył kawałek świata i raz w życiu spędził trochę czasu z innymi zwierzętami. Średnio za nim przepadałam, chwytałam go tylko w zimowej rękawiczce. Bałam się, że wbije we mnie pazury. Chomik był natomiast ulubieńcem Kasi. Wypuściłyśmy go na trawę, żeby pobiegał wśród królików. Niedługo potem zorientowałyśmy się, że stał się zaskakująco mało dziarski. Poszłyśmy spać. Rano nie był nawet sztywny, ale wręcz powykręcany. Musiałyśmy znaleźć jakąś przyczynę. Cóż, najwyraźniej króliki okazały się dla malutkiego chomika dinozaurami. Dostał zawału, wrażenia były zbyt duże i odjechał. Został pochowany w lasku za domem cioci, gdzie było dużo piachu. Przyjechali rodzice. Nie od razu zaczęli się uśmiechać, gdy przywitałyśmy ich wiadomością, że właśnie odbył się pogrzeb.

Z tego chomika do dzisiaj często żartujemy, ale mogłam podzielić jego los. Znowu jechałam do Wykrotu, tym razem tylko z tatą. Miałam siedem albo osiem lat. Wtedy nie wstawiało się jeszcze do aut fotelików dla dzieci. Siedziałam grzecznie przy prawym oknie volkswagena golfa dwójki. Opuścić szybę, żeby wpadło trochę powietrza, to chyba nic złego, prawda? Trzeba tylko złapać za korbkę i ją przekręcić. Lepiej jednak nie chwytać klamki, szczególnie jeśli drzwi nie są zablokowane. Tak się wychyliłam razem z drzwiami, że prawie wypadłam na pobocze. Tata zatrzymał samochód i strasznie mnie zrugał. Na szczęście nie jechał szybko, bo świat mógłby nie usłyszeć o mistrzyni świata z Polski. Dużo później rekordy prędkości biłam sama, za pomocą innego środka lokomocji, bardzo daleko od domu. Przeczytacie jeszcze o tym.

Mam wspaniałe wspomnienia z dzieciństwa. Wszystko mogło jednak wyglądać zupełnie inaczej. Nie miałyśmy z Kasią więcej niż cztery lata, gdy tatę dopadła wredna choroba. Chodziło o żołądek. Bardzo schudł. Mama nie mówiła nam tego, ale było naprawdę źle. Tata miał niewiele ponad trzydzieści lat. Nigdy nie dopytywałam rodziców, co się wtedy działo. Nie ma takiej potrzeby. Wszystko skończyło się dobrze. Cieszymy się dobrym życiem i niech tak pozostanie.

◀ Jedno z pierwszych zdjęć bliźniaczek Asi i Kasi. Kto jest w stanie rozpoznać, która to ja?

▼ Święta Bożego Narodzenia w naszym olsztyńskim mieszkaniu. Coraz łatwiej odróżnić mnie od Kasi (stoję z lewej strony). W nausznikach starsza od nas o sześć lat siostra Ewa, obok mama.

▲ Nasza szczęśliwa, kochająca się piątka. Siostry w objęciach mamy Anny i taty Jana.

▶ Rodzice dbali, abyśmy miały ciekawe dzieciństwo. Na chwilę zamarzyłam o karierze w jeździectwie.

► Chwila odpoczynku od zimowych szaleństw na osiedlowym podwórku. Co by tu jeszcze zmajstrować?

▼ Kolejny moment refleksji. Asia, co z ciebie wyrośnie?

▲ Wycieczka szkolna w pierwszej klasie szkoły podstawowej. Nietrudno się domyślić, że mnie i Kasię ubrała ta sama osoba.

◄ Zerówka, jedno z moich pierwszych wystąpień. Czyżbym recytowała wiersz? A może to pasowanie na ucznia?

▲ Ważny moment w moim życiu – Pierwsza Komunia Święta. Z prawej Kasia.

Rozdział 3

JA NIKOGO NIE POBIŁAM!

Koledzy i koleżanki wspominają, że w szkole biłam wszystkich. To nieprawda. Wiedziałam, że trzeba chronić słabszych i twardo stawałam w ich obronie. Kat nie może zobaczyć, że ofiara się boi. Wtedy jego zadanie staje się łatwe.

Kasia była trochę pilniejszą uczennicą, przysiadała do lekcji. Ja zawsze więcej kombinowałam. Na wszystko brakowało mi czasu. Codziennie ktoś przychodził i namawiał, żeby wyjść na podwórko. Czasami liczyłam, że Kasia zrobi pracę domową, a ja zdążę ją przepisać. Niektóre wypracowania z języka polskiego Ewka pisała dla nas obu. Nazywałyśmy ją kujonem, przynosiła do domu bardzo dobre stopnie. Bliźniaczki uczyły się średnio-dobrze. Najbardziej lubiłyśmy wuef. Miałam gadane i zawsze potrafiłam lać wodę, dlatego byłam nieco lepsza z polskiego.

– No nie, musi być kartkówka? Niech mnie pani lepiej przepyta! – namawiałam nauczycielki.

Kasi nieźle szło z przedmiotów ścisłych zarówno z matematyki, jak i fizyki. Najpierw przez dwa lata chodziłyśmy do przedszkola, a od 1994 roku aż dwanaście lat spędziłyśmy w Zespole Szkół nr 3. Tam mieściła się podstawówka, gimnazjum i liceum. Cały czas byłam z Kasią. W podstawówce przez chwilę miałyśmy siebie dość. Mama zapowiedziała jednak, że nie będzie latać dwa razy na wywiadówki i taki był finał naszej wojny. Czasami na zebrania chodził tata. Miewał pretensje do Kasi o to, że zataiła moją dwóję albo że narozrabiałam. Chroniłyśmy siebie nawzajem, żeby rodzice wszystkiego nie wiedzieli.

Do szkoły, która mieści się przy ulicy Wańkowicza, miałyśmy z Hallera trzy, może cztery kilometry. Jeździłyśmy autobusem albo chodziłyśmy na piechotę z mamą, gdy było ciepło. Mama była bardzo opiekuńcza i pilnowała nas, jak mogła. Jednak większość dzieci chodziła do szkoły sama. Prosiłam, by i nam dała szansę. Chciałam być samodzielna, jak inne dzieci. Wreszcie umówiłyśmy się, że same wrócimy ze szkoły. Super! Szybko wywęszyłam, że mama nas śledzi. Wnerwiłam się. Zażądałam, żeby poszła do domu. My zaś wróciłyśmy z Kasią do szkoły, aby przejść całą drogę samodzielnie. Żaden kłopot. Mama uwierzyła, że jesteśmy odpowiedzialne i nie będziemy się wygłupiać.

O dziwo to Kasia dowiodła, że wcale nie jesteśmy takie rozsądne. Nosiłam cudowny plecak z wiewiórką, który tata wypatrzył na którymś straganie na rynku. Schyliłam się, by zawiązać but. Kasia wpadła na pomysł, żeby pociągnąć za górny uchwyt od plecaka. Spadł mi na głowę, a ja przekoziołkowałam. Gdyby mama to widziała…

Co do bicia – znajdę jedną historię, ale na siłę. Do podstawówki chodził ze mną taki Piotrek. Mieszkał na moim osiedlu. Bardzo dobrze się uczył, więc dzieciaki mu trochę dokuczały.

Miał kumpla Mariusza. Raz się lubili, raz kłócili się i bili, potem godzili się i tak w kółko. Na podwórku chyba właśnie Mariusz naśmiewał się z Piotrka.

– Ej, ty się bić nie umiesz. Nawet Aśka by ci wpieprzyła – wołał.

Któregoś razu Piotrkowi coś się odmieniło i nagle chciał zaświrować, popisując się przed chłopakami. Zaczepiał dziewczyny, gadał do nas jakieś głupoty.

– Weź, bo zaraz spełni się twoje marzenie i naprawdę pobiję się z tobą – zażartowałam.

Jednak on nadal chciał wszystkim zaimponować. Gdy przegiął, pociągnęłam go za koszulkę i momentalnie usiadł na tyłku. Rozeszła się wieść, że go pobiłam i że w ogóle biję chłopaków, ale przecież bałam się choćby raz go uderzyć.

Z nikim się nie biłam. A nie, przepraszam! Przypomniały mi się ustawki z sąsiadką z dołu. Na podwórku rosły wierzby. Rwałyśmy gałęzie, chowałyśmy się za blok i okładałyśmy tymi witkami przez kilka minut. Ustawka nie miała głębokich motywów. Chyba chciałyśmy się wyżyć. Po walce byłyśmy pogodzone i wracałyśmy do grzecznej zabawy.

W mojej szkole były oddziały integracyjne. Do klas dołączano jedno albo dwoje dzieci z różnymi stopniami niepełnosprawności, ruchowej lub umysłowej, mniejszej lub większej. To zostało dobrze pomyślane. Uczyliśmy się wrażliwości. Nauczyciele wpajali nam, że osoby zdrowe nie mogą zapominać o pomaganiu tym, którzy mają problemy. W każdej szkole znajdzie się jednak banda osiłków, którzy myślą tylko o sobie.

To wydarzyło się, gdy byłam już w gimnazjum. Mieliśmy w klasie chłopaka, którego przezywano Krysia. Niski, cichy i bardzo spokojny, zachowywał się wręcz jak stara dewotka.

Szybko stał się obiektem drwin i ataków. W szatni przed wuefem chłopcy grozili, że zbiją go pasem. Wystraszył się, pobiegł na skargę do pani pedagog. Do szkoły przyszedł jego ojciec i sprawa trafiła do dyrektora. Napastnicy mieli problemy i chcieli się zemścić. Na przerwie w ośmiu lub dziesięciu otoczyli Krysię i straszyli karą za kapowanie. Dyżurny nauczyciel, który miał pilnować porządku, nie widział tego albo w ogóle nie chciał widzieć. Musiałam zareagować. Weszłam do tego kręgu i stanęłam przy Krysi.

– Walcie się. Mierzcie się ze sobą, leszcze, nie z chłopakiem, który jest słabszy.

Złapałam Krysię za rękę i wyciągnęłam go z prześmiewczego kręgu. Chłopcy mnie szanowali. Szkoła była bardzo duża, ale wielu kolegów dobrze znało mnie z osiedla.

Zawsze byłam charakterna. W pierwszej klasie gimnazjum dziewczyny były dla chłopaków jeszcze trochę „be". Popisowym numerem durniów było gwizdanie do uszu. I to nie jakieś tam pogwizdywanie jak z tego numeru Scorpions, tylko taki świst, ile fabryka dała. Strasznie bolały po tym uszy i nie było nic słychać. Miałam tego dość. O, nie. Ja nie odpuszczę!

Nigdy tego nie zapomnę. Uczyłam się gwizdać przez całą Wielkanoc. Szło mi raczej słabo. Próbowałam układać język na różne sposoby, jak robiła to siostra, która chodziła do logopedy, a on kazał jej robić z języka rurki, literki i nie wiadomo co jeszcze. Wróciłam do szkoły po świętach. Czekałam, aż któryś matoł to zrobi. W końcu jeden zagwizdał dziewczynie do ucha. Przybił piątki z kolegami i cieszył się, że znów nas załatwił. Podeszłam do niego i gwizdnęłam tak, że prawie ogłuchł. Złapał się za głowę.

– Co ty zrobiłaś, co ty zrobiłaś?

Przez trzy dni miałam zakwasy na całej buzi od tej nauki gwizdania. Odegrałam się i więcej to się nie powtórzyło.

Mama robiła nam kanapki do szkoły. Jeśli nie mogła, dostawałyśmy pięć złotych, żeby kupić sobie jedzenie i picie. Przydawało się szczególnie wtedy, gdy zostawałyśmy dłużej na SKS-y, czyli dodatkowe zajęcia sportowe. Rodzice nauczyli nas dzielić się z innymi. Dziwiłam się, kiedy ktoś otwierał paczkę chipsów i nawet nie zapytał, czy chcę spróbować. Nie zapomnę, jak na podwórku wrzasnął do mnie kolega:

– Myślisz, że jak kupisz słodycze i będziesz nas częstować, to będziemy się z tobą bawili? Chcesz kupić naszą znajomość?

Ależ bzdura. Jednak wtedy mocno mnie to zabolało. To było dwadzieścia lat temu, ale pozostałam szczera w dzieleniu się. Tamten kolega najwidoczniej nie wyniósł tego z domu.

Byłam w trzeciej klasie podstawówki, gdy przeprowadziłam swoją pierwszą akcję charytatywną. Zrobiłam kampanię „Miś". Zbieraliśmy zabawki do domu dziecka. Misia narysowaliśmy na brystolu – to był nasz plakat promocyjny. Nic takiego, ale wiadomo, że po czasach komuny w domu dziecka nie było nadmiaru zabawek. Później odbyła się akcja „Miś 2". Dzieci bardzo się cieszyły.

Zanim tata zaczął wyjeżdżać do pracy do Niemiec, handlował na olsztyńskim rynku, w tamtych czasach bardzo dużym. Z jego stoiska zapamiętałam wiertarki. Był też inny sprzęt elektryczny, chyba taki do remontów i budowlanki. Obok niego swój towar sprzedawała pani Gala z Kaliningradu. W zimie nosiła grube futro. Poliki miała wymalowane na różowo, jak typowa Rosjanka. Cieszyła się na mój i Kasi widok, zabawnie zaciągała, próbując mówić po polsku. Z jakiegoś powodu bardzo mnie śmieszyło, gdy wołała na nas *riebiata*.

W 1995 roku rodzice otworzyli sklep. To było niedługo przed tym, jak poszłyśmy z Kasią do pierwszej komunii świętej. Zaopatrzenie na przyjęcie zrobiliśmy już w naszym własnym spożywczaku, też mieszczącym się na Jarotach, lecz po drugiej stronie alei Sikorskiego. Na początku była to niewielka, osiedlowa budka. Wcześniej ktoś sprzedawał w niej drób. Z czasem tata bardzo ją rozbudował. Dbał o sklep, który stał się naszym głównym źródłem utrzymania. Działa do dziś.

Dwa razy w tygodniu do sklepu rodziców przychodzi pani Zosia. Jest naszą klientką od samego początku. Prawdziwa babcia, bo to bardzo ciepła kobieta. Spotykam ją w sklepie, gdy wpadam odwiedzić mamę, wypić kawę przed treningiem albo po. Pani Zosia nie ma już męża, żyje sama. Daje mi klucze, a ja zanoszę jej zakupy na pierwsze piętro. Stawiam siatki na taborecie.

– Ty to masz motorek, tak szybko przybiegłaś – słyszę po powrocie.

Obecnie, jako znany sportowiec, dostaję mnóstwo próśb o finansowe wsparcie albo udostępnienie na Facebooku informacji o możliwości pomocy. To są setki wiadomości. Czuję się z tym źle, bo co ja mogę zrobić? Kiedyś wierzyłam, że da się zbawić świat. Dziś wiem, że to bardzo skomplikowane. Nie dam rady pomóc wszystkim, ale jeśli mogę, robię drobny przelew. Najczęściej anonimowy, bo tak nakazuje moja wiara. Nie robię tego na pokaz. Nie liczę przelewów, z drugiej strony nie pomagam znowu aż tak często. Po prostu gdy widzę, że sytuacja tego wymaga, działam. Wolę zrobić pięć przelewów po sto złotych niż jeden na pięćset. Trzeba uważać, bo wiele próśb o pomoc kierują wyłudzacze.

Największy problem polega jednak na tym, że niektórzy wręcz domagają się wsparcia. Uważają, że ono im się należy i tyle. Nie rozumieją, że nie udostępnię na Facebooku każdego apelu o pomoc, bo to nie przyniosłoby żadnego efektu. Nikt nie będzie śledził fanpage'a Joanny Jędrzejczyk, która co chwila pisze, że ktoś potrzebuje pomocy. Myślę o założeniu fundacji. Jeśli to się uda, będę miała znacznie większe pole działania.

Bolą mnie bezpodstawne oskarżenia. Klientka mamy ze sklepu jest babcią chorego chłopczyka, który urodził się z wadą serca. Poprosiła mnie o udostępnienie informacji na fanpage'u. Zgodziłam się, udostępniłam. Matka tego chłopca najwyraźniej coś przeoczyła. „Tacy właśnie są nasi olsztyńscy sportowcy, gwiazdeczki! Chodakowska nam pomogła, a pani co? To bezczelne. Niech pani nie zapomina, że gwiazdy spadają. Pani też kiedyś upadnie i będzie potrzebowała pomocy".

Nie mogłam uwierzyć w to, co czytam. Łzy napłynęły mi do oczu. To chore, jak ludzie mogą cię oczernić, zrównać z błotem. Powinnam olewać takie sytuacje, ale niestety mam tak, że się nimi przejmuję.

Raz, myśląc o innych, prawie walnęłam niezłego babola. Robiliśmy internetową aukcję charytatywną. Można było wylicytować przedmiot z podpisami mojego zespołu w programie *The Ultimate Fighter.* Rzecz w tym, że rozpoczęliśmy aukcję... zanim ogłoszono nazwiska uczestników rywalizacji. Jeśli autografy zostałyby rozszyfrowane i w porę nie usunęlibyśmy wiadomości, informacja błyskawicznie rozeszłaby się po świecie. Cały pierwszy odcinek poszedłby na marne. A tylko w telewizji w USA oglądało go siedemset tysięcy ludzi. Dostałabym po uszach. Po kieszeni pewnie też.

Rozdział 4

CZUŁAM SIĘ BRZYDSZA

Byłam zbyt energiczna, żeby oglądać sport w telewizji. Nie miałam idoli. Jak to się stało, że zostałam światowej klasy sportowcem? Zanim to nastąpiło, był ze mnie niezły pulpecik. Próbowałam coś zdziałać w koszykówce, ale... rozbolała mnie wątroba.

Miałam dziesięć albo jedenaście lat, gdy zaczęłam mocno tyć. Nie potrafiłam pić wody, potrzebowałam czegoś słodkiego. „Woda? Rzygać mi się chce" – myślałam. W sklepie rodziców miałam pod dostatkiem nie tylko napojów gazowanych, ale i słodyczy oraz chipsów. Zaczęłam się niezdrowo odżywiać. Stałam się pulchna. Do tego stopnia, że nosiłam luźniejsze ciuchy. Zaczęłam się wstydzić swojej tuszy. Nie umiałam kontrolować jedzenia, w przeciwieństwie do Kasi. Jestem bardziej podobna do mamy, a część jej rodziny ma tendencję do tycia. Kasia była i jest szczupła. Ma geny po tacie. Jest takie zdjęcie rodziców sprzed trzydziestu lat. Tata we flanelowej koszuli, w spodniach dzwonach, bardzo chudy. Mama wizualnie przypomina dzisiejszą mnie. Była wysportowaną kobietą.

Niedaleko jej rodzinnego domu było jezioro, dzięki czemu nauczyła się świetnie pływać.

Tata wstawał z łóżka o drugiej lub trzeciej w nocy, by dotrzeć na giełdę, dostać dobry towar i przywieźć go przed otwarciem sklepu. O dziesiątej przyjeżdżał do domu, by przespać się ze dwie godziny, a potem wracał do mamy i pomagał jej za ladą. Oboje pracowali bardzo ciężko. Mama zostawała w sklepie, a tata znowu jechał do domu, by ugotować nam obiad. W kuchni nawet dziś ma do powiedzenia nie mniej niż mama. Oboje świetnie pichcą. Specjalizują się w tradycyjnej kuchni polskiej. Od nich nauczyłam się przyrządzać dobry rosół. W pewnym momencie stało się tradycją, że ja gotuję w sobotę, a siostry sprzątają mieszkanie. Rodzice nauczyli nas, by dbać o dom i o siebie nawzajem.

Lubiłam przychodzić do sklepu. Rodzice wręcz mnie z niego wyganiali. – Uciekaj, masz lekcje! – krzyczeli. W gimnazjum stałam za ladą w każdy w piątek po południu i w sobotę. Kiedy zbliżało się Boże Narodzenie, przebierałam się w strój świętego Mikołaja, stawałam przed wejściem i rozdawałam klientom cukierki. Chciałam, żeby było jak w amerykańskich filmach. Tata trochę się ze mnie nabijał, ale mój wysiłek przynosił efekty, skoro kolejki wychodziły czasami daleko poza drzwi. Mama powtarza, że zawsze miałam żyłkę handlowca, charakterek i głowę do interesu. Umiałam zaoszczędzić pieniądze. Odkładałam kieszonkowe. W wieku czternastu lat kupiłam aparat cyfrowy, co wtedy było dużym wydarzeniem. Większość rówieśników nie miała jeszcze nawet telefonu komórkowego.

Gdy poznaję ludzi, wielu zaczyna rozmowę od tego, co wydaje mi się już oklepane.

– Taka drobna dziewczyna, aż trudno uwierzyć, że potrafi tak walczyć – kręcą głową. Teraz wyobraźcie sobie, że to chuchro, którym muszę się stać dzień przed pojedynkiem, aby zmieścić się w limicie 52 kilogramów, kilkanaście lat temu ważyło... 67 kilogramów. Niezły pulpecik.

Nie czułam się komfortowo w swoim ciele, ale najważniejsze, że nie straciłam pewności siebie. W lekkoatletyce moją konkurencją było pchnięcie kulą – serio! Pływać nie umiałam. Ciągnęło mnie do sportów kontaktowych. W piłkę ręczną grałam jako skrzydłowa, zaś w koszykówce byłam rozgrywającą. Chodziłyśmy z siostrą na SKS-y, lecz w gimnazjum Kasia zrezygnowała ze sportu. We wcześniejszych latach zdążyła się chyba wyszaleć na wrotkach, które tata przywiózł z Niemiec, a potem na rolkach.

Nie miałam idoli ani idolek. Pamiętam popularność zespołu The Kelly Family, choć każdy dzieciak udawał, że ich nie lubi, bo byli za grzeczni. Kasia nosiła pomarańczową koszulkę z trzema laskami z Tic Tac Toe. W szkole rządził ten, kto miał najwięcej karteczek, takich z dziurkami do segregatora, z piosenkarzami i piosenkarkami. Śmiać mi się chce, gdy wspominam numer Michaela Jacksona – pamiętacie teledysk do *Earth Song*, który był wtedy hitem telewizji? Stawałam w progu, łapałam za futrynę, jak Jackson za pniaki spalonych drzew w trakcie apokaliptycznej wichury i w tej dziwnej pozycji się wydzierałam. Nie umiem śpiewać, ale przynajmniej w domu było wesoło. Wspominam o tym dla żartu. Nigdy nie pragnęłam zostać piosenkarką.

Sport w telewizji? Ciężar ciała nie sprawił, że zasiadłam wygodnie przed ekranem. Miałam za dużo energii. Pamiętam mecze reprezentacji Polski w piłce nożnej, która w 2001 roku zakwalifikowała się do mistrzostw świata pierwszy raz od szesnastu lat, lecz minęło jeszcze wiele czasu, zanim dowiedziałam się, na czym polega spalony. Dobrze kojarzę sobotnio-niedzielne oglądanie skoków Adama Małysza. Znałam Krzysztofa Hołowczyca, rajdowego mistrza Europy z Olsztyna. Na nasze osiedle przyjeżdżała jego córka. Była starsza, parkowała peugeota 206 i razem z trzema, czterema koleżankami jeździła na deskorolce w miniskateparku.

Zazdrościłam jej tych koleżanek. Nie miałam z kim dzielić pasji, przymierzać modnych ciuchów w sklepach, słuchać najnowszych płyt. Trzymałam się z boku. Patrzyłam. Miałam czternaście lat. Czułam się brzydsza, grubsza, gorzej ubrana. Nie byłam wyobcowana, nie miałam ogromnych kompleksów, ale gdzieś we mnie siedziała jakaś zadra, która powodowała przygnębienie. Dziewczyny super jeździły. Miały dużo lepsze deski ode mnie. Po latach spotkałam jedną z nich. Zrobiło mi się miło, gdy powiedziała, że w te klocki też byłam całkiem niezła.

Sporty walki? Dzisiaj jestem w stanie sobie przypomnieć, że było głośno o pojedynkach bokserów Andrzeja Gołoty i Dariusza Michalczewskiego. W telewizji widziało się też walczące kobiety: Iwonę Guzowską i Agnieszkę Rylik. Wciskałabym wam jednak kit, gdybym teraz stwierdziła, że któryś z tych sportowców sprawił, że założyłam rękawice.

Lubiłam sport, ale nie sądziłam, że się do niego nadaję. Myślałam, że więcej pożytku dadzą mi dodatkowe lekcje angielskiego, niemniej… Postanowiłam sprawdzić się w Łączności Olsztyn. Dowiedziałam się o naborze do drużyny koszykarek, przyszłam na zajęcia. Niektóre dziewczyny były starsze, ale niektóre młodsze ode mnie. Grały ze sobą od dawna. Pierwszy raz zetknęłam się z naprawdę ciężkim treningiem. Pewnie nie dałabym za wygraną i mimo przeciętnego wzrostu walczyłabym o pójście w ślady olsztynianki Beaty Krupskiej-Tyszkiewicz, reprezentantki Polski. Mierzyła o cztery centymetry mniej niż ja dzisiaj. Wtedy pierwszy raz pomyślałam o sporcie poważnie, choć trudno było mi się zgrać z dziewczynami. Były lepsze i raczej lekceważyły „nową" – pulchniutką Asię. Mogę powiedzieć, że patrzyły na mnie z góry, nie tylko z racji wzrostu.

Po dwóch albo trzech miesiącach treningów zaczęłam odczuwać kłucie z prawej strony brzucha, jakbym miała kolkę po bieganiu. Tłumaczyłam sobie, że to efekt intensywnych zajęć. Ból jednak wracał regularnie. Dałam znać mamie. Lekarze w przychodni nie widzieli problemu, więc poszłyśmy na prywatną wizytę. Okazało się, że moja wątroba jest o dwa, trzy centymetry za duża, jak na mój wiek. Za szybko urosła. Nie pracowała tak jak powinna. Zrezygnowałam z treningów.

Może coś by było z tej mojej koszykówki, gdyby nie ta wątroba? Postawiłam na trochę lżejsze jedzenie, minął rok i wszystko wróciło do normy. Nie wiem, skąd to się w ogóle wzięło. Przez całe dnie biegałam po podwórku i nigdy nie miałam najmniejszego problemu ze zdrowiem. Na boisku do koszykówki ta kolka odbierała mi jednak oddech i uniemożliwiała normalny trening. Może to był znak od Boga? Może chciał powiedzieć: „Przestań to robić, bo czeka na ciebie coś większego, ważniejszego"? Ostatecznie w Łączności nie rozegrałam ani jednego meczu.

Ewa miała chłopaka Rafała. To był mega luzak, bardzo porządny gość. Chyba chciał zaimponować dziewczynie i pokazać, że troszczy się o jej rodzeństwo. Kiedyś zwrócił się do mnie:

– Taka żywa jesteś, to chodź ze mną na wspinaczkę skałkową!

Poszłam i naprawdę mi się spodobało. Skończyłam kurs, pojechałam na obóz w Sokolikach za Jelenią Górą. Strach nie zaglądał mi w oczy. Polubiłam adrenalinę, połknęłam bakcyla. Wspinało się specyficzne towarzystwo, głównie dzieciaki z bogatych rodzin. Synowie lekarzy, prawników. Na przeciwnym biegunie byli dwaj studenci, którzy żyli jak hipisi i przed atakiem na pionową ścianę lubili walnąć konkretną dawkę nafty. Wspomnienia po powrocie miałam jednak wspaniałe. Uświadomiłam sobie, że kręcą mnie ekstremalne klimaty. Rafał nadal chciał zyskać w oczach Ewy. Tym razem wpadł na pomysł, żeby zaciągnąć mnie na trening muay thai. Był październik 2003 roku.

Rozdział 5

NAJPIERW MNIE POZNAJ

Zajęłam się sportami walki, wyspecjalizowałam się w nich i chciałam być mistrzynią. W swojej działce jestem najlepsza na świecie. MMA nie jest dyscypliną dla kobiet? A kto tak powiedział? Dziennikarz od piłki nożnej, który nawet nie wiem, jak wygląda?

(...) Joanna Jędrzejczyk zlała makabrycznie jakąś inną kobietę, której zresztą było mi szkoda, bo ładniej opalona i z biustem. A pobicie nie tylko nie zostało ukarane, ale nagrodzone! Jakimś pasem UFC, no i niezliczonymi publikacjami w polskich, często zakompleksionych mediach (no bo jak wygrywamy, to stajemy się potęgą – szkoda, że w dziwactwach jedynie). (...) No i nagle, z powodu jakiegoś pasa za stówę, mamy bohaterkę. (...) Halina Konopacka nie dość, że zdobyła mistrzostwo olimpijskie, pierwsze dla Polski, to wygrywała konkursy urody i wyszła za mąż za ministra skarbu II RP. Malowała, pisała wiersze... Joanna Jędrzejczyk jest z zupełnie innej bajki. To taka dziewczynka z zapałkami.

Paweł Zarzeczny, fragment felietonu, „Polska The Times", 16 marca 2015 roku

Czy byłabym szczęśliwa, gdyby nie sport? Nigdy nie sądziłam, że zajdę tak daleko. Dziesięć lat temu powiedziałam sobie, że będę kimś. Nie wiedziałam jeszcze, jak to zrobię. Wiedziałam tylko, że czeka mnie praca i wyrzeczenia. Nigdy nie pomyślałam: „Musisz być najlepsza na świecie, więc jazda do roboty". Wszystko, co robiłam, robiłam dla siebie, dla zaspokojenia ambicji. One powoli, stopniowo, stawały się coraz większe. I niemożliwe stało się możliwe. Jeśli ktoś mówił mi, że coś się nie uda, że nie ma najmniejszych szans, nie wierzyłam. Musiałam sprawdzić to na własnej skórze.

Tak samo jest z uprawianiem sportów walki przez kobiety. Dlaczego miałabym tego nie robić? Czy od trzynastu lat jestem złym człowiekiem, bo założyłam rękawice i wygrałam prawie wszystkie walki? Najpierw mnie poznaj, potem oceń.

Wszyscy, na czele z rodzicami, myśleli, że będę miała słomiany zapał. Jednak dość szybko zorientowałam się, że chcę zostać najlepiej walczącą kobietą w historii polskiego sportu. Doceniałam Iwonę Guzowską i Agnieszkę Rylik (poznałam ją po latach, wspaniała osoba!). Imponowały mi, ale na nikim się nie wzorowałam. Na Laili Ali też nie. Czułam, że mogę być jeszcze lepsza. Każdy może osiągnąć sukces, ogromny, albo i gigantyczny, jeśli tylko znajdzie swoją dziedzinę i naprawdę się przyłoży, aby się w niej rozwijać.

Myślicie, że nie byłabym dziś wysoko w korporacyjnej piramidzie, gdybym trzynaście lat temu została szeregowym pracownikiem banku? Oczywiście, że byłabym. Dlaczego? Bo wiem, na czym polega zaangażowanie i ciężka praca. Wynalazcy też poświęcali wiele, a może i wszystko, dla jednej idei. Mogło to trwać długo, ale w pewnym momencie zaskoczyło, bo ktoś to dostrzegł i uwierzył w ich wysiłek. I dzisiaj dzieci uczą się o nich na lekcjach historii.

Mnie prawdziwą szansę dano po jedenastu latach uprawiania sportu. Parę razy zostałam mistrzynią świata w muay thai, ale przecież nie miałam z tego choćby przyzwoitych pieniędzy. Nikt mnie nie znał. Nie obchodziłam nawet jednego procenta kibiców, którzy poznali mnie przez ostatnie dwa lata. Mogłam się poddać, wiele razy. Miałam milion powodów. Bo stałam się pełnoletnia, bo skończyłam dwadzieścia lat, bo skończyłam dwadzieścia pięć...

– Daj sobie spokój. Zajmij się czymś, co da ci przyzwoitą kasę. Miej normalną pracę. Po co dajesz się obijać? Przynajmniej będziesz ładnie wyglądać – słyszałam. Wiele razy.

Co to znaczy mieć normalną pracę? Co to znaczy być ładnym? Nie mam ideałów, wzorów, schematów. Nie znam doskonałych ludzi. Każdy ma coś do poprawienia, zawsze. Co jest dla ciebie najważniejsze? Marzenia? By wytrwale dążyć do celu, a może będziesz tańczyć tak, jak ci zagrają? Każdy powinien czegoś poszukiwać. Uparcie wierzyłam, że wszystkie złe chwile i przykre sytuacje są tylko dla mojego dobra, przyniosą owoce w przyszłości.

Naprawdę pragnę, żebyście dzięki tej książce przekonali się, że chcieć to móc. Pasja i marzenia mają przeogromną wartość i nie są to puste słowa, zaufajcie mi. Mojego sukcesu też nic nie zapowiadało, a tu proszę. Piszę swoją historię. 14 marca 2015 roku w Dallas zostałam mistrzynią świata w MMA. Pas UFC za stówę? Nie wiesz, co napisałeś, człowieku. To tak, jakbyś powiedział mistrzyni olimpijskiej, że jej złoty medal nic nie jest wart.

Człowiekiem, który latem 2014 roku dał mi prawdziwą szansę rozwoju i zarobienia dobrych pieniędzy, był Dana White, prezydent Ultimate Fighting Championship. Nie wiem, czy Carla Esparza jest bardziej atrakcyjna ode mnie. Ona zapewne ma swoich zwolenników, ja mam swoich. Na przykład tych, którzy codziennie piszą w internecie: „Joanna, tak ładnie się uśmiechasz, czy zostaniesz moją żoną?". W każdym razie nietrudno, żeby Carla była ode mnie bardziej opalona, skoro mieszka w Kalifornii, a ja trenowałam zimą w Olsztynie. Przepraszam, na solarium zabrakło czasu. Miałam na głowie parę spraw, na przykład trochę mi zależało na wyniku walki. Esparza jest ładniejsza? Nie ma sprawy. Mnie chodzi o sportową rywalizację. W niej rezultat był korzystny dla mnie. Nokaut, czwarta minuta, dwudziesta siódma sekunda drugiej rundy, nową mistrzynią świata UFC została Joanna Jędrzejczyk. Dziękuję.

Ludziom nigdy się nie dogodzi. Co by się nie działo i tak cię skrytykują. Dawno temu nauczyłam się nie przejmować ocenami, zanim stałam się popularna, zanim znalazłam się pod ostrzałem opinii publicznej. Już po pierwszych wywiadach mogłam się dowiedzieć z komentarzy w sieci, że coś jest ze mną nie tak. Nie dam nikomu żyć moim życiem. Czuję się stuprocentową kobietą. Jestem dobrą siostrą i córką, będę dobrą żoną i matką. Lubię siebie. Najbardziej po walce, gdy mam nieco więcej ciałka, a waga zbliża się do sześćdziesięciu kilogramów. Wtedy nadal mam wysportowaną sylwetkę, ale i lekkie krągłości. W pierwszej kolejności dbam o to, by podobać się narzeczonemu.

Czego kobieta nie może robić? Nie wiem, stanie na ulicy nie jest dobrym wyborem. Z drugiej strony nie chcę nikogo skreślać. Nawet ostatnio w kościele słuchałam słów Ewangelii o kobiecie lekkich obyczajów, która umyła Jezusowi nogi, a człowiek teoretycznie dużo lepszy chyba nawet mu się nie ukłonił. Zapytał tylko, dlaczego Jezus obcuje z grzesznicą. Staram się nie oceniać ludzi. W zasadzie wstydzę się nawet skomentować zdjęcie znajomego w internecie, wolę powiedzieć mu to prosto w twarz.

Nie jestem święta i czasami wydaję opinię. Później mam małe wyrzuty sumienia. Głupio się czuję, bo przecież nie wiem o tej osobie wszystkiego. Trzeba wczuć się w sytuację drugiego człowieka. Dlaczego tak się zachował? Dlaczego zszedł na złą drogę? Dlaczego sięgnął po alkohol? Nikt nie zbłądził bez poważnej przyczyny. Człowiek zawsze zasługuje na drugą szansę. Trzeba go ocenić na podstawie tego, czy umiał wyciągnąć wnioski z błędów.

Nie mam nic przeciwko dziewczynom uprawiającym podnoszenie ciężarów, choć sama nie lubię dźwigać. Zawsze lubiłam przełamywać bariery i kopać piłkę. Nie znałam sportów, które są tylko dla chłopaków. To dla mnie budujące, jak bardzo rozwinął się futbol kobiet w Polsce i w moim Olsztynie.

Czy pogardzimy olimpijskim podium naszej zapaśniczki, judoczki, pięściarki, zawodniczki taekwondo? Przecież to też są dyscypliny dla mężczyzn, no nie? Uznamy, że nic się nie wydarzyło? Nie przywitamy medalistki igrzysk na lotnisku z kwiatami? Polski Komitet Olimpijski nie wypłaci jej nagrody? Gdzie jest granica pomiędzy sportem męskim a kobiecym? Czy kolarki powinny pedałować przez sto czterdzieści kilometrów po górach, piekąc się w słońcu? Czy dziewczynom wolno przebiec maraton, a może dziesięć tysięcy metrów to już za dużo? Spójrzcie na te szczuplutkie biegaczki, są takie biedne.

Natychmiast załatwmy im wizytę u kosmetyczki na poprawę nastroju. Będą o wiele szczęśliwsze.

Nie znam autora tego felietonu. Mogłabym go przekląć i życzyć wszystkiego najgorszego, ale przecież to absurdalne. Uśmiecham się. Przecież po mojej kolejnej walce znowu usłyszy, że jestem wspaniałym sportowcem i przynoszę Polsce dumę. Może kręcić nosem, ale prędzej czy później dostrzeże, że mój wysiłek ma głęboki sens. Nawet jeśli nie odważy się tego powiedzieć.

Rozdział 6

DLACZEGO UNIKAM DYSKOTEK

Wszyscy się śmiali, że kobiety nie umieją się bić. Kiedy próbowano wmówić mi, że czegoś nie potrafię, wiedziałam, że muszę zacisnąć zęby i udowodnić, że wszystko jest możliwe. Ofiarami moich dwóch pierwszych nokautów padli faceci. Nie, nie cieszę się z tego.

Na początku taka była ze mnie zdyscyplinowana sportsmenka, że wzięłam się za palenie papierosów. Miałam szesnaście lat, to było zaraz na początku liceum, dosłownie chwilę przed rozpoczęciem treningów muay thai. Miałyśmy wykupione bilety miesięczne, ale wolałyśmy wracać do domu z buta. Marzyła się nam dorosłość. Kasia mniej paliła, nadrabiałam z koleżanką Sylwią. To trwało jakieś dwa tygodnie. W końcu zaakceptowałam myśl, że palenie jest mega ohydne.

Rafał, chłopak Ewy, trenował boks tajski od pół roku. Zachęcał mnie, bym spróbowała, lecz trochę broniłam się przed decyzją. „Muay thai? Jak to w ogóle brzmi? Język mi się plącze" – starałam się znaleźć argument, żeby nie iść na trening. Wcześniej miałam możliwość dołączenia do sekcji taekwondo, lecz ono wydawało mi się bardzo nudne. „To ja już wolę ten boks tajski. Przynajmniej coś się będzie działo" – pomyślałam.

Klub nazywał się CFC – Camel Fight Club. Camel, czyli wielbłąd, to ksywa właściciela. Może dlatego, że wielbłąd ma garby, a on ma trochę garbaty nos. Mam stamtąd głównie niemiłe wspomnienia, co nie zmienia faktu, że właśnie tam zaczęła się moja poważna przygoda ze sportem.

Treningi były bardzo ciężkie, ale potrafiłam się motywować. Stawiano bardziej na przygotowanie fizyczne, niż na technikę. Dawałam radę. Ból wątroby nigdy nie powrócił. Szybko okazało się, że jest we mnie potencjał, że mam w sobie coś, co może uczynić ze mnie prawdziwego sportowca.

Po dwóch miesiącach treningów, pod koniec 2003 roku, stoczyłam swoją pierwszą walkę. To było w osiedlowym klubie Akant, na ulicy Kanta. Jeden przystanek jazdy komunikacją miejską od miejsca, w którym mieszkam dzisiaj. Przyjechały moje siostry i Rafał. Wieczorna godzina, zrobiło się ciemno, zapalono światełka. Był klimacik. Z krzesełek zbudowano kwadrat, który stał się ringiem. Zaplanowano kilka walk. Sama wchodziłam do ringu trzy razy. Nie będę ściemniać, że było to jakieś mistyczne przeżycie, które wywróciło mój świat do góry nogami. Chodziło bardziej o pokaz boksu, muay thai i karate, o ile dobrze pamiętam. Przewidziano jednak, że po walkach będą werdykty.

W ringu, a raczej w kwadracie, walczyłam z dziewczynami z Olsztyna: ze starszą o pięć lat Agą Oleksik, która później stała się moją dobrą kumpelą, z Anią oraz Gosią. Gośka była umięśniona jak byk. Imponowała mi. Pracowała chyba w sanepidzie, ale pokazywała, że laski też mogą trenować! Byłam młodsza i znacznie mniej doświadczona, ale okazało się, że nie mam kłopotu z tym, żeby nastukać dziewczyny. Wszyscy zaczęli się zastanawiać, o co z tą Aśką chodzi. Wygrałam, co miałam wygrać. Wróciłam do domu z chusteczką w nosie, bo lekko leciała mi krew. Tata spojrzał na mnie troskliwie. Nie był zachwycony, ale widziałam jakiś błysk w jego oku. Tak jakby cieszył się, że wreszcie znalazłam pasję.

Minęło kilka miesięcy i w połowie 2004 roku byłam już w Krakowie na moich pierwszych mistrzostwach Polski. Startowałam w kategorii do 63,5 kilograma. Byłam ogromnie podekscytowana tymi zawodami. Poprosiłam Asię, moją koleżankę z liceum, dzisiaj przyjaciółkę, aby przed wyjazdem zaplotła mi warkoczyki. Tak mi się spodobały, że później robiła to jeszcze wiele razy. Wróciłam do Olsztyna ze złotym medalem, konkurencja nie była szczególnie mocna. Do dziewczyn z całego kraju dopiero docierało, że nie tylko faceci mogą zajmować się sportami walki. Poziom rósł, lecz mistrzostwa Polski do 2008 roku wygrywałam jeszcze cztery razy.

Przed pojedynkiem nigdy nie dopadają mnie nerwy. Jestem skupiona, ale lubię być wesoła, śmiać się. Wizualizuję sobie walkę, lecz stres mnie nie zżera. Nie paraliżuje mnie publiczność. Nieważne, czy mam wystąpić dla pięćdziesięciu osób czy dla pięćdziesięciu tysięcy. Od moich pierwszych walk chcę pokazywać siebie. Pokazywać, jak jestem energiczna i żywiołowa, pokazać, czego się nauczyłam. I tę energię po prostu z siebie uwalniam. To się nigdy nie zmieniło. Strach i nerwy są mi obce. Nie lubię jedynie czekania. Chcę, żeby w szatni wszystko działo się szybciej. Słucham muzyki, gadam z ludźmi. Wiele osób myśli, że to jest poza, lecz się mylą. Zawsze czuję wielki spokój.

Lubię się zmęczyć rozgrzewką. Potem biorę głęboki oddech. Przez moment dopada mnie obawa: „ojejku, nie mam siły, nie mam kondycji", ale za chwilę ona ustępuje: „spokojnie, przecież wszystko masz, jest cudownie!". Odmawiam ostatnią modlitwę. Emocje idą w dół. W głowie i duszy robi się totalna cisza. Czekam, aż po hali rozniesie się numer *Przejmij ster w swoje dłonie*, nagrany przez moją kumpelę Renę oraz Gutka znanego z zespołu Indios Bravos. Widzę fanów, podnoszę ręce, przybijam piątki. Słyszę, jak skandują moje imię. Zasilanie rośnie. Klękam, robię znak krzyża. Wchodzę do oktagonu zupełnie spokojna, wyciszona. Niech to się już zacznie, chcę wyprowadzić pierwszy cios!

Czy dziewczyny boją się bardziej? Nie powiedziałabym. Mam wielu kolegów, nawet tych najwyższych i najcięższych, ważących po sto kilogramów, którzy nie radzą sobie ze stresem, przez co przegrywają walki. Do klatki trzeba wejść po swoje. Chcieć zadowolić przede wszystkim siebie, czerpać radość z walki. Mieć gdzieś, ilu ludzi cię obserwuje. Oddzielić walkę od wszystkiego, co dzieje się wokół. Jesteś tylko ty i twój przeciwnik. To wszystko, co powinieneś wiedzieć. Nie zostanie mistrzem świata ten, kto nie umie opanować nerwów. Na niektórych strach wpływa motywująco, pobudza. Jednak nie jest to żadna reguła. Wielu macho tuż przed walką nie wie, jak się nazywa. Są jak małe dziewczynki.

Męstwem nie imponował też facet, którego spotkałam w olsztyńskim klubie Impuls. Klubie nocnym, nie sportowym. Miałam osiemnaście lat. Zakumplowałam się z Agą. Trenowałyśmy w Camelu, a wieczorami chodziłyśmy na dyskoteki. Aga miała dwadzieścia trzy lata, była dla mnie jak starsza siostra. Do Impulsu przyjeżdżali ludzie z okolic Olsztyna. Generalnie puszczano tam mało ambitną muzykę, ale zawsze się człowiek wytańczył. Bramkarze znali mnie i Agę, byłyśmy stałymi bywalczyniami lokalu.

Tańczymy, bawimy się. Wokół mnóstwo ludzi, straszny ścisk. Nagle didżej mówi do kolesia:

– Proszę zejść ze szkłem z parkietu.

Gość coś tam wybełkotał. Tańczył przy nas, rozlewał piwo. Złapałam go za ramię.

– Kolego, do ciebie didżej mówił, żebyś zszedł.

– Spierdalaj, czego chcesz?

– Chcę, żebyś zszedł z parkietu.

– Sama zjeżdżaj.

Gość był nachlany, a może naćpany? Poszedł sobie, ale zaraz wrócił. Znowu wlazł na parkiet z browarem i papierosem. Didżej zagroził, że wezwie ochronę. Typ zapalił szluga.

– Uważaj kolego, bo zaraz kogoś przypalisz.

– Czego ty, kurwo, chcesz? Zamknij się.

– Mów grzecznie, bo ja do ciebie mówię grzecznie.

Jego dziewczyna tańczyła na podwyższeniu.

– Czego ta szmata od ciebie chce? Chce się bić?

– Ja nie chcę się bić.

Trenowałam muay thai od dwóch lat. Aga złapała mnie za rękę. Nie chciała, żebym zrobiła coś głupiego. Gość tkwił w przekonaniu, że jest królem parkietu. Dziewczyna zaczęła go podjudzać. Wtedy ten kretyn przypalił moją kumpelę.

– No i widzisz, co narobiłeś?

– Co, szmato?

– Nie wyzywaj mnie, nie będę z tobą dyskutować. Idę po ochronę.

– Taa? Ty to możesz mi co najwyżej obciągnąć.

Aga wciąż trzymała mnie za rękę. Jednak we mnie coś wstąpiło. Gość obraził mnie tak, że bardziej już nie można. Stał bokiem, ale zaczął się odwracać, żeby zaśmiać się w moją stronę, tak szyderczo. Wyrwałam rękę z uścisku Agi, machnęłam prawym sierpowym. Pięść trafiła prosto w szczękę. Koleś zjechał do bazy. Chyba odcięło mu błędnik.

Wokół pojawiło się parę łysych głów.

– Ty, patrz, laska go znokautowała!

Myślałam, że zaraz będę miała przechlapane. Aga znów złapała mnie za rękę. Wybiegłyśmy stamtąd i szybko wstąpiłyśmy do drugiego zatłoczonego klubu, żeby nas nie znaleźli.

To było jedno z najgorszych przeżyć w moim życiu. Dałam się ponieść emocjom. To był… impuls, jak nazwa klubu. Wiedziałam, że typ grubo przegiął. Czułam, że jestem w niebezpieczeństwie. I po prostu wyprowadziłam ten cios. Nie można mieć sobie wszystkiego za złe. Tak czy inaczej, to się już nigdy nie powtórzyło i nie powtórzy. Od dawna unikam dyskotek. Znam swoją moc, a skończonych głupców przecież nie brakuje. Konflikty trzeba rozwiązywać słowami, nie siłą, ale mało kto to rozumie. Dla mnie to wstyd, że musiałam palnąć tego tłumoka.

To był mój drugi nokaut w życiu. Wcześniej usadziłam chłopaka w sali treningowej. Mieliśmy wewnętrzne sparingi w Camelu. Wszyscy usiedli w kółku, które stało się miejscem walk. Chłopak był silniejszy, chyba w moim wieku. Nie założyliśmy kasków, sparing w założeniu miał być lekki. Jednak faceci często chcą coś udowodnić, nawet kiedy nie ma to najmniejszego sensu. Gość był nowy, próbował się wyżyć, czymś się wyróżnić. Unikałam walki, nie chciałam oberwać przypadkowym ciosem. Jednak chłopak tak się podpalił, że ścięłam go z nóg prawym. Nie chciałam tego, tak wyszło. Camel bardzo się ucieszył. Z czego tu się cieszyć? Choćby ta reakcja dała mi do zrozumienia, że nie jest to trener moich marzeń.

Rozdział 7

NIE WŁAŻĘ NIKOMU W TYŁEK

Szybko odzyskałam zdrową sylwetkę. Byłam niepokonana w kilkunastu walkach. Kupić samochód czy polecieć na mistrzostwa świata do Tajlandii? A co to za pytanie?

Trenowałam dwa i pół roku. Wygrałam czternaście walk amatorskich i trzy zawodowe. Bodaj najefektowniejsze było zwycięstwo przed czasem nad Białorusinką Anastazją Niakrasawą w Krakowie, o którym przesądziło uderzenie kolanem. To był mój debiut telewizyjny, galę pokazało TVN Turbo. Zostałam trzykrotną mistrzynią Polski, a w pierwszym zagranicznym starcie w Asslar zdobyłam międzynarodowe mistrzostwo Niemiec. Wiedziałam, że mam duży potencjał. Każde zwycięstwo podsycało ogień, miałam coraz większe ambicje, chęci do treningu, pragnienie rywalizacji. Kłopoty z tuszą przeszły do historii.

Camel uczył nas muay thai, wykorzystując znajomość boksu i karate. Jego młodszy brat o pseudonimie Lampart został wicemistrzem świata. Jakby zwierzątek było mało, moja kumpela Aga Oleksik przyjęła pseudonim Puma. Stoczyłyśmy ze sobą chyba trzy walki. Wszystkie w 2004 roku, dwie w Krakowie. Nigdy nie było między nami niezdrowej rywalizacji. Później narodziła się siostrzana więź. Na początku to Aga była pupilką trenera. Ja nadrabiałam charakterem. Zawsze byłam otwarta i przebojowa. Energiczna, taka jak w ringu.

Muay thai przypadło mi do gustu. Pokochałam walkę w klinczu, uderzenia łokciami i kolanami. Mam z nich ogromny pożytek także dziś. Muay thai to muay thai. Nie lubię określenia boks tajski. Kojarzy mi się z niektórymi pojedynkami kickbokserskimi, w których zabraniano mi używać łokci. Bez nich walka sprawiała mi mniejszą przyjemność. A w muay thai nie ma żadnego pitu pitu. Jest ostra rywalizacja od początku do końca, choć w walce amatorskiej korpus zawodnika chroni solidny ochraniacz, zaś głowę kask. Nie bez przyczyny tę dyscyplinę uważano za królową sportów walki. Stawia na wszechstronność. I ta ceremonia, ten szacunek, który oddaje się mentorowi. Mają swój urok. W wolnej chwili sprawdźcie, jak wygląda taniec whai khru.

Stanęłam przed pierwszą poważną decyzją w dorosłym życiu.

– Dziecko, dorzucę ci parę groszy, kupisz sobie auto – zachęcał tata.

Pieniądze rzeczywiście były mi potrzebne, ale chodziło mi po głowie zupełnie coś innego. Mistrzostwa świata w Bangkoku zaplanowano na początek czerwca 2006 roku. Dzisiaj to nie do pomyślenia, aby reprezentant Polski sam musiał znaleźć kasę na podróż. Jednak wówczas krajowy związek muay thai, nie mając wsparcia z ministerstwa sportu, zapewniał tylko pobyt na miejscu. Musiałam przełożyć ustną maturę z polskiego, ale to było akurat najłatwiejsze. Potrzebowałam czterech, jeśli nie sześciu tysięcy złotych. Sporo, jak na nastolatkę. Miałam odłożone jakieś pieniądze z osiemnastych urodzin, swoje zarobiłam także w sklepie rodziców, ale to było o wiele za mało. Zapożyczyłam się u Ewy, która zawsze miała sporo oszczędności. Rodzice też nie mieli serca, żeby mi odmówić. Samochód kupiłam nie ja, lecz Kasia. Później służył nam obu.

Lot do Tajlandii kojarzył mi się z rozrywką zarezerwowaną dla bogaczy. Szykowała się niezwykła przygoda, biorąc pod uwagę, że wcześniej za granicą byłam tylko na zawodach w Asslar oraz w dzieciństwie na wycieczce do Drezna i Pragi. W Bangkoku popularność muay thai przerosła moje oczekiwania. Przylecieli najlepsi z całego świata. Reprezentanci państw byłego bloku wschodniego, zawsze bardzo mocni w sportach walki, zawodnicy z USA, Kanady, Australii...

Myślałam, że coś zwojuję. Byłam bojowo nastawiona. Wylosowałam... najgorzej, jak mogłam. W pierwszej rundzie kategorii do 57 kilogramów trafiłam na Walentynę Szewczenko. Ta blondynka reprezentująca Rosję była już mistrzynią świata. Trenowała sporty walki praktycznie od dziecka. Słyszałam, że w wieku dwunastu lat znokautowała... dwudziestodwulatkę. Przegrałam, pierwszy raz w karierze. Byłam oburzona, załamana. Płakałam. Wiedziałam jednak, że to nie koniec.

To nie był z mojej strony fatalny występ. Przegrałam nieznacznie, na punkty. Walentyna miała bardzo specyficzny styl walki. Gdy wyprowadzałam kopnięcie, przechwytywała nogę. Podcinała mnie, przewracała. W muay thai niby nie punktuje się takich akcji, jednak one mogą świadczyć o przewadze ich inicjatora. Minęło dużo czasu, zanim Szewczenko została za to ukarana. To było przykre, że dziewczyna wygrywała tyle walk, bazując na tym triku. Oczywiście była znakomitą zawodniczką. W Bangkoku sięgnęła po złoty medal.

Gdy doszłam do siebie, usiadłam. „No i co z tego, że przegrałaś? To nie koniec świata. Trenujesz dwa lata, przyjechałaś na zawody rangi globalnej. Czego oczekiwałaś? Pracuj. Czekaj na swoją szansę" – tłumaczyłam sobie.

Podróż do Tajlandii i tak okazała się decydująca dla moich przyszłych losów. Gdyby mnie tam nie było, nie czytalibyście teraz tej książki, nie byłoby żadnego pasa UFC. W Bangkoku poznałam Pawła Słowińskiego, wielokrotnego mistrza świata w muay thai, najlepszego Polaka, który rywalizował w słynnej kickbokserskiej formule K-1. Mieszkał na stałe w Australii, gdzie przeniósł się w dzieciństwie wraz mamą i bratem po śmierci ojca.

Paweł miał 26 lat, w swojej karierze sportowej przeżywał okres świetności. Dopiero co wygrał turniej K-1 World Grand Prix w Auckland. Miał już na koncie występy na całym świecie: w Australii, Tajlandii, Japonii, Korei Południowej, Szwecji. Wielki wojownik, który nie bał się walczyć nawet z poważną kontuzją. Został moim przyjacielem i starszym bratem.

Dobrze wiedzieliśmy, kim jest Słowiński. Coraz więcej nastolatków miało w domu internet, pojawiły się serwisy poświęcone sportom walki. Sama czytałam dużo o Pawle.

– Będzie z nami Paweł? Wooooow! Poznamy taką gwiazdę! – cieszyli się koledzy z kadry.

Słowiński od paru lat trenował w Tajlandii. Chciał wesprzeć ekipę z Polski startującą w mistrzostwach. Przyjechał. Usiedliśmy przy okrągłym stole. Był bufet. Paweł miał przed sobą nie mniej niż sześć talerzy. Pochłaniał wszystko, co mu się nawinęło pod rękę. Takie prawo zawodnika wagi ciężkiej.

– Musisz dużo jeść, żeby mieć siłę – klarował swoim łamanym, niepoprawnym gramatycznie polskim. Mówił trochę tak, jak popularny dzisiaj siłacz Burneika.

Minęło parę lat, zanim nastały czasy selfie i Facebooka, ale i tak każdy chciał mieć zdjęcie z Pawłem. Ja trzymałam się z boku. Nie chciałam się narzucać.

– Ty to chuda jesteś – zaczepiał mnie. – Podoba mi się twój charakter. Jest w tobie ogień. Jesteś moją wymarzoną siostrą, którą zawsze chciałem mieć. Chcę tobie pomóc – mówił.

Z jakiegoś powodu bardzo mnie polubił. Może dlatego, że w odróżnieniu od innych nie próbowałam mu włazić w tyłek. Zaproponował, żebym wróciła do Tajlandii, że załatwi mi obóz i opłaci pobyt. Tam trzeba zasłużyć, żeby pracować pod okiem dobrego szkoleniowca. A Paweł skierował mnie do Nokweeda Davy'ego. To bardzo znany tajski wojownik, którego Słowiński dwa razy znokautował w 2002 roku. Potem Davy został trenerem Pawła.

Czy mogłam zmarnować taką szansę? Nigdy w życiu. Pozostało mi tylko... wrócić do Olsztyna, spłacić długi i skombinować pieniądze na kolejny lot do Azji. Sam Paweł przymierzał się do przeprowadzki do Holandii, gdzie miał ćwiczyć z legendą K-1, Ernesto Hoostem. Nasze drogi miały się jeszcze skrzyżować.

Odejście z olsztyńskiego klubu było przesądzone, nie tylko dzięki pomocy Słowińskiego. Camel nie trenował mnie tak, jak powinien. Parę lat później stał w narożniku Mariusza Pudzianowskiego podczas jednej z walk w MMA, jakoś mu się układa. Śniada cera, przystojny facet. Wygląda trochę jak Cygan, w końcu był nim jego ojciec. Umiał się zakręcić, przekonać do siebie ludzi. Był bajkopisarzem, zbyt wiele rzeczy kleiło mu się do rąk. W klubie zaczęło się dziać nieciekawie.

Płaciliśmy składki. Mieliśmy jechać na obóz – nie pojechaliśmy. Miał się znaleźć sponsor – nie znalazł się. Potem okazało się, że sponsor jednak jest, ale pieniądze nie trafiały do zawodników. Bywało tak, że Camel pokrywał za nas startowe, ale my musieliśmy opłacić dojazd na zawody i hotel. Raz byliśmy mu winni po osiemdziesiąt złotych za nocleg, gdy ktoś zorientował się, że doba kosztuje... pięćdziesiąt złotych. Oszukuje nas własny trener? Niemożliwe. Wkrótce ktoś nie dostał kasy za walkę zawodową. Camel zwalił winę na organizatora.

– Nie walczę dla ciebie, skoro nie płacisz – usłyszał promotor.

– Ja nie płacę? Kasę zabrał szef waszego klubu.

Zrobiło się nieprzyjemnie, nerwowo. Jestem sobie w stanie wyobrazić lepszą atmosferę do trenowania. Z klubu odeszło kilkanaście osób.

Co było najgorsze? Przez rok byłam w związku z Lampartem, wspomnianym wcześniej młodszym bratem Camela. Nie wyobrażałam sobie, że ktoś tak bliski jak brat twojego chłopaka może cię oszukiwać. I my mielibyśmy kiedyś zostać rodziną?

Co gorsza, Camel zapraszał nas na imprezy, grube imprezy z alkoholem. Trener ma być autorytetem. Nie może pokazywać zawodnikom życia, które oddala od sportu. Jeśli zaraz skończysz trzydzieści lat, a w taki sposób spoufalasz się z nastolatkami, to coś tu nie gra. Camel kiedyś opowiadał mi o szczęściu rodzinnym. Wmawiał mi, jak wspaniale układa mu się z żoną i dzieckiem, jaki jest szczęśliwy. Z tego szczęścia poderwał osiemnastoletnią siksę ze swojego klubu.

Lampart nie był wzorem sportowca. Starszy ode mnie o cztery lata. Imprezował, palił trawę i obrażał się, że ja nie palę. Wicemistrz świata, brawo! Pracował w masarni przy supermarkecie pięć godzin dziennie, żeby dziesiątego dnia każdego miesiąca prosić ludzi o pożyczenie kasy. Noż kurde. To ja, młoda dziewczyna, wiem, że trzeba mieć ambicje, a on, stary koń, przeżył jeszcze za mało lat, żeby to zrozumieć?

Aga mówi do mnie: – Czy ty go tak kochasz, że z nim jesteś?

Sama nie wiedziałam. To był mój pierwszy poważny związek. Wreszcie zdecydowałam się na rozmowę. Byliśmy w drodze na przystanek autobusowy. Powiedziałam, że to koniec. Lampart się popłakał. Nie wiedziałam, jak zareagować. Nie cierpię ranić ludzi. Z tego wszystkiego sama się popłakałam, ale z naszej dwójki to jemu było smutniej. Jego reakcja była kropką nad i. Potwierdzeniem, że podjęłam właściwą decyzję. Lampart próbował jeszcze za mną chodzić, pewnie było mu źle, ale od razu wiedziałam, że zaraz się z tego wyliże. Zaczęła się w nim podkochiwać inna dziewczyna z klubu. Zostali parą, wyjechali razem do Anglii.

Na koniec anegdota z Camelem w roli głównej. W 2007 roku spotkaliśmy się podczas kolejnych mistrzostw świata w Bangkoku, choć oczywiście nie reprezentowałam już jego klubu. Próbował mnie podejść jak starego przyjaciela, namawiać do powrotu. Nie umiał powiedzieć przepraszam, przyznać się do błędu. Nie było mowy, żebym nabrała się na tę gadkę, co po powrocie do Olsztyna nie przeszkodziło Camelowi wmawiać mojej mamie, że znowu jesteśmy przyjaciółmi. Innych przekonywał, że odeszłam, bo do głowy uderzyła mi sodówa. A grube imprezy i machloje? Nie, to nie ten pan!

To było już po zawodach. Zorganizowano nam wycieczkę po Bangkoku. Kilkoro Polaków, między innymi ja i Camel. Zwiedzaliśmy tajski dom, ogród, można było się napić tamtejszej whisky. Miejscowe dziewczyny tańczyły, a faceci mieli dać pokaz muay boran. Camel się wyrwał, razem z zawodnikiem, którego trenował. Zrobili walkę z cieniem, podotykali się, trochę jak zaprzyjaźnione gospodynie domowe. Więcej śmiechu niż poważnej sztuki. Zresztą, obaj mieli już chyba w czubie od alkoholu.

Za jakiś czas koleżanka wysyła mi artykuł z gazety, to był bodaj „Nasz Olsztyniak". Spoglądam na zdjęcie i czytam: „Trener z naszego miasta jako pierwszy Polak stoczył w Tajlandii walkę na śmierć i życie. W wypełnionej kibicami arenie okazał się lepszy od swojego przeciwnika w morderczym pojedynku muay boran". Myślałam, że spadnę z krzesła. Jak można być tak zakłamanym człowiekiem?

Rozdział 8

NIE CIERPIAŁAM Z MIŁOŚCI

Nie miałam klubu, co nie znaczyło, że mam skończyć z treningami. Salę do ćwiczeń urządziłam sobie sama. Widok kołyszącego się worka w garażu jest nieco mniej zachwycający niż bieg po wybrzeżu Tajlandii, lecz na piaszczystą plażę musiałam jeszcze trochę zaczekać.

Byłam tak przejęta mistrzostwami świata w Bangkoku, że w 2006 roku oblałam maturę. Żeby było śmieszniej – Kasia też. Żeby było jeszcze śmieszniej – dałyśmy ciała z przedmiotów, które były naszymi konikami. Z języka polskiego miałam czwórki, z biologii trójki. Kasia odwrotnie. Obie zdawałyśmy te przedmioty oraz angielski, a Kasia jeszcze rosyjski. No i ja nie zaliczyłam polskiego, a Kasia biologii. Gdy przyszły wyniki, zaczęłyśmy się z siebie głośno śmiać. Naprawdę nikt nie uważał, że wydarzyła się tragedia.

Na maturze pisemnej z języka polskiego miałam do wyboru wypracowanie z *Makbeta* albo *Chłopów*. Wybrałam Chłopów. Trzeba było opisać przyczyny konfliktu pomiędzy Maciejem Boryną i jego synem Antkiem. Napisałam tyle, że jeszcze trochę i na kartce zabrakłoby miejsca. Byłam zadowolona. Znałam tę lekturę z liceum. Z braku czasu czytałam streszczenia, ale to i tak lepiej niż połowa klasy, która nie czytała nic. Gdy wszyscy zgłaszali nieprzygotowanie, względnie dostawali pały, Jędrzejczyk siedziała spokojna. Nie bała się pani od polskiego. A kiedy została wyznaczona do odpowiedzi, buzia jej się nie zamykała. Wiedziała to i owo, a gdy nie wiedziała, lała wodę. Siadaj, czwórka.

Jednak na maturze najwyraźniej musiałam mieć własną teorię i wymienić powody sporu, o których nie wiedział ani jeden, ani drugi Boryna. A może znałam przyczyny, lecz nie wstrzeliłam się w tak zwany klucz odpowiedzi? Myślę, że to dobra wymówka.

W domu nikt nie podniósł rabanu. Rodzice nie byli chorobliwie ambitni. Również dzięki temu na zupełnym luzie podeszłyśmy do sierpniowych poprawek i zdałyśmy maturę bez żadnego stresu. Złożyłyśmy papiery do szkół policealnych w Olsztynie. Kasia wybrała rachunkowość, ja reklamę i fotografię.

Rodzice przeprowadzali się do Nowej Kaletki, gdzie postawili dom. To malowniczo położona wioska, dwadzieścia kilometrów na południe od Olsztyna. Dom stoi na uboczu, za oknami jest las, a niedaleko jezioro Gim. Obok jest drugi budynek, przeznaczony dla turystów. Ewa została w naszym drugim mieszkaniu na Hallera. Tam często nocowałam. Na dole był garaż. Poprosiłam panów ze spółdzielni, żeby przytwierdzili do sufitu mocny hak. Zawiesiłam na nim worek treningowy.

Wtedy pomagałam rodzicom w sklepie, bo tata miał mnóstwo roboty z wykańczaniem domu. Wiele dni zaczynałam o piątej, a kończyłam o dwudziestej trzeciej. Z samego rana jechałam na giełdę, żeby dostać towar. Wszyscy mnie tam znali. Wiedzieli, że jestem córką pana Janka i nikt nie próbował mi wcisnąć czegoś starego. W sklepie musiałam być na ósmą. O dziesiątej szłam do garażu, żeby powalić w worek i wykonać inne ćwiczenia. Musiałam pozostać w gazie. Wracałam do sklepu i znowu stałam za ladą. Wieczorem prowadziłam treningi w klubie „17", gdzie wkręciła mnie kumpela Aga. Dzisiaj jest bardzo dobrą fryzjerką.

Wiedziałam, że ktoś musi mi dać mocniejszy wycisk. Chciałam się rozwijać, jeździć na zawody, wygrywać. Udowodnić, że nie poddam się tak łatwo. Przez parę miesięcy przyjeżdżałam autobusem do Warszawy. Podróż plus kilka dni pobytu kosztowały mnie co najmniej dwie stówy, licząc wydatki na jedzenie. Dla mnie to nadal były duże pieniądze, wziąwszy pod uwagę długi, których jeszcze nie spłaciłam po Bangkoku. Zaprosił mnie Maciek Skupiński, który w 2003 roku w Kazachstanie został pierwszym polskim mistrzem świata w muay thai. W Warszawie prowadził klub Serafin.

Maciek miał brata Michała. Obaj trenowali sporty walki. Ich historia jest niezwykła. W młodości chodzili na ustawki, chyba byli punkami. Maciek w bijatyce stracił kawałek ucha. To było zimą. Popędził na pogotowie, po drodze odcięty kawałek wsadził w lód. Lekarze nie mogli go już doszyć, bo był zamarznięty. Gdy zmarła matka, chłopcy przeżyli nawrócenie. Chcieli zostać zakonnikami, ale zrezygnowali z nauk. Potem Michał poleciał do USA, aby trenować, mógł być jednym z pionierów polskiego MMA. Po powrocie razem z Maćkiem wzięli się za prowadzenie klubu. Serafin zawsze miał mocną ekipę, na mistrzostwach Polski w muay thai wszyscy się z nimi liczyli. Logo klubu przedstawiało anioła wychwalającego Boga. Do dziś przed treningiem i walką odmawiam modlitwę o zdrowie. To właśnie Maciek mnie jej nauczył.

Boże daj nam ducha walki, silną wolę i czyste serce, byśmy czcili Ciebie wiernie. Amen.

Mieszkałam na ulicy Okopowej. Stała tam taka stara kamienica, do której wchodziło się przez szeroką bramę. Gospodarzem mieszkania był Miyagi, kolega Skupińskich. Robił sushi i wyglądał trochę jak Japończyk, bo miał skośne oczy. Był zagorzałym kibicem Polonii Warszawa. Nieźle mnie nastraszył, gdy opowiedział mi historię, jak na tamto mieszkanie napadli szalikowcy Legii. Trochę bałam się tam spać, ale nie narzekałam. Przecież mogłam nocować za darmo. Do Serafina docierałam tramwajem numer 26. Klub mieścił się za Cmentarzem Wolskim, niedaleko Trasy Toruńskiej.

W maju 2007 roku w Kaliszu zdobyłam swoje czwarte mistrzostwo Polski. Wcześniej, w listopadzie, w jednym z warszawskich klubów – dziś jest to lokal ze striptizem – oglądałam zawodowy debiut Michała Skupińskiego w MMA. Przegrał tę walkę. Gwiazdą wieczoru był zaczynający wielką karierę Mamed Chalidow. Przyjechał z trenerami Szymonem Bońkowskim i Pawłem Derlaczem, którzy wtedy rozkręcali w Olsztynie sekcję MMA w swoim Arrachionie. Pamiętam, jak Camel wyśmiewał ten pomysł. Parę lat później Szymon i Paweł zostali moimi trenerami.

Serafin zaczął podupadać. Dużo zawodników odeszło, wśród nich bardzo utalentowani. Maciek i Michał stracili przez to sporo, w końcu prywatne treningi to też pieniądze. Gdy człowiek popełnia błędy, nie wykorzystuje darów, które otrzymał z góry, to wszystko się wali. Wtedy jest najgorzej. Dziś Maciek odbudowuje klub. Miał problemy zdrowotne, chyba nawet groziła mu amputacja nogi. To świetny trener. Ma niesamowitą zdolność przekazywania wiedzy. Michał nie żyje. Jego ciało znaleziono drugiego dnia świąt Bożego Narodzenia 2015 roku. Okoliczności tragedii nie poznaliśmy.

Po treningach w Serafinie został mi także tatuaż, mój jedyny. Trzy gwiazdki. Jedna większa i dwie mniejsze, na kostce lewej nogi z zewnętrznej strony. W Serafinie trenował Jacek. Wyglądał na fana cięższych brzmień. Miał ponad czterdzieści lat, prowadził studio tatuażu i sam był nieźle wydziarany. Reprezentował dość hardcorowy styl, ale był dobrym człowiekiem.

– Jacek, no zrób mi wreszcie dziarę – drażniłam się z nim.

– Swoich dzieci nie dziabię.

Aż przed którymś z moich wylotów do Tajlandii zapomniał o prezencie dla mnie. Ludzie z klubu byli ze sobą zżyci, więc upominki były normą. Od Jacka dostawałam słodycze.

– Nie mam nic dla ciebie. No to dawaj, zrobię ci ten tatuaż! – zaproponował.

Ups. Do wyjazdu na lotnisko zostało mi piętnaście minut. No i raz dwa wydziarał mi te trzy gwiazdki. W Monachium, gdzie miałam przesiadkę, kupiłam wazelinę i zmieniłam opatrunek.

W Olsztynie poznałam chłopaka, który trenował mieszane sztuki walki. Był moim drugim partnerem w życiu. Kontaktowaliśmy się przez... Gadu-Gadu, komunikator internetowy, który wtedy miał chyba każdy polski nastolatek. Kasia przez GG poznała Krzysia z Iławy, wspaniałego faceta, swojego przyszłego męża.

Z nowym chłopakiem dużo nas łączyło, przede wszystkim wspólna pasja i podejście do życia. Jednak z tego związku też nic nie wyszło. Byłam dojrzalsza. Większość czasu obcowałam ze starszymi od siebie ludźmi. Miałam dwadzieścia lat, ale byłam nad wiek poważna. Brałam za siebie odpowiedzialność. Zbliżał się czas drugiego wylotu do Tajlandii. Nie chciałam zostawiać tej sprawy niezamkniętej. Musieliśmy się rozstać.

Czy kiedyś przeżyłam zawód miłosny? Nie. Nigdy nie szukałam wrażeń. Nie wiązałam się z kimś tylko dlatego, żeby mieć partnera. Wchodziłam tylko w poważne związki, angażując się uczuciowo. Cieszę się, że rodzice wpoili mi odpowiednie wartości, że nie zaczęłam zbyt wcześnie imprezować, że nie miałam dziesięciu albo dwudziestu chłopaków. Nie będę krytykować kogoś za to, że często zmienia partnerów w poszukiwaniu tego idealnego, miłości swojego życia. Jednak dla mnie duża liczba byłych nie jest tym, czym dziewczyna powinna się szczycić. Tym bardziej, jeśli opowiada o zawodach miłosnych, które sprawiła. To głupota.

Pamiętacie, jak czytaliście o Karolinie, która wyrzucała mnie i Kasię z pokoju Ewy? W tym pokoju często bywała także jej siostra Ewelina. Bardzo się polubiłyśmy. Ewelina przyleciała z Anglii, spotkałyśmy się w… Impulsie. Zamówiłyśmy piwo albo sok. Gadamy, śmiejemy się. Obserwowałyśmy ludzi i nagle widzimy dwie laski, takie mega odważne. Jedna z nich zaczęła cisnąć jakiemuś typowi, niemalże go masakrując. Potem naskoczyła na drugiego. Pijana czy naćpała się? – Zaraz do nas przyjdzie – oceniła Ewelina i była to trafna wróżba.

– Dlaczego się ze mnie śmiejecie? – natarła na nas.

– Nie śmiejemy się.

– Widziałam!

– Uspokój się, czepiasz się wszystkich po kolei. Chcemy sobie tylko posiedzieć. Wyluzuj, dziewczyno.

– To zaraz zobaczysz, małpo.

Laska podeszła bardzo blisko. Skoczyła mi do gardła. Trenowałam od kilku lat. Poczułam ogromną pewność siebie. Złapałam jej rękę, zsunęłam z mojej szyi. Krzyknęłam do drugiej dziewczyny.

– Zabierz koleżankę, bo wezwę ochroniarza.

– Nie bij jej! To moja siostra!

– Zabieraj siostrę i nie zachowujcie się jak skończone wieśniary.

– Nie wiesz, kim jesteśmy.

– Możesz być córką prezydenta Olsztyna, Polski albo i USA. Żadne z was księżniczki.

Poszłam po ochroniarza. Był nim Jacek, który kilka lat później został moim trenerem boksu. Jacek, jak na klubowego mięśniaka, był specyficzny, układny. Z tymi laskami też się cackał.

– Dziewczyny, no nie kłóćcie się – spróbował załagodzić sytuację i odszedł.

– Co, kurwa, będziesz na nas kapować? – ta szprycha wpadła w szał.

– Dobra, gówniaro. Koniec tematu. Nie wiesz, z kim zaczęłaś igrać – wkurzyłam się na dobre.

Trzymałam szklankę w dłoni. Jeszcze chwila i rozwaliłabym ją na głowie tej laski.

„Nie no, dziewczyno. Zabijesz tę dupę, pójdziesz siedzieć" – przemówił do mnie głos rozsądku. Jak ten aniołek, który przelatuje nad głową bohatera kreskówki.

„Jest trochę niższa. Rąbnij ją łokciem, niech zamknie buzię" – to już diabełek.

„Zabijesz ją nawet łokciem. Tak marzysz o tym więzieniu? Chyba bardziej spodoba ci się w Tajlandii? Odpuść."

Aniołek wygrał.

– Wiesz co, chodźmy do klubu obok – powiedziałam do Eweliny najspokojniej, jak umiałam. Odstawiłyśmy szklanki, odeszłyśmy. Laska zaniemówiła. Nie mogła uwierzyć, że przerwałam kłótnię, bo ona już czekała na burzę z piorunami. Na jej szczęście żaden piorun nie uderzył. Właśnie przez takie sytuacje zaczęłam unikać dyskotek. Brawo ja.

Rozdział 9

BYŁAM SZALONĄ POLKĄ

W Tajlandii zostałam mistrzynią świata po raz pierwszy, ale jeszcze nie w 2007 roku. Mój trener wiele mnie nauczył, choć lepiej od ludzi traktował zwierzęta. Były beztroskie chwile, ale i szkoła życia w malutkiej chatce z wiatraczkiem przy skrzypiącym łóżku.

Pracowałam w sklepie, prowadziłam treningi i odkładałam kasę na wylot do Tajlandii. Wciąż miałam za mało. Rodzice do mojej kariery dołożyli niejedną cegiełkę. Oni zbudowali całą ścianę. Robiłam listę długów w zeszyciku. Nie chciałam dostać nic za darmo. Wiedziałam, że pieniądze trzeba oddawać, po prostu. Nawet rodzicom.

Mocno wierzę, że spotykamy ludzi nie bez przyczyny. Z dobrej albo złej relacji wynika coś konkretnego. Coś, co koniec końców przyniesie dobry efekt. Teraz mam oczywiście na myśli Pawła Słowińskiego. Poznajesz zupełnie obcą osobę. Po latach okazuje się, że to było ci pisane. Gdyby Paweł nie przyjechał na mistrzostwa świata w 2006 roku, nie wróciłabym do Tajlandii. Nie wygrałabym tam siedmiu zawodowych walk.

Nie miałabym półtoramiesięcznego obozu przygotowawczego przed kolejnymi mistrzostwami świata w Bangkoku. Odbyły się one na przełomie listopada i grudnia 2007 roku.

Tajlandia była pierwszym krajem, który skradł moje serce. Mogłabym tam żyć, oczywiście jeśli przeprowadziliby się ze mną rodzice i najbliżsi, ale to niemożliwe. Gdy wspominam Tajlandię, widzę plażę, piasek, brudne stopy od chodzenia w japonkach lub na bosaka. Palmy, owoce, tanie i dobre jedzenie – parowany ryż z woreczka i kurczak z grilla. Myślę o przyjaźnie nastawionych ludziach. To kraj uśmiechu i dobroci, choć miejscowi zmieniają się trochę pod wpływem bogatych obcokrajowców. Turyści przylatujący z euro albo dolarami mogą kupić dosłownie wszystko i zdarza się, że traktują tubylców przedmiotowo. Przez to Tajowie stają się uprzedzeni.

Zamieszkałam na wyspie Ko Samui, niedaleko wybrzeża. Plaże były piaszczyste, a środek wyspy wyżynny. Musiałam nauczyć się angielskiego. Na początku dzieliłam pokój z Pawłem, zawodnikiem z Wrocławia. Pokój był klimatyzowany, a budynek murowany. Zaczęłam oglądać kreskówki w Cartoon Network. Trochę wstydziłam się mówić w obcym języku. W szkole angielski niby dobrze mi szedł, rodzice wysyłali mnie nawet na płatne, dodatkowe zajęcia. Dużo rozumiałam, ale brakowało mi pewności siebie, aby się odezwać. Chciałam jak najwięcej słuchać, aby w rozmowie móc to powtórzyć. Musiałam się przełamać. Dziś wiem, że niepotrzebnie się krępowałam. Wystarczy spędzić trochę czasu w USA. Każdy mówi tak, jak się nauczył i nikt go z tego powodu nie wyśmiewa.

Paweł opowiadał mi o Nokweedzie Davym. Był pierwszym Tajem, którego wystawiono w K-1 przeciwko wielkiemu Jerome'owi Le Bannerowi. Znał go cały kraj, jak u nas Małysza.

Został moim trenerem. Wspominam go bardzo dobrze, bo nauczył mnie rygoru, wytrwałości i niepoddawania się. Dużo wymagał. W sali treningowej był świetny, poza nią... dziwny. Dla ludzi potrafił być chamski, wstrętny. Dla zwierząt – najczulszy. Gdy jadł, otaczało go kilka psów. Głaskał je, dzielił się pożywieniem. Nie wiedziałam, co jest grane.

Podczas treningów Davy'ego chciało mi się płakać, ale zaciskałam zęby i przekonywałam się, że warto. Chciał, żebym w ringu była maszyną do zabijania. I taka też się stawałam. Seryjnie wygrywałam walki z Tajkami, co przynosiło prestiż trenerowi i jego szkole. Widziałam, że imponuję Nokweedowi, ale on pozostawał chłodnym człowiekiem. Po treningu kazał mi jeść, iść spać i być gotową na kolejne zajęcia. Gdy się do mnie uśmiechał, to oznaczało, że miał wyjątkowo dobry dzień. Zmarł nagle w 2016 roku, w wieku 51 lat.

Przed mistrzostwami byłam w sztosie. O ile rok wcześniej myślałam, że umiem już wszystko, to teraz znajdowałam w sobie więcej pokory. Nie wyobrażałam sobie jednak, że nie wywalczę medalu. Losowanie, pierwsza rywalka, ciach – Walentyna Szewczenko. Trenerzy reprezentacji z innych krajów i zawodnicy mieli przede mną respekt. Wiedzieli, że jestem mocna. Zdobyłam uznanie. Mówili, że walka Szewczenko – Jędrzejczyk powinna się odbyć w finale, nie w eliminacjach. Pojedynek był bardzo wyrównany. Odpadłam.

Zaakceptowałam porażkę z 2006 roku. Do dziś uważam ją za jedyną sprawiedliwą w karierze. Na drugą przegraną jednak nie zasłużyłam. To ja powinnam znaleźć się w strefie medalowej, nie jakaś biedna Turczynka, laska z Urugwaju czy nie wiadomo skąd. Jednak na pierwsze podium mistrzostw świata w muay thai musiałam czekać jeszcze rok. W czerwcu

2008 roku w Zgorzelcu, bogatsza o doświadczenie z Tajlandii, sięgnęłam po złoto mistrzostw Europy, zaś na przełomie września i października zdobyłam srebro najważniejszej globalnej imprezy w południowokoreańskim Pusan. Zgadnijcie, z kim walczyłam w finale? Właśnie tak, z Walentyną.

W Korei byłam już pewna zwycięstwa. Dałam z siebie wszystko. Poszłam na maksa. W tym pojedynku coś mnie niosło, czułam się rewelacyjnie. Szewczenko wcale nie była pewna werdyktu. Znowu urządziła brzydką walkę. Przechwytywała moją nogę, podkaszała, przewracała. Ile można? Jej pseudonim to Pocisk, od niewiarygodnej szybkości wyprowadzania uderzeń. Odnosiłam jednak wrażenie, że bardziej pasowałby do mnie. Mój styl był bardziej wszechstronny, górowałam dzięki kombinacjom uderzeń. Już w 2007 roku powinnam była zostać mistrzynią świata. Walentynę ukarano dopiero za jakiś czas. Uznano, że to, co robi, nie jest zgodne z przepisami. Wreszcie, po iluś latach, przegrała jedną z potyczek. Przyzwyczajona do zwycięstw, uparła się, że nie zejdzie z ringu. Farsa trwała dobre pół godziny.

Fajnie, że Walentyna znalazła się w UFC. Wiedziałam, że ten moment nastąpi. W marcu 2016 roku przegrała z Amandą Nunes, która później została mistrzynią wagi koguciej, lecz całkowicie się zrehabilitowała, pokonując w Chicago Holly Holm. Oglądałam tę walkę na własne oczy w United Center, z jednego z pierwszych rzędów od oktagonu. Nie pałam żądzą rewanżu na Szewczenko, nie zaślepia mnie nienawiść. Nic z tych rzeczy. Mam z nią dobre relacje, znam jej siostrę Antoninę. W Chicago grzecznie się przywitałyśmy.

Moim królestwem na wybrzeżu Ko Samui stała się drewniana chatka z dachem krytym wysuszonymi liśćmi palmy, tak zwany bungalow. Wyposażenie wnętrza stanowiło skrzypiące bambusowe łóżko z najzwyklejszym materacem i wiatraczek. Wszędzie było pełno jaszczurek, jak u nas much. Za dnia wygrzewały się na słońcu i potem widać je było w nocy, ponieważ miały właściwości fluorescencyjne. Nieźle hałasowały. Gdy pociągnęło się taką jaszczureczkę za ogon, potrafił odpaść. Podłoga była wyłożona deskami. Miałam prowizoryczną szafkę, prysznic i kibelek. Nie było ciepłej wody.

Sprawdzałam, czy drzwi są dobrze zamknięte. Bałam się, że do chatki wlezie mi jakiś wąż albo skorpion. Był koniec roku, pora deszczowa, bardzo parno. Wtedy szybko zapada zmrok. Okropnie się rozpadało. Wyskoczyłam z chatki, żeby zabrać buty. Patrzę, a pomiędzy nimi coś czarnego. No tak, koledzy z Anglii lub Rosji podrzucili mi jakąś zabawkę. Bardzo śmieszne. Pomyślałam, że rzucę w nich tym pająćzkiem. A ten pająćzek nagle: „tszzzzzz". Nastroszył się, żeby dziabnąć mnie w rękę. Odskoczyłam. Zapomniałam, że skorpion może być także czarny, nie tylko w kolorze piasku. Narobiłam hałasu. Tajowie podeszli z patykami, złapali skorpiona i zanieśli go dwadzieścia metrów dalej. Wierzą w reinkarnację. Uznali, że z tego pająćzka będą jeszcze ludzie.

Na śniadanie jadłam płatki owsiane z owocami, najczęściej bananami. Rosły tuż obok. Banany są tam malutkie i słodkie, smakują zupełnie inaczej niż te, które znamy w Polsce. Karmiłam nimi słonie. Turyści najwięcej kłopotów mieli z małpami. Kradły portfele i uciekały na drzewo. Tak były nauczone. Ich szefami byli ludzie. Taj tłumaczył ofierze rabunku, że małpa zabrała portfel i nic nie może na to poradzić. Przecież sam nie wdrapie się na drzewo, a małpy nie zastrzeli. Gdy wszyscy się rozeszli, małpa niczym żołnierz mafii przynosiła bossowi kasę w zamian za nagrodę, zapewne coś do jedzenia. Następnego dnia turystom tłumaczono, że portfela nie udało się znaleźć.

Hitem w Tajlandii są skutery. W weekend, gdy nie było treningów, jeździliśmy pozwiedzać inne plaże. Motorek wynajmowało się za małe pieniądze. Skuter rozwija prędkość do pięćdziesięciu kilometrów na godzinę... Chyba że nie ma blokady. Mój nie miał. Czytaliście, że stałam się poważną osobą, ale czy aż tak, żeby nie pruć sto dwadzieścia kilometrów na godzinę? Po krętych, piaszczystych drogach, z dołu na górę i z góry na dół? Bez kasku? Zgoda, miałam jeszcze sporo lekcji do odrobienia.

Śmiałam się z chłopców, teoretycznie dużo silniejszych, którzy nie umieli zapanować nad prostą przecież maszyną i przewracali się przy prędkości czterdziestu kilometrów na godzinę. Mieli strupy na całym ciele. Fakt, trudno się tym sprzętem manewrowało. Jeździłam jak wariatka. Mniej odważnym (a rozsądniejszym) tylko machałam. Nazywali mnie szaloną Polką. Policja była przekupna, ale za prędkość nie zatrzymywała. Inna sprawa, że nigdy nie dałam łapówki i nie dam.

Byłam w siódmym niebie, już zaczęłam fantazjować o karierze w wyścigach motocyklowych. Kochałam prędkość i adrenalinę. Na szczęście coś nade mną czuwało. Nigdy nie było tak, że od katastrofy uratowały mnie milimetry, ale mogę powiedzieć, że miałam farta. Przecież w Tajlandii bardzo często słyszy się o śmiertelnych wypadkach na skuterze. Dzisiaj na motocykl chyba nawet bym nie wsiadła. Bałabym się, że wjedzie we mnie jakieś auto. Jeżdżę rowerem po olsztyńskich ścieżkach rowerowych. Kupiłam kask.

◀ Wojowniczka. Na pierwszy trening udałam się w październiku 2003 roku. Miałam 16 lat.

▼ Wakacje nad morzem, Stegna. Wkraczam w dorosłość.

▲ Moje pierwsze mistrzostwa Polski w muay thai i pierwszy złoty medal. Rok 2004, Kraków. Na poprzeczce skromna flaga olsztyńskiego klubu.

▲ Rok 2005, kolejne zwycięskie mistrzostwa Polski w Krakowie. Nie brakowało mi animuszu, choć tuż przed zawodami przypadkowo zraniłam prawe udo.

► Kalisz, chwila intensywnego skupienia. Jedna z moich pierwszych walk zawodowych.

◀ Bangkok. Rok 2006, moje pierwsze mistrzostwa świata w muay thai.

▼ Reprezentacja Polski wywalczyła w Tajlandii dwa medale. Mój czas triumfów dopiero nadchodził. Trzy złote medale zdobyłam w 2009, 2011 i 2012 roku, w 2008 sięgnęłam po srebro.

▼ W towarzystwie przesympatycznych, małych tajskich wojowników.

▲ Rok 2007, moje drugie mistrzostwa świata w Bangkoku i ostatnie, w których nie stanęłam na podium. Szkoda, bo nie byłam słabsza od Walentyny Szewczenko.

► Moi fantastyczni trenerzy z Holandii: legenda K-1 Ernesto Hoost (z prawej) i Orlando Gemerts. Uczynili ze mnie perfekcyjną maszynę bojową w muay thai i kickboxingu.

▲ Obóz treningowy na wyspie Ko Samui. W Tajlandii na skuterze bez blokady prułam nawet sto dwadzieścia kilometrów na godzinę! Szalone czasy.

▼ Z najlepszym polskim wojownikiem K-1 Pawłem Słowińskim. Gdyby nie jego pomoc, nigdy nie zaszłabym tak daleko w sporcie. Ogromnie dużo mu zawdzięczam.

W sali treningowej Nokweeda Davy'ego spotkałam się z dobrym odbiorem. Zawodnicy przyjeżdżali i wyjeżdżali, niektórzy wracali. Z reguły ćwiczyło tam jakieś dwadzieścia osób. Z walk zawodowych najlepiej zapamiętałam tę ze stycznia 2008 roku. Znokautowałam rywalkę w drugiej rundzie. Przyjęła dwa mocne kolana na brzuch i łokieć z góry. Padła i długo nie mogła dojść do siebie. W Tajlandii nokautowałam najczęściej w całej karierze. Do końca pojedynku nie dotrwało pięć z siedmiu rywalek.

Moją najbliższą koleżanką z gymu została Szwajcarka Carmen. Patrzyłyśmy na siebie spod byka, ale szybko okazało się, że mamy takie same, silne charaktery. Spotkały się dwa plusy, a dwa plusy to jeden duży plus. Carmen potrafiła przepracować pół roku w swoim kraju, by drugie pół spędzić w Tajlandii. Mówiła po francusku, włosku i po angielsku. Próbowała walczyć, ale bardziej od sportu pokochała jednego Taja.

Ja także kogoś poznałam, mimo sceptycznego nastawienia do romansów w campach. Nasłuchałam się, jak Paweł Słowiński i koledzy rozmawiają o dziewczynach, w ich języku – o dupach. Przechwalają się, której to nie zdobyli. Nie chciałam być jedną z tych dziewczyn. Powiedziałam sobie, że przyleciałam na treningi, nie na jakieś love story. Wiedziałam, jak to się może skończyć, a bardzo dbałam o reputację.

Strasznie zabiegał o mnie chłopak z Dagestanu. To rosyjska republika leżąca przy Morzu Kaspijskim, obok Czeczenii, niedaleko granicy z Gruzją i Azerbejdżanem. Myślałam, że to będzie kolejny bajerant i farmazoniarz. Jednak zaczęliśmy się dogadywać. Zobaczyłam w nim dobrego człowieka. Nasza relacja rozwijała się przez parę miesięcy.

Gdy wyleciał na walkę, pilnował nas jego kolega. Na niedzielną dyskotekę na plaży jechaliśmy jednym skuterem... we trójkę. Carmen, mój opiekun i ja. Może i było to potrzebne, bo wokół roiło się od pijanych turystów. Chłopcy z Dagestanu są tak wychowani, że ich własności pod żadnym pozorem nie można ruszać. Jednak w pewnym momencie całe to pilnowanie zaczęło się stawać chorobliwe. Przeszkadzało mi.

Gdy wróciłam do Olsztyna, utrzymywaliśmy kontakt mailowy. Niedługo potem znów wybierałam się do Tajlandii.

– Słuchaj, mam już dwadzieścia dwa lata. Lećmy do Dagestanu, przedstawię cię mamie. Przestaniesz walczyć, zostaniesz moją żoną. Czas na ślub – usłyszałam.

Co takiego? Przestanę walczyć? Nie ma mowy! Będę się rozwijać i osiągnę sukces w sporcie. Po to jestem w Tajlandii!

Wiem, że w życiu nie mogłabym się dogadać z osobą o tak mocnych zasadach, wynikających z wyznawania innej religii, islamu. Z człowiekiem, który wyrósł w zupełnie odmiennej kulturze. Oczywiście, że miałam wątpliwości. Wiele razy myślałam: jak by to było, gdyby...? Postąpiłam słusznie. Bóg cały czas dawał mi właściwe wskazówki. Dobrze wiedział, jak ma wyglądać moje życie.

Rozdział 10

WSTYDZĘ SIĘ BOGACTWA

Do rozdziałów o oszałamiających sukcesach jeszcze daleko. Moja droga na szczyt była bardzo długa. Boli mnie, gdy ktoś twierdzi, że ostatnie osiągnięcia, które dały mi rozpoznawalność i ciekawe życie, przyszły mi łatwo. To nie było jak pstryknięcie palcami.

Pieniądze wystarczały mi tylko na codzienne potrzeby. Nie miałam na oryginalne buty albo firmowe spodnie. Nie skarżyłam się, że ich nie mam. Także dzisiaj nie stać mnie na wszystko. Nadal nie mogę kupić willi z basenem w Miami. Cieszę się tym, co mam.

W dzieciństwie nauczyłam się doceniać wartość pieniądza. Wiem, że na wszystko trzeba zapracować. Trzy lata temu, w 2014 roku, wzięłam kredyt na mieszkanie. Po jedenastu latach uprawiania sportu. Czy to jest przykład kariery, która rozwinęła się w zawrotnym tempie? Pół roku przed podpisaniem kontraktu z UFC sądziłam, że to koniec. Do czego zmierzam – ludzie narzekają, a nie robią nic, żeby było lepiej. Zawsze starałam się robić choćby jeden kroczek, aby poprawić swój byt. Aby zbliżyć się do tego, co chcę osiągnąć w życiu. Nie czekałam na cud, chociaż wierzę, że ten cud się zdarzył. Było nim odnalezienie wielkiej pasji, której poświęciłam się w stu procentach.

Czasami spada na mnie fala bezpodstawnej krytyki. Staram się nie czytać tego, co o mnie wypisują, bo wylądowałabym u psychiatry. Jednak czy tego chcesz czy nie, przeglądając internet, wyskoczy ci przed oczami komentarz, który razi. „Życzę Jędrzejczyk, żeby straciła pas. Przyszło jej to z łatwością. Na tytuł zasługuje ktoś, kto pracuje ciężej". No, załamać się można. Przeszłam tak cholernie długą drogę, żeby znaleźć się w UFC. I co? Czy ktoś myśli, że teraz mam już z górki? Guzik prawda. Nie wygram z najlepszymi na świecie, jeśli z każdą walką nie będę coraz lepsza. Nigdy nie godziłam się na tyle wyrzeczeń, co teraz. Po treningach nigdy nie byłam tak wyczerpana.

I tak jest super, bo pozytywnie odbiera mnie dziewięćdziesiąt procent ludzi, którzy mają jakieś pojęcie o sporcie. Wiem, z czym kojarzy się MMA. Z chuligaństwem, z patologią, nawet z działalnością przestępczą. To się zmienia, ale wcale nie tak szybko. Po pierwszym spotkaniu słyszę nieraz:

– Ojej, ty jesteś naprawdę spokojną, ciepłą osobą.

A jaka mam być? Wielu ocenia mnie przez pryzmat walki w klatce. Wchodzę do niej w zaplecionych warkoczykach, podminowana, agresywna. Niektórym zdaje się, że to jakieś wynaturzenie. Idę wygrać walkę, to chyba zrozumiałe. Powinniście zobaczyć, jak reagują na mnie dzieci. Zawsze do mnie lgnęły. Sądzę, że mogłabym być dobrym pedagogiem. Gdy przyszłość w sporcie stała się niepewna, myślałam o pracy w szkole. Kontakt z dzieciakami naprawdę mnie rajcował.

Ludzie lubią mnie za to, że jestem naturalna, otwarta, wrażliwa. Jednak kiedy mam być ostra, jestem ostra, czy to się komuś podoba czy nie. Jestem odważna. Znajomi chwalą mnie za szczerość, jednak nie zawsze pozwalam sobie na pełną otwartość. W codziennym kontakcie naprawdę boję się zranić drugiego człowieka. Nie nawrzeszczę na panią w urzędzie, nawet jeśli mnie olewa. Nie nawymyślam jakiemuś kierowcy za błąd na drodze. Co innego, jeśli muszę zareagować na totalne prostactwo. Kiedy ktoś świadomie przekroczy granicę, wtedy nie przebieram w słowach.

Nie zapomnę, jak toczyłam walki, za które zarabiałam trzysta albo pięćset złotych. W Holandii, o której przeczytacie w następnym rozdziale, płacono mi pięćset, siedemset, czasami tysiąc euro. Nie wystarczało mi na nic kasy. Opieka fizjoterapeuty, suplementacja, dieta zaplanowana przez eksperta? Ludzie, przed zawodami w muay thai, gdy byliśmy już po ważeniu, robiłam wór kanapek. Rozdawałam je kolegom i koleżankom. Pakowaliśmy te buły, a do walk wychodziliśmy z kluską w brzuchu. Albo jedliśmy snickersy. Myśleliśmy, że to czysta energia. Kto miał wtedy pojęcie, że czekolada jest bardzo tłusta i spowalnia wchłanianie węglowodanów? Nikomu nawet się nie śniło, że mógłby korzystać z pomocy specjalisty.

Czy ja po tych wszystkich latach umiałabym teraz udawać gwiazdeczkę? Chcę pokazać, że jestem normalną osobą, ale z wielką pasją i marzeniami. Celem samym w sobie nie są popularność i pieniądze. Wierzę, że moje słowa mogą mieć znaczenie dla niejednego młodego sportowca. Trzeba ciężko pracować i to się nie zmieni. Tak po prostu musi być. Nie masz sponsora, nic nie zarabiasz? Przybij piątkę, tak samo było ze mną. Jeśli widzisz światełko w tunelu, nie poddawaj się. Kontroluj swoje życie. Nie pozwól, by ktoś kierował nim za ciebie. Miej marzenia, aby dokonać czegoś, o czym inni boją się nawet pomyśleć. Bądź odpowiedzialny za swoje czyny. Nie powtarzaj błędów. Dbaj o rodzinę i przyjaciół. Nawet nie wiesz, jak bardzo mogą pomóc, gdy będziesz potrzebować wsparcia.

Dla mnie jedną z takich osób była Ania. Poznałyśmy się w szkole policealnej, ale pamiętałam ją już z wcześniejszych lat, gdy pracowała w sklepie na moim osiedlu. Potem prowadziła bar motocyklowy z byłym mężem. Miała długie, czarne włosy. Przed jej ślubem pod kościół zjechało się mnóstwo harleyowców. W szkole swoją przebojowością działałam jej na nerwy. Byłam za bardzo rozgadana, ale szybko się do siebie przekonałyśmy, zaczęłyśmy wspólnie spędzać czas.

Zawsze mogłam liczyć także na rodziców, siostry, szwagrów Jarka i Krzysia, mojego chłopaka Przemka. Innym przyjaciołom będzie jeszcze okazja w tej książce podziękować.

Nie pozwalam sobie na szczególne ekstrawagancje. Po powrocie z Dallas, gdzie wywalczyłam tytuł mistrzyni UFC, zamówiłam holenderski rower. Napisałam maila do sklepu, dali mi pięćdziesiąt procent zniżki. Tak, jeśli mogę, pytam o rabat. Nie wstydzę się tego. Dlaczego mam tak łatwo pozbywać się ciężko zarobionych pieniędzy? Zapłaciłam tysiąc pięćset złotych. Za taką cenę mogłabym kupić zwykłego trupa, a ten rower naprawdę dobrze mi służy. Nie jestem typem sknery, zawsze lubiłam kupować i robić prezenty bliskim. Jednak zanim zapłacę za coś drogiego, rozważę wszystkie za i przeciw. Uwielbiam ciuchy. Czasami przebieram się kilka razy dziennie. Nie wyrzucam ubrań, szkoda mi ich. Tłumaczę sobie, że przyjdzie inna pora roku i jeszcze się przydadzą. W innym wypadku oddaję je kumpelom. Dzielę się też nowymi ciuchami, jeśli sponsor przyśle mi ich za dużo.

Nie potrzeba mi luksusowego auta, żeby odbierano mnie jako kogoś bardzo ważnego. A często jest tak, że człowiek zakłada ciemne okulary, wsiada do wypasionej fury i myśli, że stał się kimś innym. Zapomniał wół, jak cielęciem był. Trzeba pozostać prawdziwym. Nie warto też oceniać innych pochopnie. Młody człowiek w dobrej gablocie? Próżny synuś bogatego tatusia? Może i tak. Jest to jednak sygnał, że w Polsce podnosi się standard życia. Niektórzy potrafią to wykorzystać na maksa, zakładam, że w uczciwy sposób, i z tego można być dumnym.

Parę lat temu spierałyśmy się z Kasią o hondę civic rodziców. Kasia wolała, żeby stała w Nowej Kaletce. Często nie zostawiałam jej u rodziców, bo nocowałam u Ewy w Olsztynie. Wkurzałam siostrę bliźniaczkę, robiąc w aucie niezły bałagan. Jeździłam z trzema torbami, po siedzeniu walały się ciuchy. Treningowe, codzienne i te na bardziej formalne spotkania. Potrzebny był mi własny samochód. Gdy patrzyłam przez szybę, robił na mnie wrażenie każdy wóz średniej klasy. Ale były też większe gruchoty od naszego. I nikt mi nie powie, że za kierownicą nie siedzieli szczęśliwi ludzie. Ja nie uważałam się za nieszczęśliwą, gdy o piątej rano pędziłam na giełdę volkswagenem caddy, małym samochodem dostawczym rodziców.

Z czasem zaczęłam jeździć toyotą corollą, w 2015 roku wydałam sporo kasy na hyundaia elantrę. I nie mogę powiedzieć, że to był bezrefleksyjny zakup. Skomplikowany proces rozliczeń z UFC i czek, który dostałam po programie *The Ultimate Fighter* sprawiły, że po rewanżu z Claudią Gadelhą udałam się do firmowego salonu Mercedesa. Nie potrzebowałam nowego auta, hyundai był mega w porządku. Oddałam go siostrze. Pierwszego dnia za kierownicą nowego mercedesa klasy C popłakałam się.

Szczerze? Po tylu latach zaczęłam zarabiać bardzo dobre pieniądze i czasami się tego wstydzę. Wstydzę się pokazać, że kupiłam sobie coś drogiego. Tylko ja wiem, jak ciężko na to pracowałam. Jednak obawiam się, że druga osoba poczuje się niekomfortowo, że ja mam coś luksusowego, a ona nie. Nikt nie wie, co wtedy czuję. Lubię dobre rzeczy, ale one nie dają mi szczęścia. Mam marzenia, spełniam je, lecz twardo stąpam po ziemi.

Rozdział 11

TAŃCZĘ NA STOLE

Była jesień 2008 roku. Na granicy z Niemcami od grudnia 2007 roku nie było już kontroli paszportowej. Parę autobusów z młodymi Polakami zjechało do Świecka. Wyjeżdżali za pracą do Holandii, Belgii, Francji, Luksemburga. Wśród nich ja. Przesiadłam się do „Sindbada", który zabrał mnie do Amsterdamu. Podróż trwała dwadzieścia cztery godziny.

Po skończeniu policealnej szkoły reklamowej planowałam studia. Dostałam się na warszawską Akademię Wychowania Fizycznego. Ze zdaniem testów sprawnościowych oczywiście nie miałam kłopotu. Najgorzej poszło mi pływanie. Niechęć do wody przezwyciężyłam dopiero później. Zawsze się jej bałam, choć mama radziła sobie w wodzie doskonale. Poza tym na egzaminach była koszykówka, bieg na osiemset metrów i pchnięcie kulą, które miałam opanowane już w czasach, gdy nie przypominałam sportsmenki.

Pierwszy raz spotkałam się z dzieciakami będącymi pod presją rodziców. Dziewczyny płakały matkom do słuchawek, że nie zaliczyły testów. Nad czym tu lamentować? Nie ta uczelnia, to inna. Młodzi zbyt często poddają się woli starszych. Muszą skończyć AWF, muszą być lekarzami albo prawnikami? Nic nie muszą. Ważne, żeby sami znaleźli pomysł na siebie. Oni mają być szczęśliwi w swoim życiu, rodzice niech się zajmą swoim.

Miałam zamiar studiować zaocznie, lecz najpierw czekał mnie jeszcze jeden wylot do Tajlandii, a następnie mistrzostwa świata w Korei. Oprócz srebrnego medalu i niesłusznej porażki z Walentyną Szewczenko zapamiętałam śmiesznych, zataczających się facetów w gajerach, z neseserkami. Koreańczycy zaczynają pracę o dziesiątej albo jedenastej, lecz zostają w firmie do późnego wieczora. Potem bardzo smakuje im piwo. Nie piją go znowu aż tak dużo, ale po dziesiątej wieczorem koledzy już się przytulają i odprowadzają do domów. Gdy my wieczorem wychodziliśmy z hotelu, żeby coś zjeść, w Pusan zastawaliśmy właśnie taki widok. Z innej beczki, wcale nie piwnej – zaskoczyło mnie, jak dużo w Korei jest kościołów. Jeden na drugim, prawie jak w Polsce, choć chrześcijaństwo jest religią około trzydziestu procent mieszkańców. Dominuje ateizm.

Wróciłam do Polski ze swoim pierwszym medalem mistrzostw świata. Okazało się, że zajęcia na AWF-ie trwały przez cały wrzesień, do tego zrobiło się gigantyczne zamieszanie. Nie dopełniłam jakichś formalności, papiery z uczelni podobno zostały wysłane na mój adres, lecz moja mama nie widziała ich na oczy. Wiedziała, że trzeba będzie wnosić opłaty, ale nie dostała żadnego powiadomienia. Krótko mówiąc, przeniesiono mnie na listę rezerwową. Nie spodobało mi się to. Był październik, chciałam studiować. Złożyłam papiery na wychowanie fizyczne do Olsztyńskiej Szkoły Wyższej.

Na korytarzu warszawskiego AWF-u spotkałam Malwinę Golczak, zapaśniczkę z Olsztyna, później zawodniczkę bardzo mocnego Gryfa Chełm. Okazało się, że wylądowałyśmy w jednej grupie... w OSW. Przez parę lat mijałyśmy się w sali treningowej, nie darząc siebie wielką sympatią. Mówiłyśmy sobie czasami cześć. Widywałam ją w dyskotekach, lubiła energicznie tańczyć. „Ostra dziewczyna" – myślałam. Nawet trochę się jej bałam. I tak, jak było z Agą Oleksik i Szwajcarką Carmen, znalazłam siostrzaną duszę.

Malwina, choć wychowana tylko przez mamę, wyrosła na bardzo silną kobietę. Dzięki jej historii jeszcze bardziej doceniłam to, co miałam – dom rodzinny pełen ciepła. Mnie było o wiele łatwiej. Pod koniec kariery Malwina zdobyła mistrzostwo Polski, o co w zapasach jest bardzo trudno. W jakiś beznadziejny sposób wpadła jednak na dopingu. Poszła biegać, dostała od trenera zwykłe krople do nosa. Wykryto pseudoefedrynę. Została zdyskwalifikowana. A sama zawsze przestrzegała mnie, żebym była bardzo czujna...

Na studiach szybko dostałam indywidualny tok nauczania. Wiedziałam, że będę w rozjazdach. Gdy wracałam, dzięki Malwinie zawsze miałam ogarnięte notatki. Przed kolokwium lub egzaminem dowiadywałam się, co i jak. Lubiłyśmy też wyskoczyć do klubu. W czwartki, w jednym z olsztyńskich lokali puszczali czarne rytmy. Brałam auto, zajeżdżałam po Malwinę. Potrafiłyśmy przetańczyć trzy godziny. Było fajniej niż w soboty, gdy trzeba było uważać na pijanych. W tygodniu można było się powyginać, pogadać z przytomnymi ludźmi. Pobyć tam tylko dla muzyki i odprężenia się. A przed dwunastą spokojnie zasnąć w swoim łóżku.

Po mistrzostwach w Korei miałam spędzić w Polsce tylko półtora miesiąca i wracać do Tajlandii. Dostałam wizę na dwa lata, promotorzy mieli dla mnie oferty walk zawodowych w Australii i Azji. Aż tu nagle – znowu Paweł Słowiński! Zaprosił mnie do Holandii. Miałam trenować z Ernesto Hoostem, czterokrotnym mistrzem świata K-1! Pod koniec października wyjechałam, w założeniu tylko na cztery tygodnie. W Holandii, z krótkimi przerwami, spędziłam dwa lata.

Dotarłam do Amsterdamu po beznadziejnie długiej podróży autokarem. Trafiłam do mieszkania należącego do Orlando Gemertsa, drugiego trenera w teamie Mr. Perfect, czyli Pana Perfekcyjnego – Ernesto Hoosta. Lokum zajmował Paweł i inni zawodnicy. Same chłopy, więc nie spodziewałam się cudów. Wszystko się lepiło, było brudno. Orlando wynajmował sprzątaczkę, która przychodziła raz na tydzień. Faceci wrzucali do zlewu wszystko, co popadnie.

– Za dwa dni przyjdzie ta pani, posprząta – usłyszałam.

No pewnie, za dwa dni, wspaniale. Lubię czystość. Umówiłam się z Orlando, że nie będę płacić za mieszkanie, za to zadbam o porządek.

– Super, wiesz, ile zaoszczędzę kasy? – ucieszył się.

Zajęłam pokoik, który mieścił się na zewnątrz. Wychodziłam na klatkę i wdrapywałam się na górę. Moje lokum na dachu przypominało kajutę na statku. Trzy metry długości, dwa szerokości. Panowało przenikliwe zimno. Ogrzewałam pomieszczenie farelką. Rano schodziłam na dół, aby wziąć prysznic. Jadłam śniadanie, oglądałam telewizję, szlifowałam angielski.

Zanim na dobre rozpakowałam walizki, zmarzłam i sprawdziłam skuteczność holenderskiego płynu do naczyń (w Polsce są lepsze, od dawna wiadomo z reklamy, że jedną kroplą umyjesz piętnaście talerzy), dostałam szansę debiutu. Miałam się zmierzyć z moją dobrą znajomą Renee van Munster.

Na treningi jeździliśmy do siedemdziesięciotysięcznego Hoorn, leżącego nad jeziorem Markermeer, czterdzieści kilometrów na północ od Amsterdamu. Ernesto był legendą. Miał czterdzieści trzy lata. Potraktował mnie z rezerwą. Na pobieranie lekcji u Beethovena kickboxingu trzeba było zasłużyć. W Holandii nie brakowało walczących kobiet. Za najlepszą Hoost uważał Lucię Rijker i koniec, kropka. Z tym, że ona zakończyła już karierę. To była babka grzmot, została gwiazdą. Ta wspaniała holenderska pięściarka i kickbokserka była tak odważna, że zmierzyła się nawet z facetem. Nie wiem, kto do tego dopuścił, ale tak się stało, z niedobrym dla Lucii skutkiem. Możecie to zobaczyć w internecie, lecz szczególnie do tego nie namawiam. Po to istnieją struktury sportowe, żeby stwarzać sprawiedliwe warunki rywalizacji. Absolutnie logiczny w sportach walki jest podział na wagi. Podział na płeć? To tak oczywiste, że nie ma o czym mówić.

Trenowałam ciężko. Ernesto widział, jak się poświęcam. Musiało mu to imponować, ale nie dał tego po sobie poznać. W pojedynku z Renee van Munster nie stanął w moim narożniku. Sekundowali mi Orlando i Paweł. Renee trenowała w słynnym amsterdamskim Vos Gym. Myślano, że przyjechała przypadkowa dziewczyna z Polski, która da się obić. Mało kto wiedział, że już raz pokonałam Renee. Było to rok wcześniej podczas gali zawodowego muay thai we Wrocławiu. Chciała się odegrać, ale nie po to zasuwałam jak szalona w Tajlandii, żeby nie udoskonalić swojego warsztatu. Przez trzy rundy zdominowałam rywalkę.

– Skąd ona się wzięła? – pytano.

Wszyscy bardzo się zdziwili, że jakaś nieznana laska pierze ich faworytkę. I to w jakim stylu! Ernesto też się ucieszył.

Było jasne, że drzwi do jego sali treningowej stoją przede mną otworem. Ludzie wariowali na jego widok, a ja mogłam z nim trenować codziennie! Zapewnił, że chętnie weźmie mnie pod swoje skrzydła. Później utarło się, że Joanna Jędrzejczyk to biała córka Ernesto Hoosta.

Zaraz potem znalazłam się w... samolocie do Japonii. W Mikołajki w Jokohamie Paweł, wtedy dwudziestoośmiolatek, miał stoczyć swoją sześćdziesiątą czwartą zawodową walkę. Byłam w szoku, że mnie zaprosił. O funduszach na bilet nawet nie śniłam. Dopiero co niecierpliwiłam się, czekając na przesiadkę na granicy z Niemcami w Świecku, a już za moment leciałam na koniec świata z legendą K-1 Hoostem i najlepszym polskim kickbokserem Słowińskim. Super! Z drugiej strony było mi trochę głupio, że nie pokazałam jeszcze zbyt dużo w sali treningowej, a zespół opłacił mi lot i hotel. Oczywiście najbardziej pomógł Paweł. Jak ja mu się odwdzięczę!

W Yokohama Arenie, przed osiemnastoma tysiącami widzów, Słowiński zmierzył się z niższym o głowę Melvinem Manhoefem. To czarnoskóry Holender z Paramaribo, podobnie jak Remy Bonjasky. Jemu Słowiński uległ we wrześniu, ale 6 grudnia mógł wystąpić w tak zwanej walce rezerwowej. Bonjasky wygrał cały turniej K-1 World Grand Prix. Walkę Pawła z Manhoefem oglądałam z daleka. Ledwo widziałam ring, był oddalony przynajmniej o kilkadziesiąt metrów. Lepszego biletu nie dostałam, ale i tak byłam uradowana, że mogłam się tam znaleźć.

Niestety, Manhoef niemiłosiernie karcił Pawła ciosami. Naruszył jego szczękę. Strasznie to przeżywałam. Mój przyjaciel najpierw upadł po prawym, a wkrótce po lewym sierpowym. Czułam straszny ból. Paweł tyle dla mnie zrobił.

Wolałabym być na jego miejscu, niż to oglądać. Przegrał przez nokaut w pierwszej rundzie.

To był zmierzch wielkiego K-1, jednak impreza zrobiła na mnie ogromne wrażenie. Patrzyłam na wszystko z szeroko otwartymi ustami, jak dziewczynka. Kolejne takie show widziałam dopiero w UFC. W Las Vegas, z udziałem Conora McGregora, albo w Melbourne, z Rondą Rousey i pięćdziesięciotysięczną widownią, gdzie broniłam tytułu w pojedynku z Valerie Letourneau. Ernesto Hoost w K-1 walczył nawet przed siedemdziesięcioma tysiącami ludzi. Między innymi w Tokio, gdzie trzy razy znokautował Jerome'a Le Bannera. W Japonii był ikoną. Opowiadał mi jak K-1 wynajmowało mu apartament na ostatnim piętrze najdroższego hotelu, na trzy miesiące! Kręcił reklamy z Le Bannerem i Peterem Aertsem. Nie wierzyłam w potęgę K-1, dopóki nie przekonałam się, z jakim rozmachem działa UFC. Conor i Ronda są traktowani absolutnie po królewsku.

W Japonii lekko trenowałam, lecz na pierwszym planie były imprezy. Nie przesadzaliśmy z zabawą, ale pamiętam, że chodziłam na dyskoteki. Trzymałam się z Holenderką Pauliną, dziewczyną Orlando. Początkowo nowi znajomi mnie onieśmielali. Jednak szybko mi przeszło.

– Wow, ta dziewczyna potrafi się bawić! – cieszyli się chłopcy z naszej ekipy, widząc mnie tańczącą na stole w jednym z mniejszych lokali. Wygłupiałyśmy się z Pauliną, miałyśmy z tego prawdziwą radochę. Japończycy robili wielkie oczy, ale podobało im się. Z pozoru są spokojni i niewinni jak dzieci, ale chyba nigdzie na świecie nie ma tylu wariatów na punkcie seksu. Perwersyjne zabawy w klubach, skóra party, wymienianie się partnerami i tym podobne – jak dla mnie to za duża swawola. Ten mój taniec na stole to chyba nic takiego. Parę wypitych drinków również.

Pewnie bym tak nie szalała, gdybym wiedziała, że jeszcze przed Bożym Narodzeniem czeka mnie druga walka w Holandii. Trzy dni przed Wigilią walczyłam w Amsterdamie z Aleide Lawant. Czułam się rewelacyjnie, a Ernesto zgodził się być moim głównym sekundantem! Zasypywałam Holenderkę niskimi kopnięciami, których jeszcze nigdy nie wyprowadzałam z taką swobodą! Byłam dynamiczna, ale niezwykle spokojna. Oczywiście wygrałam, czternasty raz na zawodowym ringu. Ernesto nie wyobrażał sobie, żebyśmy mogli się nie spotkać po Nowym Roku. Do rodzinnego domu na święta wracało mi się bardzo przyjemnie.

Rozdział 12

NARESZCIE ZE ZŁOTEM

Czułam się cholernie głupio, bo ciągle nie miałam na nic kasy. Na miesiąc musiało mi wystarczyć tysiąc złotych. I weź tu wybierz się na kolację z kolegami. Sędziowie zaczęli mnie oszukiwać w walkach, ale 2009 rok zakończył się wyśmienicie.

Zajeżdżałam przeciwniczki. Zawsze miałam świetną kondycję i byłam gotowa na ostrą wymianę kickbokserską. W muay thai trzeba umieć połączyć boks z dobrymi kopnięciami i klinczem. W mieszanych sztukach walki jest to jeszcze trudniejsze, gdyż dochodzi grappling. Byłam wszechstronna. Ręce i nogi świetnie współpracowały. Umiałam uderzać kombinacjami, nie cofałam się. Miałam szybkość i odpowiednią siłę ciosu, żeby rywalce zadzwoniło w uszach. Pragnienie zwycięstwa też było u mnie większe niż u przeciwniczek. I brak strachu – to mój ogromny atut. Od kiedy pamiętam, przystępowałam do walki z przyjemnością. Przecież to już tylko kroczek przed wejściem na szczyt. Szłam na ring, żeby odebrać nagrodę za ciężkie treningi. Tą nagrodą jest popisanie się sprawnością fizyczną i nabytymi umiejętnościami. Pewności siebie dodawała mi obecność Ernesto.

Codziennie dojeżdżaliśmy do Hoorn, jak zwyczajni ludzie do pracy. Najpierw autobusem do Amsterdam Centraal. Tam zamawialiśmy herbatkę i wskakiwaliśmy do pociągu. Potem drałowaliśmy z buta piętnaście minut, by dotrzeć do gymu. Miałam małe stypendium z mojego miasta, dosłownie kilka stów. Na szczęście nie płaciłam za dojazdy. Zanim dostaliśmy „służbowego" mitsubishi lancera, bilety załatwiali Orlando i Paweł. Czasami to ja kupowałam jedzenie, ale częściej dostawałam je od chłopaków. Nie chciałam, żeby mi je fundowali. W każdej chwili mogłam się spakować i wrócić do kraju, jednak mówili, że chcą, bym z nimi była. Dostawałam pięćset lub siedemset euro za walki, czasami dwieście pięćdziesiąt dokładał sponsor, ale tych pojedynków nie było wcale tak wiele. Zresztą, w pierwszej kolejności spłacałam długi.

W marcu 2009 roku w Amsterdamie wygrałam z wyższą i cięższą Sanne de Ruiter. Pojedynek trwał pięć rund. Początek był spokojny, agresję zostawiłam na później. Znów dużo kopałam na dół. Dominowałam w klinczu, uderzając kolanem w brzuch. Holenderka oberwała też po głowie. Pod koniec walki była zamroczona. Efekt? Trzecie zwycięstwo dla teamu Ernesto! Przedostatniego dnia maja wyszłam na ring w Maastricht. Kolejny raz nie dowierzano, że dam radę. Maria Verheijen wygrała dwadzieścia pięć z dwudziestu dziewięciu walk. Trenowałam bardzo ciężko i to było widać podczas pojedynku. Dyktowałam tempo, nie dałam Marii rozwinąć skrzydeł. Wygrałam, awansowałam do tak zwanej klasy A wojowniczek rywalizujących w Holandii. I od razu wsiadłam w samolot do Turcji.

Tydzień przerwy między walkami to bardzo mało. Nie zdążyłam się zregenerować po Maastricht, ale nie bałam się

Bayergi Gözde. Turczynkę pobiłam rok wcześniej w półfinale Pucharu Europy w niemieckim Singen. Oczywiście wygrałam ten turniej, w ostatniej walce pokonując Kanadyjkę Misty Sutherland. W Stambule zrobiono niezłe show. Walkę transmitowała turecka telewizja. To, że w sportach walki pada mnóstwo nieuczciwych werdyktów, już dawno przestało wszystkich dziwić. Problem dotyczy nie tylko boksu, ale i MMA, kickboxingu oraz muay thai. A nawet zapasów lub judo. Tak – judo, tego szlachetnego sportu olimpijskiego. Kto nie wierzy, niech przeczyta biografię Rondy Rousey, brązowej medalistki igrzysk w Pekinie. O tym, że promotorzy i sędziowie często mają gdzieś zasady uczciwego współzawodnictwa, pierwszy raz przekonałam się na własnej skórze właśnie w Turcji.

Gözde przez trzy rundy głównie uciekała. To ja byłam aktywna, to ja miałam inicjatywę. Karciłam ją pięściami, poprawiając kopnięciami w udo. Ona tylko czekała na kontrę. Ja wyprowadzałam kombinacje, rywalka trafiała tylko pojedynczymi kopnięciami. Przed odczytaniem werdyktu uniosłam lewą rękę na znak zwycięstwa. Prawa, trzymana przez sędziego ringowego, została jednak w dole. Podniósł lewą rękę Bayergi.

Poczułam ogromne przygnębienie i żal. Przecież dałam z siebie wszystko i byłam lepsza. Jednak imprezę robiono pod przeciwniczkę. Ernesto i Orlando oczywiście przyznali mi rację.

– Wolałbym przegrać wyrównaną walkę, w której zrobiłem wszystko, na co było mnie stać, niż wygrać w taki sposób, jak twoja rywalka – pocieszał mnie Hoost.

Od tamtej pory wiem, że nawet jeśli przeważam, nie może mnie to zadowolić. Nigdy nie wiadomo, czy ktoś siedzący obok ringu, przy stoliku z długopisem i karteczką, nie chce mnie skrzywdzić. Trzeba walczyć tak, żeby faworyzowanie przeciwniczki oznaczało kompromitację sędziego. W innym wypadku można mieć pretensje także do siebie.

Dokładnie z takim nastawieniem walczyłam w październiku w Lizbonie, z najlepszą Portugalką Cathariną Valerio, byłą mistrzynią świata juniorek w muay thai. Campo Pequeno to znana arena walk byków. Postanowiono zrobić wyjątek i zamiast korridy zorganizować tam walki ludzi. Zabawa w toreadora z Catariną szła mi całkiem dobrze, lecz Valerio miała nade mną tę przewagę, że była Portugalką. Musiałam pogodzić się z remisem.

Ernesto i Heino Heiwegen, menedżer Team Mr. Perfect, raz na jakiś czas robili podsumowanie działalności zespołu. Nasza ekipa zbierała się w dobrej japońskiej restauracji. Siadaliśmy przy stoliku, a obok odbywało się gotowanie „na żywo". Najtańszy zestaw, składający się z przystawki, dania głównego i deseru, kosztował sześćdziesiąt euro. Tańszych opcji nie przewidziano. Gdy zobaczyłam cenę, osłupiałam. Na szczęście chłopaki zapłacili za mnie. Tego szczęścia nie miałam następnym razem. Zbliżał się termin powrotu do Polski, zostało mi sto euro. Byłam zaproszona, więc sądziłam, że ktoś zrobi mi przysługę. W głowie mi się nie mieściło, żeby wydać dwieście pięćdziesiąt złotych na obiad. Mogłabym za to przeżyć z pół miesiąca albo i lepiej. Było mi wstyd się przyznać. Zapłaciłam, choć myślałam, że za te pieniądze kupię skromne upominki dla bliskich. Bilet na samolot powrotny do Polski na szczęście załatwił Heino.

Tata myślał, że w Holandii zaczyna mi się całkiem dobrze powodzić. W domu się nie skarżyłam. Czasami tylko pożyczałam pieniądze od mamy. Na maksa wkurzały mnie przekładane albo odwoływane walki. Do kieszeni nie wpadały pieniądze, na które liczyłam. Kontaktowałam się wtedy z mamą i prosiłam o mały przelew. Nigdy mnie nie zawiodła, choćbym dzwoniła z drugiego końca świata.

To było pod koniec wakacji 2009 roku. Zbliżała się walka w Portugalii, do której musiałam się porządnie przygotować. Byłam w Olsztynie, nie miałam kasy na kolejną podróż do Holandii. Pojechałam do banku. Bałam się jakichkolwiek pożyczek, ale nie miałam wyjścia. Poprosiłam o debet w wysokości tysiąca złotych. Nie byłam jednak nigdzie zarejestrowana i odprawili mnie z kwitkiem. Zadzwoniłam do przyjaciół. Ten jeden raz nikt nie mógł mi pomóc. Byłam totalnie rozjechana. Siedziałam pod tym bankiem w złotym (bardzo śmieszne) peugeocie partnerze rodziców. Rozbeczałam się.

– O, nie. Musi się udać. Po prostu, kurwa, muszę tam polecieć! – gadałam do siebie.

Wieczorem okazało się, że na konto wpłynęła kasa. To była jakaś nagroda za walkę, sama nie wiem, za którą. I wystarczyło mi na ten bilet. Na przeżycie w Amsterdamie zostało tylko pięćdziesiąt euro. Dałam radę dotrzeć do mieszkania i kupić skromne jedzenie. Wiedziałam, że później jakoś to będzie. To były właśnie te dni, kiedy z kieszeni wyciągnęłam ostatnie pięć euro. Wspominałam o tym w paru wywiadach, udzielonych potem, w lepszych czasach.

Po kilku miesiącach przeniosłam się do mieszkania na dole. Wcale nie skakałam z radości, bo wyprowadził się Paweł. Przed walką z Melvinem Manhoefem w Japonii miał prywatne problemy. Z takim obciążeniem nie da się normalnie podejść do trudnej walki. Jest to jakieś wytłumaczenie porażki przez nokaut. Ale to nie koniec. Dwa tygodnie przed pojedynkiem w Jokohamie doznał urazu żeber. Nie chciał odwołać potyczki. Wziął leki przeciwbólowe, po których człowiek, delikatnie mówiąc, nie czuje się pobudzony. Paweł był twardzielem, kontuzjowany walczył także z takimi kozakami, jak Aleksiej Ignaszow czy Badr Hari. Gdyby nie urazy, w K-1 mógł dotrzeć na sam szczyt.

Ernesto miał Pawłowi za złe opuszczenie klubu, ale on potrzebował zmiany, do tego walki nie przynosiły mu takich zarobków, jakie mogłyby go satysfakcjonować. Nie zapomnę, jak to było, gdy mnie zostawił. Czułam się bardzo osamotniona. Zauważył to Orlando i od czasu do czasu wyciągał mnie z domu. Życie zrobiło się trochę monotonne. Śniadanie, pakowanie na trening, podróż do Hoorn, zajęcia, powrót, gotowanie obiadu, wieczorne rozmowy z rodziną na Skypie. Nuda, nuda, nuda. Trenowałam w oczekiwaniu na walkę, lecz tak naprawdę nie wiedziałam, na co czekam. Nie wiedziałam, dlaczego siedzę tam sama, czy wreszcie pojawią się jakieś pieniądze. Co ze mną będzie? Mogłam się tylko uczyć i rozwijać. Wiedziałam, że jestem coraz lepsza, że mam najlepszego trenera na świecie, ale jaki był z tego pożytek?

Zbliżały się mistrzostwa świata w Bangkoku, dla mnie czwarte. Marzyłam o złotym medalu. Ernesto był przeciwny.

– Nie polecisz tam, w żadnym wypadku! Dziewczyno, ty masz zarabiać pieniądze, nie je wydawać. Nie dość, że nic ci nie zapłacą, to jeszcze wydasz kupę forsy na przelot. To niepoważne – tłumaczył. Nie mógł zrozumieć, że dla mnie opłacenie podróży na zawody amatorskie było czymś zupełnie oczywistym.

Kilka dni przed wylotem, 21 listopada w Barneveld, miałam walkę z Titianą von Polanen podczas dużej gali na zasadach K-1, promowanej hasłem *It's Showtime!*. Rywalka była mistrzynią Holandii i mistrzynią świata muay thai jednej z zawodowych federacji. Wielu stawiało ją w roli faworytki, no ale czym tu się przejmować? Zaczęłam w bardzo wysokim tempie. Trzymałam dystans, moje wysokie kopnięcia wyprowadzały Titianę z równowagi. Przyjęła moje reguły gry. Wyprowadzałam mnóstwo szybkich ciosów, unikałam klinczu. Wygrałam na punkty.

Wreszcie dobrze zarobiłam. Dwa tysiące euro – no, no! Hoost nie mógł pojąć, że zamierzam wydać tę kasę na lot do Bangkoku.

– Jesteś dla mnie jak córka. Zasługujesz na dobre życie. Zadbaj wreszcie o siebie – przekonywał.

– Ernesto, ja muszę tam lecieć, zaufaj mi! – upierałam się.

Wpadliśmy na salomonowe rozwiązanie. Menedżer Heino kupił bilet lotniczy, ale zabrał dwa tysiące euro za walkę. Miał mi je oddać tylko wtedy, gdy zdobędę złoto. Jeśli nie wygram mistrzostw, nici z gaży.

– Kupuję to. Ernesto, przywiozę ten medal dla ciebie! – obiecałam.

Z walki w Barneveld wyszłam bez szwanku, no może poza obolałymi stopami i piszczelami. Chwilę potem byłam już na lotnisku Suvarnabhumi, czując uderzenie gorącego azjatyckiego powietrza. Do mistrzostw zgłosiły się aż osiemdziesiąt dwa kraje! W pierwszym pojedynku, dokładnie tydzień po walce w Holandii, uporałam się z wicemistrzynią świata w kickboxingu, Białorusinką Ałłą Iwaszkiewicz. Dwa dni później nie była mnie w stanie zatrzymać Szwedka Madeleine Vall. Trochę obaw było przed środową potyczką z Sunaree Preechakul, w końcu to Tajka, a gdzie walczyłyśmy? No właśnie. Jednak nie zostawiłam jej najmniejszego pola do popisu. Byłam lepiej wyszkolona technicznie, szybsza i silniejsza! Awansowałam do finału. Pojedynki o złote medale odbywały się w piątek, lecz mnie wytypowano do sobotniej rywalizacji, podczas specjalnej gali z okazji urodzin króla Tajlandii!

Był 5 grudnia 2009 roku. Najlepsi, najbardziej widowiskowo walczący uczestnicy mistrzostw świata walczyli pod niewielkim namiotem, rozstawionym w jednym z większych parków Bangkoku. Wokół zebrał się tłum ludzi, chcących oddać hołd władcy, choć sam król chyba się nie pofatygował. Przybyła za to jedna z księżniczek. Odbywała się parada, trwał wielki festyn. Tego popołudnia panował straszny upał. Czterdzieści stopni Celsjusza, duża wilgotność powietrza. Rozgrzewałam się w cieniu, żeby nie wyzionąć ducha przed wejściem na ring. W takich sytuacjach mówi się, że pogoda nie sprzyja uprawianiu sportu, ale niewiele mnie to obchodziło. Annę Zucchelli również.

Reprezentantka Anglii, którą pokonałam szesnaście miesięcy wcześniej w finale mistrzostw Europy w Zgorzelcu, przez cztery rundy stawiała mi zaciekły opór. Polska ekipa, z prezesem związku Rafałem Szlachtą na czele, nerwowo oczekiwała na werdykt. Byłam pewna, że zrobiłam więcej niż Zucchelli. Trzy, dwa, jeden i… złoty medal w kategorii do 57 kilogramów zdobywa Joanna Jędrzejczyk! Sześć lat od chwili, w której pierwszy raz założyłam rękawice, nareszcie można było mnie tytułować najlepszą zawodniczką na świecie.

Dopięłam swego. Poleciałam do Tajlandii, stanęłam na najwyższym stopniu podium, zostałam wybrana najlepszą zawodniczką mistrzostw. No i odzyskałam pieniądze za zwycięstwo nad Titianą! Ernesto był ze mnie bardzo dumny.

Z ringu dostrzegłam Carmen, szwajcarską przyjaciółkę z Tajlandii. Pierwsze chwile po życiowym triumfie spędziłam z nią. Przecisnęłyśmy się przez tłum, spacerkiem poszłyśmy do jej apartamentu, znajdującego się przy jednej z ruchliwych ulic. Wróciłam na ceremonię wręczenia medali. Odtworzono hymn Polski. Po policzku spłynęła mi łezka. Takie chwile to rzadkość. Nie pierwszy i nie ostatni raz grano mi Mazurka Dąbrowskiego, ale uczucie wzruszenia nigdy nie powszednieje. Gorzej, gdy puszczają ci hymn przed walką zawodową, a potem z werdyktem i tak robią, co chcą. Albo jesteśmy poważnymi ludźmi, dla których liczą się pewne wartości, albo takich nie udawajmy.

Ciągle było mi mało. Poleciałam do Holandii, a następnie do Polski, by 20 grudnia znaleźć się na ringu… w Tokio. Był ze mną kochany Ernesto. Kilka tygodni wcześniej przyjęłam ofertę walki o zawodowe mistrzostwo świata J-Girls w kickboxingu. Musiałam uważać na jedzenie, bo Japonka Satoko Sasaki broniła tytułu wagi piórkowej, a limit wynosił tylko 53 kilogramy. Cóż, Wigilia i tak była za pasem, mogłam wytrzymać jeszcze parę dni.

Nie mogłam uderzać moimi ulubionymi łokciami. Kolanami też nie, ale co tam. Japończycy stawiali na wysokie tempo walki. Dlatego runda trwała tylko dwie minuty, za to zaplanowano ich pięć. Była to moja dwudziesta zawodowa walka, dziesiąta w tym roku (licząc te z mistrzostw świata) i siódma w ciągu ostatnich dwóch miesięcy. Pary miałam jednak pod dostatkiem. Sasaki robiła, co mogła, była twarda, ale wyprowadziłam mnóstwo niskich i wysokich kopnięć. Wygrałam każdą rundę. Mimo to po latach mogę zaliczyć Satoko do moich najtrudniejszych rywalek w karierze. Ta dziewczyna kopała niewiarygodnie mocno. Gdyby grała w piłkę nożną, pewnie sadziłaby takie petardy jak Roberto Carlos. W szatni dano mi dwa kompresy. – A po co? – zdziwiłam się. Popatrzyłam na swoje nogi i już o nic nie pytałam. Siniaki nie chciały zejść przez dwa tygodnie.

Wręczono mi całkiem przyjemnie wyglądający pas J-Girls z przodem w kształcie serduszka. W ciągu dwóch tygodni zostałam mistrzynią świata w muay thai oraz kickboxingu! To się nazywa udany koniec roku! Japończycy lubią obdarowywać gości. Dostałam czterolitrową butelkę sake, która do dziś stoi zakorkowana w Olsztynie, zgrzewkę pysznej wody smakowej i kilkanaście win. Nie miałam tego jak zabrać do Polski. Z kartonu pełnego butelek ucieszyła się za to żona Ernesto. Rozsiąść się wygodnie na kanapie z kieliszkiem i delektować się smakiem czerwonego wina? W tamtych latach była to ostatnia rzecz, na którą mogłabym znaleźć czas.

Rozdział 13

JUŻ NIE PRASUJĘ MĘSKICH KOSZUL

Rok 2009 okazał się szczęśliwy także z innego powodu. Na uczelni poznałam utalentowanego piłkarza Huraganu Morąg, który okazał się również cholernie fajnym facetem. Jesteśmy razem od siedmiu lat. Ślub? Załatwimy to szybko!

Na studiach wychowania fizycznego byliśmy podzieleni na pięć grup. Podczas zajęć siedziało się tylko ze swoimi ludźmi, a pozostałych spotykałam od czasu do czasu na wykładzie. Kojarzyłam większość twarzy, ale nie myślałam o nawiązywaniu bliższych znajomości. Tak naprawdę żyłam w Amsterdamie. Po pierwszym roku nadszedł czas na letni obóz sportowy. Odbywał się nad jeziorem Dadaj, czyli gdzieś pomiędzy Olsztynem a Mrągowem. Mieliśmy tam pływać kajakami i jeździć rowerami. Przemek i jego kuzyn byli w dużej grupie. Zabrakło im sprzętu. Z tego powodu chłopaków przerzucono do nas. W tej ekipie rządziłyśmy ja i Malwina – dwie rozchichrane, hardcorowe laski. Nikt nie miał więcej do powiedzenia niż my. Lubiłyśmy się ze wszystkimi.

Każdy musiał znaleźć sobie parę. Przemek rozglądał się nieporadnie. Do pary pozostała mu tylko Anka, która była bardzo fajną dziewczyną, ale z jakiegoś powodu nabrała wstrętu do facetów. Stała się mocno przewrażliwiona i obrażona na cały świat.

– Zobacz, Malwina. Taki ładny chłopak w śmiesznym pomarańczowym sweterku, a trafiła mu się Anka. Co za biedaczek – śmiałam się do kumpeli. Przemek uśmiechał się, próbował do mnie zagadywać, ale wtedy specjalnie mnie to nie ruszało.

Przed drugim rokiem rozbito grupę Przemka. Namawiał kuzyna, żeby przenieść się do naszej. Tak też zrobili. Wyjechałam do Holandii, nie mieliśmy kontaktu. Gdy wróciłam, Przemek przyniósł na uczelnię czekoladowe cukierki z orzechami w środku.

– No co, nikogo nie poczęstujesz? Sam będziesz jadł? – szturchnęłam go.

– Nie, proszę. Poczęstuj się.

Wyjęłam z dziesięć cukierków, czyli połowę paczki i zaczęłam rozdawać ludziom. Przemek dziwnie na mnie patrzył i jakby się skrzywił, ale wiedziałam, że podoba mu się moja przebojowość i pewność siebie.

Minęło trochę czasu, zanim Przemek przyznał się, że przeszedł do grupy ze względu na mnie. Zaczął się 2010 rok. Pojechaliśmy na zimowy obóz do Zieleńca przy granicy z Czechami. Koledzy Przemka musieli wyjechać na mecz. On został, chyba przyplątała mu się jakaś kontuzja. Spędzał więcej czasu w naszym pokoju niż w swoim. Świetnie się dogadywaliśmy. Zaczął nosić mi narty, chodził ze mną na zakupy. Spodobał mi się. Dałam się ponieść emocjom, albo inaczej – szczególnie się przed nimi nie broniłam. Obóz skończył się w niedzielę, we wtorek ruszałam do Amsterdamu na dwa, trzy miesiące. Ciągle w rozjazdach, skoncentrowana na karierze...

– To chyba się nie uda – uprzedziłam go. Nie chciałam dawać mu nadziei.

– Będę na ciebie czekał – chyba miał więcej pewności niż ja.

Codziennie pisaliśmy smsy, rozmawialiśmy przez Skype'a. Tęskniliśmy. Przemek był jedną z pierwszych osób, jeśli nie pierwszą, które przywitały mnie po powrocie z Holandii. Zostaliśmy parą. Jesteśmy razem od siedmiu lat.

Tata Przemka zmarł w młodym wieku. Gdy mama, nauczycielka, dostała pracę, przeprowadzili się w okolice Morąga. To miasto liczy piętnaście tysięcy mieszkańców. Przemek grał w piłkę w trzecioligowym Huraganie Morąg. Był wyróżniającym się ofensywnym graczem, do tego bardzo młodym i perspektywicznym, ale nie było mu po drodze z trenerem. Ten miewał swoje humory, a Przemek nie próbował ukrywać, że się z nim nie zgadza. Postanowił odejść i zrezygnował z piłki. Szkoda. Później dowiedziałam się, że był naprawdę dobry, wcześnie podjął taką decyzję. Dzisiaj ma dopiero 27 lat. Mógłby trafić do innego, silnego zespołu, a wtedy być może jego kariera rozwinęłaby się inaczej. To kwestia nie tylko talentu, ale i odpowiednich kontaktów. Wiem jak to jest, niejednokrotnie zaciskałam zęby w różnych sytuacjach, by pozostać w sporcie mimo wielu przeciwności, ale nie wymagam tego od wszystkich. Przemek nie ma niespełnionych ambicji. Kopie piłkę rekreacyjnie i czerpie z tego dużą frajdę.

W piłce nożnej Przemek jednak dokonał niemożliwego – wytłumaczył mi, na czym polega spalony. W liceum też grałam w ataku, chyba nawet otarłyśmy się o mistrzostwo miasta.

Później zapisałam się na piłkę dla rekreacji, gdy akurat wahałam się, czy nie zrezygnować z walk. W OKS Olsztyn chciano mnie nawet zatrzymać, ale raczej dobrze się stało, że odeszłam, bo na dłuższą metę trenerzy nieźle by się ze mną mordowali. Cały czas łapano mnie na spalonym. Nie czekałam na podania, po prostu przejmowałam piłkę i goniłam do przodu, starając się minąć rywalkę. Albo od razu strzelałam. Nie rozumiałam, o co z tym spalonym chodzi.

Przetrwaliśmy próbę czasu, co nie wszystkim parom się udaje. Od kiedy stworzyliśmy związek, jeszcze przez rok wyjeżdżałam do Holandii. Na dłużej w Olsztynie zostawałam tylko w wakacje. Przemek od początku wiedział, co oznacza bycie ze mną. Zawsze akceptował moje plany.

– Słuchaj, nie chcę, żebyś jechała – mówił, by po chwili dodać: – Przecież wiem, że musisz. Powodzenia, rób swoje.

Z tego powodu dziś nie jest zaskoczony, gdy okazuje się, że muszę spędzić dwa albo trzy miesiące w USA. Gdyby częste podróże zaczęły się dopiero teraz, mogłoby to być dla nas naprawdę trudne.

Nie szpieguję i nie czuję się szpiegowana. Wiem, że jeśli Przemek nie odpisuje bądź nie oddzwania, to znaczy, że jest bardzo zajęty. Nie boimy się zdrady. Jeśli ktoś ma zrobić coś wbrew partnerowi, zrobi to tak czy inaczej. Żadne śledztwa nikogo przed tym nie uchronią. Sądzę jednak, że nas ten temat nie dotyczy. Nie każę Przemkowi siedzieć w domu tylko dlatego, że ja jestem na drugim końcu świata. Gdy spodziewamy się utrudnionego kontaktu, bo mamy dużo spraw na głowie, jedno uprzedza drugie. Wyrozumiałość i zaufanie to podstawa.

Przemek bardzo przeżywa moje walki. Ktoś z bliskich nagrał go oglądającego pojedynek o mistrzostwo UFC z Carlą

Esparzą. Nie mógł usiedzieć i opanować emocji. I za każdym razem jest tak samo. Zawsze był pierwszą osobą, do której dzwoniłam w szatni po walce. Tak było właśnie po zwycięstwie nad Esparzą w Dallas.

Oświadczyny przyjęłam w wakacje 2015 roku, nad morzem. Na stadionie w Gdańsku obejrzeliśmy towarzyski mecz Lechii z Juventusem Turyn. Juventus jest naszym ulubionym klubem. Po meczu pojechaliśmy do znajomych. Przemek zachowywał się inaczej niż zwykle, wyczułam to. W towarzystwie zażartowałam, że pewnie chce się oświadczyć, na co on zareagował bardzo dziwnym uśmiechem. Dwa albo trzy dni później wieczorem poszliśmy na plażę. Na deptaku w Krynicy Morskiej zaczepiła nas kobieta sprzedająca kwiaty. Przemek kupił mi różę. Przysiedliśmy na dłuższą chwilę. Słońce nieźle dało mi się tego dnia we znaki, więc chciałam wracać, ale Przemek się ociągał.

– Chcę odpocząć. Od kiedy tak lubisz oglądać zachody słońca? – zagaiłam.

Przeczuwałam, co się za chwilę stanie. Przemek zapytał, czy za niego wyjdę. Spodziewałam się tego, ale i tak byłam przeogromnie szczęśliwa. Jeśli nie uznacie tego za stratę czasu, sprawdźcie moje zdjęcie na Facebooku z 2 sierpnia 2015 roku!

O zaręczynach nikomu nie powiedziałam. Wolałam poczekać, aż wrócę znad morza. W Olsztynie wybrałam się na spacer z Kasią. Zaczepiła nas pani Jędrzejczyk (to tylko zbieżność nazwisk), która z mężem prowadzi zakład złotniczy.

– O, pani Asia! I jak ten pierścionek, nie za mały? – zapytała.

– Jaki pierścionek?! – bliźniaczka potraktowała mnie surowym spojrzeniem.

To był pierwszy dzień po wakacjach, jeszcze nie zdążyłam jej powiedzieć. Przy okazji dowiedziałam się, gdzie Przemek dokonał zakupu. Ewa także poczuła się urażona, że o niczym nie wiedziała. Oj, tam! Nie jestem typem wariatki, która chwilę po jednym z najważniejszych wydarzeń w życiu złapie telefon i będzie się drzeć do słuchawki: „Kochana, masakra! Oświadczył się!". Chciałam to przeżyć po swojemu. Na szczęście Kasi i Ewie złość szybko przeszła.

Przemek zna swoją wartość i ma swoje zdanie. Rozumie mnie, pomaga mi się rozwijać, wspiera moją karierę. Bierze na siebie część zadań domowych, ale nie mamy sztywnego podziału obowiązków. Nie jest facetem, który wstydzi się rozwiesić pranie, pomóc w kuchni. Bywam porywcza, Przemek jest moim przeciwieństwem. Ma dużo więcej spokoju. Aż mi go czasem szkoda, bo zdarza się, że zachowuję się jak mały dyktator. Gdy o coś proszę, ma być zrobione i to na już. Poganiam, jestem przyzwyczajona do pośpiechu. Być może dlatego Przemek już nie chce, żebym prasowała mu koszule. Kiedyś zapomniałam o rękawie albo kołnierzyku, teraz zdecydowanie woli zrobić to sam.

Od niedawna mamy więcej miejsca, bo Kasia i Krzysztof wyprowadzili się do własnego gniazdka. Przez ostatnie dwa lata dzieliliśmy mieszkanie we czworo. Ewa z mężem Jarkiem i synkiem Adasiem żyją w tym samym bloku, kilka pięter niżej. Można powiedzieć, że siostry były w komplecie. Kasia po studiach rachunkowości znalazła zatrudnienie jako księgowa, Ewa po marketingu i zarządzaniu ma pracę biurową. Bardzo blisko jest z nami także kuzyn Karol. Obronił pracę magisterską na prawie, pełni obowiązki mojego menedżera. Prowadzi rozmowy ze sponsorami i mediami w kraju.

Kiedy wezmę ślub? Pierwszy termin już minął, był przewidziany na sierpień 2016 roku, lecz w lipcu odbył się rewanż z Claudią Gadelhą. Na własnym weselu wolałabym nie tańczyć ze złamaną ręką, a przecież kości prawej dłoni pękały mi w dwóch poprzednich walkach. Nie wiedziałam, czy to się nie stanie znowu. Ale co się odwlecze, to nie uciecze. Załatwimy to szybko. Gdy znajdziemy dogodny termin, nie będę przeglądać tysiąca kiecek. Wybiorę tę, która pierwsza wpadnie mi w oko. Kwiatki w kolorze migdałowym czy écru? Dajcie spokój, nie jestem księżniczką. Chcę, żeby było naturalnie, nie ma się czym gorączkować. Czy zmienię nazwisko? Zachowam swoje, być może dodam do niego nazwisko męża. Kibice przyzwyczaili się do inicjałów JJ i tak pewnie pozostanie. Przypuszczam, że UFC będzie chciało podpisywać mnie tak, jak dotychczas.

Najlepiej w życiu bawiłam się na weselu Kasi i Krzysia. Nie mówię tak dlatego, że to moja siostra bliźniaczka, a ja byłam świadkową. Pobrali się 18 października 2014 roku. To był ostatni dzień, w którym mogłam się najeść do syta, bo 13 grudnia czekała mnie pierwsza walka z Gadelhą. Wieczór panieński zrobiłyśmy w nowym, jeszcze nie do końca umeblowanym mieszkaniu. Jestem sprawną organizatorką. Już w gimnazjum załatwiałam klasie popołudniowe wejścia do klubu, zamiast tradycyjnej dyskoteki w szkole.

Była Ewa, zaprosiłyśmy kuzynki i dwie najlepsze koleżanki Kasi. Dziewczyny trochę wypiły, ja miałam na nie oko i byłam kierowcą. W mieszkaniu zapaliłam świeczki, zrobiłam nastrój. Przyszła moja znajoma, która zajmuje się masażem kosmetycznym. Po kolei zaopiekowała się każdą z nas. Potem wpadła następna koleżanka, z którą ćwiczyłyśmy salsę. Tancerz zrzucający ubrania nie był nam potrzebny, w końcu i tak czekało nas spore powodzenie na mieście. Wpadłyśmy do lokalu z muzyką. Dziewczynom zrobił się humorek, tradycyjnie ktoś nas zaczepiał, ale bawiłyśmy się dalej. Do łóżek położyłyśmy się pomiędzy czwartą a piątą nad ranem. Kasia trochę odchorowała, ale miała siłę, żeby pojechać na niedzielny obiad do rodziców.

W dniu ślubu, przed wyprowadzeniem panny młodej, nie mogłam powstrzymać się od śmiechu. Myślałam, że Kasia będzie zestresowana, ale cały czas chichotała ze mną. To wszystko ze szczęścia, nie z głupoty. Dzięki znajomemu wynajęłam pięknego hyundaia santa fe. Po ślubie, w drodze do sali weselnej, nie przestawaliśmy śpiewać. Hitem był numer Bednarka *Chwile jak te.*

Kasia i Krzysiek nie schodzili z parkietu. Goście tańczyli i robili sobie zdjęcia w zamówionej fotobudce. O północy zamieniłam szpilki na białe trampki. Niespodzianką Krzysia były różowe, lekko błyszczące buty sportowe, które kupił dla Kasi. Sam też zdjął laczki i śmigał w adidasach. Orkiestra grała do szóstej.

Mamy dużą rodzinę na Kurpiach. Tam ludzie potrafią się bawić! Kilka lat temu, na jednym z wesel, porwaliśmy pannę młodą. Serio. Naszą kuzynkę. Wyciągnęłam ją z sali pod pretekstem, że chcę o czymś pogadać. Chłopaki zawinęli dziewczynę do auta i ruszyliśmy na wiejską dyskotekę, bez pana młodego. Za nami jeszcze dwa samochody. Panna młoda zniknęła z wesela na półtorej godziny. Wszyscy zaczęli podejrzewać, że uciekła. Zaczęły się poszukiwania. Gdy wróciliśmy, zobaczyliśmy zgaszone światła, goście wyszli na zewnątrz. Właściwie to planowaliśmy, że wrócimy w ciągu trzydziestu minut…

Rozdział 14

JAK ONI OSZUKUJĄ

Widzieliście piłkarza, który pada w polu karnym, sędzia dyktuje jedenastkę, a on przyznaje się, że nie był faulowany? Zrobi tak jeden na tysiąc. Tak samo jest w sportach walki. Ten, który zwycięża nieuczciwie, udaje, że wszystko gra. Jedna z moich rywalek postąpiła jednak honorowo.

Pierwszy pojedynek w 2010 roku stoczyłam 11 kwietnia. W Tilburgu rywalizowałam na zasadach K-1 z Mari Krose, przedstawicielką renomowanego Vos Gymu. Tamten wieczór bardzo mi się dłużył. Miałyśmy walczyć o ósmej albo dziewiątej wieczorem, a weszłyśmy na ring dopiero po północy. Gala odbywała się w dużej sali przy meczecie, organizator był z pochodzenia Marokańczykiem albo Arabem. I wymyślił sobie, że w jeden wieczór zrobi kilkanaście, jeśli nie dwadzieścia walk.

Byłam zmęczona i wkurzona, bo na miejsce dotarłam chyba już o czwartej po południu. Pora robiła się bardzo późna. Wreszcie przyszedł ktoś od organizatora.

– Kasa będzie dopiero po gali. Bilety się nie sprzedały – oznajmił.

Rozglądam się po sali, a w niej pełno ludzi.

– Odwołujemy walkę. Joanna źle się czuje – powiedział Orlando.

– Zapłacimy.

– Już raz mieliście zapłacić... Ostatnie zdanie należy do Joanny.

Ten jeden raz nie chciałam walczyć. W szatni odwiedził nas promotor imprezy. Nie sam, lecz w obstawie trzech nieprzyjemnych karków z ochrony. Spoglądali na nas tak, jakby chcieli zasugerować, że jednak powinnam szykować się do wejścia na ring. Zrobiło się dziwnie. Uznałam, że lepiej nie narażać Orlando ani menedżera Heino na nieprzyjemności. Promotor rzucił nam sto euro, a ta zaliczka okazała się całą płatnością za walkę. Okłamano nas, że dostaniemy przelew. Za pojedynek z Mari mieliśmy obiecane bodaj siedemset pięćdziesiąt euro.

Byłam wyższa od Krose, wyprowadzałam kombinacje bokserskie. Zamarkowałam cios lewą ręką, uderzyłam kolanem, a na czole Mari szybko pojawił się guzek. Sędzia liczył rywalkę w drugiej rundzie po wysokim kopnięciu. Nie zdążyłam jej znokautować, zanim wybrzmiał gong. W ostatniej rundzie Mari traciła dech po kopnięciach w brzuch. Wygrałam gładko na punkty. Przynajmniej tyle dobrego.

Dwa tygodnie później zdobyłam pierwsze zawodowe mistrzostwo Europy. W Krakowie walczyłam o tytuł WMC/EMF (World Muaythai Council/European Muaythai Federation). Trzeci raz w karierze stanęłam do walki z Angielką Anną Zucchelli. Tym razem stawiła mi chyba największy opór. Wciągnęła mnie do klinczu, a w nim zadała ze trzydzieści uderzeń łokciami. W trzeciej rundzie rozcięła mi głowę. Nadrabiałam kombinacjami ciosów oraz niskimi i wysokimi kopnięciami, a tamtego wieczoru miałam dobre oko. Wygrałam na punkty, lecz nawet po walce z Satoko Sasaki nie byłam tak obita. Zużyłam mnóstwo maści na obolałe piszczele. Pamiętam imprezę po gali w krakowskim pubie Ring. Usiadłam, rozpuściłam włosy, a na stolik zaczęła kapać krew. Pojechałam na pogotowie, założono mi dwa szwy. Dostałam znieczulenie, ale zanim zasnęłam, zaczęłam majaczyć. To była gruba impreza.

Musiałam się wziąć w garść, bo już 8 maja czekał mnie pojedynek we Lwowie. Znów o mistrzostwo Europy, tym razem organizacji WKF, czyli World Kickboxing Federation. Austriaczkę Myrę Winkelmann sponiewierałam kopnięciem na wątrobę. Wygrałam przed czasem. Na Ukrainie czułam się jednak trochę nieswojo, a to z powodu nietypowej gościnności. Organizator gali zaprosił mnie i Ernesto do ekskluzywnej restauracji. Kawior, krewetki, drogie alkohole i te sprawy.

– Chodź, wpiszesz się do księgi. Tu podpisał się wasz prezydent Lech Wałęsa, widzisz? Jego imiennik Kaczyński nie zdążył – zaśmiał się grubiańsko facet. No tak, wyborny żart. Katastrofa smoleńska miała miejsce zaledwie miesiąc wcześniej.

Gość był szefem firmy ochroniarskiej. Jego ludzie nawet nie starali się ukrywać, że mają przy sobie spluwy. Na lotnisko, które przypominało wtedy dworzec autobusowy, pędziliśmy wypasioną furą z prędkością dwustu kilometrów na godzinę. Auto złapało gumę. Znaleziono drugie. Do lotu zostało piętnaście minut. Problem? Nie dla nich. Ktoś zadzwonił, kazał otworzyć bramki. Wpuszczono nas na pokład.

Miesiąc później był Manchester i pięć rund po trzy minuty z wyższą, całkiem mocno bijącą Amandą Kelly, medalistką mistrzostw świata i Europy w muay thai. To była twarda babka. „Przegrałam", jak rok wcześniej w Turcji. Czy muszę dodawać, że Kelly jest Brytyjką?

Miło wspominam za to sierpniowy wylot do Surinamu. Pochodzili stamtąd rodzice Ernesto. Wyemigrowali, a Hoost urodził się już w Holandii. W Paramaribo zorganizowano imprezę na poziomie. Przyszło dużo ludzi, była telewizja. Ernesto przestrzegał, bym nie chodziła nigdzie sama, gdyż biała dziewczyna w Paramaribo nie jest częstym widokiem. Stolica niby była cywilizowana, ale nigdy nie wiadomo, czy nie trafi się na jakiegoś dzikusa. Zresztą, słyszałam, że rozboje były tam na porządku dziennym.

Walczyłam z moją znajomą z ubiegłego roku, Titianą van Polanen. Właśnie w Surinamie nauczyłam się przed pojedynkiem zaglądać w oczy niższym przeciwniczkom. Opracowałam tak zwane straszonko, które sprawdza się do dziś. Walkę miałam pod kontrolą, choć w końcówce o mały włos nie wypadłam z ringu! Nie, nie po ciosie. Titiana w klinczu popchnęła mnie na liny, te były słabo naciągnięte. W ułamku sekundy zdążyłam się pogodzić z myślą, że zostanę twarzą kampanii promocyjnej linii lotniczych, lecz w ostatniej chwili złapał mnie sędzia. Wygrałam na punkty.

Znów tylko dwa tygodnie przerwy i kolejna walka. Mińsk, 12 września. Rywalką była Ałła Iwaszkiewicz, pokonana przeze mnie siedem miesięcy wcześniej w Bangkoku. W tym roku nie broniłam złotego medalu, zrezygnowałam z amatorskich mistrzostw świata. Stawką pojedynku w Mińsku był pas mistrzyni World Kickboxing Network (WKN). Reguły były jednak zbliżone do muay thai, skoro mogłyśmy wykorzystywać łokcie i kolana. Sprzedano kilka tysięcy biletów, bodaj pierwszy raz pojedynek kobiet w tej dyscyplinie pokazywał Eurosport.

Tak skopałam nogę Białorusinki low kickami, że miała problemy z chodzeniem. Była liczona. Pokazała jednak ducha walki i charakter, dlatego dotrwała do końca. Pobiłam ją, co tu dużo mówić. Czekamy na werdykt, sędzia podnosi rękę Ałły. Popłakałam się. Nie wierzyłam, że znowu mnie oszukali. Hoost patrzył na mnie wzrokiem troskliwego ojca. W hali zawrzało. Białoruscy kibice wiedzieli, że doszło do przekrętu i zaczęli skandować moje imię. Iwaszkiewicz czuła się z tym źle. Przyznała, że była gorsza. Podeszła do mnie, przytuliła i zawiesiła mi na ramieniu pas. Nigdy nie spotkałam się z tak honorową postawą rywalki, za co jestem jej wdzięczna. Zmieniono irracjonalną decyzję sędziów. Drugi raz w karierze zostałam zawodową mistrzynią świata.

To nie do pomyślenia, jednak historia się powtórzyła. Wróciłam do Mińska po czternastu miesiącach, w listopadzie 2011 roku. Już bez Ernesto, lecz z Pawłem Derlaczem z Arrachionu Olsztyn. Opowiem o tym teraz, miejmy to za sobą. Broniłam tytułu WKN. Rywalką była Jekaterina Wandariewa. Dziewiętnaście lat, bardzo ładna dziewczyna, blondynka, zresztą wołano na nią Barbie. To duże atuty, ale nie mają nic wspólnego ze sportem. Gdy po pięciu rundach stanęłyśmy z sędzią na środku ringu, nie wierzyłam, że Białorusini dopuszczą do kolejnej kompromitacji. A jednak.

Na punkty wygrała Barbie, dostała mój pas. Na trybunach krzyczano „Polsza, Polsza". Nic z tego. Rywalka też nie miała sobie nic do zarzucenia.

– Katia wygrała trzy rundy. Jedna była remisowa, w jednej nieznacznie przeważała Jędrzejczyk. Wygraną Polki widzieli tylko ci, którzy na co dzień oglądają K-1. Te walki rządzą się innymi prawami – skomentował promotor Jewgieniej Kotelnikow.

Trzy rundy dla Barbie? Bzdura. Rok wcześniej ten sam człowiek przepraszał mnie w ringu. To miała być zemsta?

Jeśli tak, to za co? Za to, że jestem lepsza od miejscowych dziewczyn? Postanowiłam, że już nigdy nie polecę walczyć na Białoruś.

Pomiędzy walkami w Manchesterze i Paramaribo spędzałam czas w Olsztynie. Zaczął się lipiec i moje wakacje. Byłam w kraju dopiero drugi dzień. Rano zadzwonił telefon, wyświetliło się imię Orlando. Myślałam, że chce zapytać, jak minęła mi droga do domu.

– Heino nie żyje – powiedział spokojnym głosem.

Zdębiałam.

– Jeśli to miał być żart, to ci nie wyszedł, Orlando.

– To nie jest żart.

Po głosie słyszałam, że Orlando jest roztrzęsiony. Uwierzyłam.

Heino kiedyś uprawiał sporty walki, a gdy został przedsiębiorcą, nie porzucił pasji i został menedżerem teamu Ernesto Hoosta. Prowadził pub, kupił spa pod Utrechtem za grube pieniądze. Od czasu do czasu mogłam tam jeździć i odpoczywać, a przy okazji przyzwyczaić się do widoku starszych ludzi. Widoku zupełnie nagich starszych ludzi. Gdy widziałam Heino ostatni raz, był cały w skowronkach. Związał się z mężatką, podobno nieszczęśliwą w związku. Długo byli razem. Z myślą o niej kupił dom, planował wspaniałe życie u jej boku. Jednak ona wróciła do męża. Heino popełnił samobójstwo w nowym domu. Zostawił tej kobiecie furę pieniędzy pod łóżkiem. Tak ją kochał.

Pozostałam w teamie Ernesto jeszcze przez jakiś czas, lecz do Holandii już nie wracałam. Sprawy posypały się po odejściu Heino. Ostatni raz w moim narożniku Ernesto stanął we wrześniu 2010 roku w potyczce z Iwaszkiewicz. Miał mi za złe, że odeszłam. Utrzymujemy jednak kontakt. Połączyła nas zbyt silna więź, aby mogło być inaczej. Widujemy się rzadko, lecz każde spotkanie Ernesto jest dla mnie wyjątkowym przeżyciem. Uczynił ze mnie mistrzynię.

Najlepszą pamiątką z Holandii jest rower. Spodobała mi się tamtejsza kultura jazdy. Ludzie pedałują w garniturach, pod krawatem. Do pracy i z pracy, na spotkania. Trzeba tylko jechać w wolnym tempie, żeby nie spocić się jak mysz. W okolicach Hoorn mieścił się sklep, w którym robiłam zakupy tylko oczami. Od patrzenia przez witrynę zakochałam się w tych rowerach. Na żaden z nich oczywiście nie miałam kasy. Zawzięłam się. W Olsztynie przez kilka dni przemierzałam holenderskie ulice na internetowych mapach Google, żeby odnaleźć ten sklep. I udało się! Wybrałam stary model w kremowym kolorze, z ramą i osłoną łańcucha w lamparcie cętki (nie, to nie miało żadnego związku z dawnym chłopakiem) oraz sakwami. Wyłożyłam sto osiemdziesiąt euro, złożyłam zamówienie. Po paru tygodniach rower był mój! Ludzie się z niego śmiali, a to znaczy, że był naprawdę fajny. Tak mi się podobał, że kilka lat później zamówiłam sobie z Holandii jeszcze jeden.

Reebok

Rozdział 15

OKO W OKO Z BESTIĄ

Dziennikarze piszą, że byłabym pewniakiem do zdobycia medalu igrzysk olimpijskich w boksie. Zgadzam się z tym, bo dla mnie nie ma rzeczy niemożliwych. Mogłam też boksować w jednym zespole z Krzysztofem Włodarczykiem i Arturem Szpilką, a z tym drugim nawet zamieszkać.

W Arrachionie od czasu do czasu sparowałam z Mamedem Chalidowem bądź jego kuzynem Asłambiekiem Saidowem. Chwalili mój boks. Wcale nie dlatego, że są tacy mili. Oczywiście, że nie wykorzystywali całej siły, bo byłoby po mnie. Gdy nadzieję się na przypadkowy cios faceta, dzwoni nie tylko w uszach, ale w całym ciele. W sparingach liczyła się jednak taktyka i doskonalenie techniki.

Nie tak dawno temu Asłam był pod wrażeniem, gdy zrobiłam użytek z szybkości i musiał się nakombinować, żebym go nie obskoczyła.

– Aśka, dawno nie sparowaliśmy. Zawsze dobrze boksowałaś, ale teraz? Co ty wyprawiasz? – zapytał. A ja dopiero wznowiłam treningi po powrocie ze Stanów Zjednoczonych. To było wiosną 2016 roku.

Bokserska stójka różni się od tej z muay thai i kickboxingu. Przede wszystkim dlatego, że nogi mają ci służyć tylko do poruszania się. Przestawienie się na boks wymaga dużo pracy, ale gdy kilka lat temu spróbowałam, szło mi naprawdę dobrze. Nigdy przedtem nie myślałam o wyprowadzaniu ciosów z taką finezją. Dużo główkowałam. To sama prawda, że dla pięściarza najważniejsze są nie mięśnie, lecz głowa.

Na początku 2011 roku postanowiłam wystartować w kobiecych mistrzostwach Polski w Grudziądzu. Trenowałam trzy, cztery razy w tygodniu w olsztyńskim klubie Pirs. Dodatkowo ćwiczyłam z Rafałem – drugim chłopakiem mojej starszej siostry, który miał tak na imię. Z Ewą już dawno przestali być parą. Siostra jest spokojna, Rafał nie mógł usiedzieć w miejscu, no i rozstali się, zbyt duża różnica temperamentów. Utrzymywaliśmy jednak kontakt. Rafał ma pojęcie o boksie. Trenowaliśmy w małej sali wielkiego wzrostem Bogusia Zawirowskiego, znanego w miejskim światku sportów walki jako Guliwer. W tej salce unosił się mało przyjemny zapach, lecz tak naprawdę do szczęścia potrzebne były nam tylko worek i ciężarki. W Pirsie ćwiczyłam z Jackiem Smolińskim, którego możecie pamiętać z opowieści o mojej drugiej przygodzie w Impulsie. Może nie fruwałam jak motyl i nie kąsałam jak pszczoła, ale chciałam się sprawdzić z najlepszymi pięściarkami w Polsce.

Mistrzostwa odbywały się pod koniec lutego. Warunki w Grudziądzu były… Hmm… Były, jakie były. Ze stołówki pamiętam chleb z mortadelą, ale najgorsze wcale nie było to, co dawano nam do jedzenia. Wygrałam dwie walki i awansowałam do finału kategorii do 57 kilogramów. Spałyśmy w bursie, w kilkuosobowych pokojach. W budynku panował straszny ziąb. Położyłam się spać w dresie, skarpetkach, dwóch koszulkach i bluzie. W dniu walki o złoty medal obudziłam się w bojowym nastroju. Chwilę potem mina mi zrzedła. Nie mogłam się ruszyć. Tak zakwasiłam mięśnie w półfinale, czy co? Nie. Dopadło mnie przeziębienie, a w zasadzie grypa, bo byłam cała obolała.

Przed finałem rozgrzewałam się czterdzieści minut, ale i tak było mi chłodno. Weszłam na ring, stoczyłam bardzo dobrą, zaciętą walkę z Sandrą Kruk. Nie chcę teraz mówić, że ją zlałam, bo to nieprawda. Sądzę jednak, że gdybym czuła się lepiej, wygrałabym. Sandra zdobyła złoto, nie było dyskusji. Rok później w Chinach sięgnęła po srebrny medal kobiecych mistrzostw świata. Mając właściwie zerowe doświadczenie w boksie, chora, walczyłam jak równa z równą z zawodniczką klasy międzynarodowej.

W Grudziądzu mogło być jeszcze ciekawiej. Dzień przed walką o pierwsze miejsce Jacek, który był moim sekundantem, namawiał mnie do wyjazdu na finał plebiscytu „Gazety Olsztyńskiej". Miałam robić tam za cyrkowca i pokazać, jak się wali w tarczę trenera. Z korzyścią dla klubu i trenera, dla wszystkich poza mną. Jechać samochodem sto pięćdziesiąt kilometrów w nocy, następnego dnia wejść na wagę, osiągnąć limit i wygrać z najlepszą zawodniczką w kraju? Może jeszcze przez nokaut? Nie zgodziłam się.

Selekcjoner Leszek Piotrowski powołał mnie na zgrupowanie kadry narodowej kobiet. Kilka dni po mistrzostwach tłukłam się przez wiele godzin na południe Polski autobusem, z przesiadkami. Zima nie odpuszczała, mróz szczypał w uszy i nos. Na obozie bardzo mi się spodobało. Dobre warunki, jedzenie w porządku, fajne treningi. Przez kilka miesięcy zaliczyłam trzy albo cztery takie zgrupowania. Na Londyn 2012, gdzie boks kobiet debiutował w igrzyskach, było już dla mnie za późno. Prym w olimpijskich kategoriach do 51 i 60 kilogramów wiodły medalistki mistrzostw świata Karolina Michalczuk i Karolina Graczyk. Sparowałam z nimi. Lżejsza Michalczuk biła mocno, Graczyk jeszcze mocniej, do tego walczyła z odwrotnej pozycji mańkuta, co utrudniało mi zadanie. W ringu od myślenia mogła mnie rozboleć głowa. Tak musiałam kombinować, aby je przechytrzyć. Jakbyśmy grały w szachy.

Wiedziałam, że stoję na straconej pozycji. Nie protestowałam, nie rozpychałam się łokciami. Dziewczyny przez parę lat zasłużyły się trenerom, ja urwałam się z choinki. Znałam jednak swoją wartość. Podczas jednego z treningów skończyłam bieg pierwsza. Michalczuk musiała udowodnić, że to ona jest liderką i następnym razem nie pozwoliła się wyprzedzić. Spoko. „To są reprezentantki Polski? Przyjeżdżam na obóz ot tak, a jestem lepsza niż większość z nich?" – myślałam. Wszyscy widzieli, że pod względem motorycznym przewyższam kadrowiczki. Wystarczyło popatrzeć, jak grałyśmy w kosza lub piłkę ręczną. Dawało się odczuć, że niektóre pięściarki zaczynają traktować mnie jak rywalkę, ale bez przesady. Nie doświadczyłam większych nieprzyjemności.

Stoczyłam kilka walk, lecz nie brano pod uwagę, że mogę wystąpić choćby w czerwcowych mistrzostwach Unii Europejskiej. W „moich" wagach, od 51 do 60 kilogramów, medale zdobyły Michalczuk, Drabik, Kruk i Graczyk. Trochę plułam sobie w brodę, że nie wzięłam się za boks wcześniej. W końcu zmęczyły mnie telefony trenera Piotrowskiego. Dzwonił trzy razy w tygodniu, za każdym razem z innym poleceniem.

„Słuchaj, zrzucaj wagę. Schodzisz do wagi muszej, będziesz walczyć z Michalczuk". „Zmieniam zdanie. Spróbujesz nakopać Graczyk w lekkiej". „Inaczej. Będzie rewanż z Kruk w piórkowej". I tak na zmianę. Więcej polityki i kombinowania, mniej sportu. Powiedziałam stop. Do igrzysk zakwalifikowała się tylko Michalczuk. W Londynie nie ustępowała przeciwniczce, ale odpadła w pierwszej walce.

W 2013 roku selekcjonerem został Paweł Pasiak, młody i pracowity trener, o którym mam dobre zdanie. Rozmawialiśmy o igrzyskach w Rio de Janeiro.

– Jeszcze jest szansa. Przyjedź na mistrzostwa Polski. Jeśli wygrasz, biorę cię do kadry – mówił.

Pokonałam już kilka rywalek w zawodowym MMA, ale do momentu podpisania kontraktu z UFC w połowie 2014 roku moja kariera wcale nie wyglądała różowo. Szczególnie pod względem finansowym, bo walczyłam bardzo rzadko. Wahałam się. Igrzyska kusiły, lecz został do nich jeszcze szmat czasu.

– Asia, zaufaj MMA. Wytrzymaj jeszcze trochę, będzie dobrze – przekonywał Paweł Derlacz z Arrachionu. Miał rację.

Być może ktoś, kto czyta ten rozdział, tylko się uśmiecha: „Ech, głupia. Myśli, że poleciałaby do Rio". Jednak ja wiem, że gdybym wybrała boks, zrobiłabym wszystko, aby wywalczyć kwalifikację olimpijską i zdobyć w Brazylii medal. Musiałabym startować w wadze do 51 kilogramów i utrzymać ją w trakcie turnieju. To brzmi mało realnie, skoro w UFC z dużym wysiłkiem schodzę do limitu 52 kilogramów. Jednak dla mnie nie ma rzeczy niemożliwych. Jeszcze raz udowodniłabym, że zamiast narzekać, umiem zacisnąć zęby i osiągnąć cel.

Drugą opcją w boksie było zawodowstwo. Przyjechałam do Warszawy. Wtedy podróżowałam popularnymi w Olsztynie

Radexami, autobusami średniej klasy. Pod Szpitalem Bielańskim odebrał mnie Andrzej Wasilewski, największy polski promotor boksu zawodowego, jeden z bardziej znaczących w Europie. Podjechał toyotą land cruiserem. „O, cholera. Hajs się zgadza" – pomyślałam. Land cruiser to było moje wymarzone auto.

Wasilewski opowiadał o Arturze Szpilce, który dopiero co wyszedł z więzienia cięższy o wiele kilogramów i robiło się o nim bardzo głośno.

– Wprowadził się do mieszkania niedaleko naszego gymu, na Bielanach. Wynajmuję mu je za tysiąc pięćset złotych. Mogłabyś zamieszkać ze Szpilą i jego dziewczyną – mówił promotor.

Dojechaliśmy do sali treningowej. Przywitałam się z trenerem Fiodorem Łapinem. Słyszałam o nim sporo dobrego, wszyscy go szanują. Trening skończył akurat mistrz świata Krzysztof Włodarczyk, byli tam chyba jeszcze Izu Ugonoh i Paweł Kołodziej. Przebrałam się. Weszłam na ring, zaczęłam tarczowanie z trenerem. Łapin od razu poznał, że mam stójkę z muay thai. Miał sporo uwag, lecz był zadowolony. Widział, że mam ikrę do boksu.

Wróciłam do domu, czekałam na ofertę. Zadzwonił Wasilewski. Zaproponował siedemset złotych za rundę. A na początku kariery w boksie zawodowym walczy się po cztery rundy. Miałam dostać trzysta złotych dopłaty do mieszkania i pięćdziesiąt złotych dziennej diety. Pięćdziesiąt złotych dla sportowca? Jakoś udałoby się za to wyżyć, ale... Umówmy się, to były słabe pieniądze.

– Asia, nie obrażaj się. To tylko wstępny kontrakt. Dopiero zobaczysz, jak to działa – namawiał Wasilewski. Coś mi się jednak nie zgadzało, przecież miałam podpisać długą umowę. Podziękowałam. Zresztą, akurat wtedy nie byłam gotowa, żeby znowu układać sobie życie w innym mieście.

Nie miałam też szczególnej ochoty wprowadzać się do Szpilki. Każdy ma jakiś styl, mnie też niesłusznie krytykowano za niektóre wypowiedzi, zwłaszcza przed rewanżem z Claudią Gadelhą w UFC. Jednak Szpilka dopiero co opuścił zakład karny, a publicznie zachowywał się i mówił tak, jakby ciągle siedział za kratami. Trochę się przeraziłam, że miałabym mieszkać z takim człowiekiem. Fajnie, że Artur wziął się poważnie za sport, doszedł do walki o mistrzostwo świata wagi ciężkiej, zaczął wyrażać się mądrzej. Ludzie chcą go oglądać i słuchać, bo jest naturalny i niczego nie udaje. Cenię ludzi, którzy mają cel i podążają w jego kierunku. Super, że Szpilka nie wrócił na złą drogę, a z ulicznika stał się prawdziwym sportowcem. Bardzo go za to szanuję.

Interesowała się mną także niemiecka grupa Universum Box-Promotion. W niej całą karierę przewalczył Dariusz Michalczewski, dziewięć lat jako mistrz świata federacji WBO w wadze półciężkiej. Orlando Gemerts miał tam kontakty, zapraszano mnie na testy do Hamburga. W Amsterdamie sparowałam z holenderską mistrzynią świata Esther Schouten i wiedziałam, że nie brakuje mi wiele do mistrzowskiego poziomu. Dobrze, że nie wybrałam się do Niemiec, bo Universum, dawniej europejski gigant, zaczęło chylić się ku upadkowi. Inna sprawa, że pięściarki zawodowe na całym świecie zostały zepchnięte na margines. Nie mają szans konkurować z mężczyznami, najwięksi amerykańscy promotorzy nie urządzają im walk wieczoru podczas prestiżowych gal. Laila Ali była tak naprawdę pierwszą i ostatnią wielką gwiazdą kobiecego boksu. Nikt nie docenia wojowniczek tak, jak od paru lat robi to UFC.

Nie zostałam pięściarką, co nie przeszkodziło mi spotkać najbardziej znanego z żyjących bokserów. Było to 11 lipca 2015 roku w Las Vegas, podczas gali w MGM Grand. Prezydent UFC Dana White zaczepił Mike'a Tysona i przedstawił nas sobie. Zamieniliśmy parę zdań, zrobiliśmy wspólne zdjęcie. Oglądałam walki, siedząc tuż za Mikiem. Najmłodszy mistrz w dziejach wagi ciężkiej nie przypominał dawnej bestii. Podczas obserwowania pojedynków szalał. Facet ważący tyle kilogramów, który prawie urywał głowy przeciwnikom, ekscytował się, jakby był chłopcem. Przeżywał każde kopnięcie, każdy mocniejszy cios! Przeczytałam jego autobiografię. Opowiedział o swoim upadku. Napisał o tym, jaką walkę toczył i przypuszczalnie nadal toczy, aby się podnieść. Nie zachwycały mnie opowieści o imprezach i nałogach, seksie i ćpaniu, ale o tym, jak można stawiać czoło słabościom. Trzymaj się dzielnie, Mike!

Rozdział 16

SILNIEJSZA OD BÓLU

W 2010 roku moje zarobki za walki zawodowe ustabilizowały się na poziomie tysiąca pięciuset – dwóch tysięcy euro. Żadna rewelacja, jak na mistrzynię świata i Europy, która w pojedynkę musi zadbać o sprzęt, odżywki i samą siebie. Perspektywa podjęcia zwyczajnej pracy zaczęła się niepokojąco przybliżać.

Zastanawiało mnie czasami, skąd się biorą te wyobrażenia o mitycznej kasie, jaką zarabiają znani sportowcy. Może w innych dyscyplinach. Ja musiałam nieźle główkować, żeby wystarczało mi na wszystkie potrzebne rzeczy. I nie jestem tu wyjątkiem. Chcąc nie chcąc, zawsze szukałam alternatywy dla sportu. Przez chwilę pracowałam w agencji reklamowej mojej przyjaciółki Ani, lecz nie mogłam usiedzieć w miejscu. Robota za biurkiem nie jest dla mnie, nawet jeśli trzeba działać kreatywnie. Nie przestawałam pomagać rodzicom. Myślałam nawet o przejęciu sklepu i wypłacaniu mamie i tacie działki od dochodów, żeby po latach mogli nareszcie odpocząć.

Podczas praktyk na studiach wychowania fizycznego nauczyciele chętnie ze mną współpracowali. Cieszyłaby mnie praca z dzieciakami w szkole, dlatego na pierwszym roku magisterki zaczęłam drugi kierunek – gimnastykę korekcyjno-kompensacyjną. Dla chcącego nic trudnego. Temat mojej pracy magisterskiej brzmiał: „Historia klubu MMA Arrachion i sztuk walki w Olsztynie, z uwzględnieniem kobiet". Wszystko pozaliczałam. Robiłam kursy instruktorskie, na przykład spinningu, czyli ćwiczeń na rowerze stacjonarnym w rytm muzyki; kettlebell, a więc treningu z odważnikami z uchwytem, wyglądem przypominającymi czajnik. Poznałam tajniki nordic walking. Zdobyłam uprawnienia do prowadzenia treningów personalnych, na czym dziś ludzie naprawdę dobrze zarabiają. Założyłam jednoosobową firmę, wystąpiłam o dotację z Unii Europejskiej i kupiłam trochę sprzętu sportowego. Dziwi mnie tylko, że znajomi narzekają na brak pracy w naszym mieście.

Jeszcze wcześniej prawie zatrudniono mnie w dużej firmie sprzedającej kserokopiarki. Przeszłam dwa etapy rekrutacji, w tym dziwny psychotest. Maglowali mnie półtorej godziny, jakbym miała zostać funkcjonariuszem FBI, a chodziło o pracę przedstawiciela handlowego. Długo żyłam w przeświadczeniu, że z mojej przygody ze sportem, mimo coraz cięższego worka z medalami, nie wyjdzie nic dobrego. Znalazłam się na rozdrożu.

– Chcemy panią zatrudnić – prawie postawiono mnie przed faktem dokonanym. Przestraszyłam się. „Boże, daj mi jeszcze jedną szansę". Pojechałam na zawody, wygrałam je. Dostałam ofertę kolejnej walki. Uff…

W pierwszych miesiącach 2011 roku postawiłam na boks. Zbliżały się wrześniowe mistrzostwa świata muay thai w Taszkiencie. Myślałam, że nie dam rady tam się wybrać. To był chyba ostatni rok, w którym związek nie sponsorował reprezentantom Polski przelotów. W jednym z poprzednich rozdziałów wspominałam, że prowadziłam zajęcia w klubie „17", do którego sprowadziła mnie Aga Oleksik. Właśnie tam uczyłam boksu Krzysia Gradzewicza, poznałam jego narzeczoną Kasię. Zaprzyjaźniliśmy się. To oni urządzili zbiórkę pieniędzy na podróż do Uzbekistanu. Wsparcia udzielili mi także Krzysztof Perła, Grześ, Smoku i Robert.

– Nie możemy uwierzyć, że masz taki talent, a nie trenujesz. Nie poddawaj się. Musisz lecieć, pomożemy ci – usłyszałam.

Poleciałam na swoje piąte mistrzostwa świata. Taszkient w roli organizatora dużej imprezy sprawdził się dobrze, niczego nam nie brakowało. Zdobyłam swój drugi złoty medal. Wygrałam trzy walki, kolejno z Ukrainką Dianą Jakowlewą, Białorusinką Katią Wanderiewą i Szwedką Marią Olsson. Tę drugą już znacie. Feralny pojedynek w Mińsku, w którym zostałam oszukana, odbył się dwa miesiące później. Trzy tygodnie wcześniej, 5 listopada w Szczecinie, po całkiem widowiskowej potyczce zawodowej pokonałam na punkty Martę Chojnoską. Byłam już zawodniczką Arrachionu. Z Pawłem Derlaczem, trenerem od stójki, ćwiczyłam jeszcze w czasach reprezentowania teamu Ernesto. W wakacje przychodziłam do niego na zajęcia, by nie zardzewieć w Olsztynie. Zaczęła się rodzić myśl o startach w MMA. Ta dyscyplina sportu w Polsce zaczęła rosnąć w siłę wręcz w ekspresowym tempie.

Pawła oraz Szymona Bońkowskiego, który w Arrachionie uczy technik parterowych i rzutów, pamiętam jeszcze z czasów, gdy stali na bramce w klubie studenckim. Kumplowali się od liceum. Szymon uprawiał judo, Paweł zaczynał od kung-fu i sanda. Wpadli na pomysł, że stworzą w Olsztynie klub MMA z prawdziwego zdarzenia. Zajęcia najczęściej odbywają się w sali przy ulicy Gietkowskiej. Znajduje się ona na terenie dawnych koszar. Nawet dziś można zobaczyć tam kółka, do których wojskowi przyczepiali konie. Warunki są surowe, lecz z każdym rokiem lepsze. Latem w sali panuje upał, zimą jest chłodno. Można poczuć się jak Rocky Balboa wykuwający formę pomimo braku wygód, nie jak Apollo Creed, któremu pod nos podstawiają nawet ptasie mleczko. Często ćwiczyłam także w sali zapaśniczej przy Grunwaldzkiej. Stoi tam oktagon, w którym sparowałam z chłopakami, przeważnie nastolatkami. Rywalizację w MMA zaczęłam na początku 2012 roku, kontynuując karierę w muay thai i kickboxingu. Miało się jeszcze dużo wydarzyć.

W kwietniu 2012 roku, po czterech latach, powtórzyłam sukces ze Zgorzelca i drugi raz zostałam mistrzynią Europy w muay thai. W Antalyi najefektowniej zwyciężyłam w pierwszej walce ze Szwedką Emmą Thyni. W drugiej rundzie pojedynek zakończyłam łokciem, który trafił prosto w nos rywalki. Potem nie dała mi rady Turczynka Nazan Arican, a w finale Jakowlewa, pamiętająca siłę moich ciosów z Taszkientu. Miała do mnie pecha, bo wyeliminowałam ją także z mistrzostw świata w Sankt Petersburgu. Tam, we wrześniu 2012 roku, sięgnęłam po swoje trzecie złoto tej imprezy. Los Diany podzieliły Nowozelandka Janna Vaughan, Szwedka Thyni (w Rosji udało jej się dotrwać do końca walki) i Francuzka Katia Semail. Z tą ostatnią zawodniczką rywalizowałam też w lipcu 2013 roku, w finale mistrzostw Europy w Lizbonie. Wygrałam, tak jak wcześniej z Turczynką Elif Guney i Rosjanką Julią Berezikową.

Dość tej wyliczanki. Jestem trzykrotną mistrzynią świata (2009, 2011, 2012) i trzykrotną mistrzynią Europy (2008, 2012, 2013) w amatorskim muay thai. A na zawodowstwie miałam do wygrania jeszcze kilka ważnych walk.

W listopadzie 2012 roku, po trzech latach przerwy, trzeci raz w życiu poleciałam do Japonii. Cieszyłam się podwójnie, bo galę organizował mój mentor Ernesto Hoost. W Nagoi czekała na mnie Ayano Oishi. Niebrzydka dziewczyna, ostra w ringu. Dała mi popalić. Atakowała dość chaotycznie, parła do przodu z ciosami. Stopowałam ją kopnięciami frontalnymi, które stały się moją ulubioną bronią. Furorę wśród kibiców zrobił szczególnie mój front kick lewą nogą prosto w głowę Ayano. Do dziś przesyłają sobie w internecie linki z tą akcją. Strasznie skopałam Oishi już w pierwszej rundzie, tracąc sporo sił. Usiadłam w narożniku i trochę poskarżyłam się Pawłowi na zmęczenie. Później walczyłam mądrze, ale i widowiskowo. Po trzech rundach sędziowie zarządzili dogrywkę. Nie wypuściłam zwycięstwa z rąk.

Japończykom tak się spodobałam, że już cztery miesiące później walczyłam w Tokio. Los się na mnie uwziął i gdybym była kobietą słabej wiary, dałabym sobie spokój. Ale po kolei. Paweł i Szymon mieli do mnie pretensje, że nie regeneruję się po treningach. Ich zdaniem nie powinnam pracować, co rzekomo nie przystoi zawodnikom poważnego klubu. Ale ja musiałam jakoś zarabiać, skoro na walkach się nie dało. Koledzy z sali treningowej wieczorami stawali na bramce w klubie i kilka stów wpadało im do portfela. Zaczęłam prowadzić zajęcia pięć razy w tygodniu. Byłam instruktorem kickboxingu. Szymon i Paweł wzięli mnie na rozmowę. Zakazali mi pracować. Joanna Jędrzejczyk robi jednak to, co sama uważa za słuszne.

Przypomniało mi się ćwiczenie, którego Ernesto nauczył mnie w Holandii. Stanęłam obok worka treningowego, objęłam go jedną ręką, dyktowałam zawodnikom tempo i klepałam w górną, środkową lub dolną część worka. Uczeń miał za zadanie kopnąć tam, gdzie chwilę wcześniej znajdowała się moja dłoń. Proste. Klepnęłam z prawej strony. Koleś popełnił błąd. Kopnął mnie w lewą dłoń, którą trzymałam worek. Wygięłam się z bólu. Pierwsza myśl – chłopaki mnie zabiją. Druga – do walki o zawodowe mistrzostwo świata World Budokai Federation z Japonką Azumą zostało tylko dziesięć dni. Sama nie wiedziałam, co gorsze.

Złapałam się za dłoń. Nie zdziwiłabym się, gdyby ból za chwilę ją rozsadził. Jakby ktoś podgrzał ją o kilkadziesiąt stopni i jednocześnie pogryzły ją pszczoły, bo momentalnie spuchła.

– Oby nie była złamana – zaklinałam los, pędząc do łazienki.

Odkręciłam kurek z zimną wodą. Wybiłam trzy palce lewej dłoni: wskazujący, serdeczny i mały. Stawy były w opłakanym stanie. Załamałam się, ale dokończyłam trening.

– I tak nie odwołam tej walki – zawzięłam się.

W nocy nie mogłam spać, więc rano nawet przez chwilę nie łudziłam się, że to wszystko zły sen. Musiałam powiedzieć trenerom. Bałam się, że Paweł i Szymon wyrzucą mnie z klubu. Był początek lutego. Chwycił mróz, porobiły się ślizgawki po roztopach. Wymyśliłam ściemę, że wyrżnęłam na chodniku, a próbując się ratować, uderzyłam łapą o ścianę.

– Fatalnie. Jadę do szpitala, Paweł – zakomunikowałam. Brzmiałam przekonująco.

Na pogotowiu bankowo spędziłabym parę godzin. Pojechałam do znajomego ortopedy, ale i tak kolejka była ogromna. Ludzie targowali się o miejsce jak na bazarze. Siedziałam tam ze łzami w oczach, zdruzgotana. A wchodźcie sobie pierwsi, jest mi już wszystko jedno. Z bólu zgrzytałam zębami. Najbardziej bałam się o walkę. Występowałam przecież tak rzadko. A to moja kochana Japonia, pojedynek o mistrzostwo świata. Lekarz zrobił mi szybkie prześwietlenie.

– Usztywniamy rękę w szynie na dwa tygodnie. Zero zginania palców – to nie brzmiało najlepiej.

– Ale panie doktorze, ja mam za chwilę walczyć – protestowałam.

Ortopeda nie zamierzał się ze mną kłócić.

– Jak pani chce.

„Już ja wam wszystkim pokażę. Polecę tam i wygram tę walkę nawet jedną ręką" – postanowiłam, nadal cholernie rozżalona. Kupiłam sobie klipsy (lub też jak kto woli żabki), czyli takie metalowe usztywniacze na palce. Nosiłam je przez cały czas, zdejmując tylko na trening. Gdy palce były wyprostowane, stawy trochę się regenerowały.

– To jak, odwołujemy walkę? – zapytał Paweł.

– W żadnym wypadku – uśmiechnęłam się najszerzej, jak mogłam. Udawałam, że jest super, choć bolało jak diabli. Powiedziałam Pawłowi, że na razie nie chcę uderzać lewą ręką. Palców nie dało się zacisnąć w pięść. Zginałam je na siłę – tyle, ile się dało, a potem owijałam taśmą.

Zbliżały się Walentynki. Koniecznie chciałam zrobić prezent Przemkowi, bo właśnie mijały trzy lata, od kiedy zaczęliśmy być razem. Do walki, zaplanowanej na 17 lutego, został tydzień. Zapłaciłam za weekendowy pobyt w hotelu w Sopocie.

Popluskaliśmy się w aquaparku, spotkaliśmy się ze znajomymi. Dla mnie to był fajny reset po przygodzie z dłonią. Wracaliśmy autem w poniedziałek rano. Było mroźno, padał deszcz ze śniegiem. Przez cały czas pilnowałam się, żeby nie jechać za szybko, bo trzeba było omijać paski lodu na jezdni.

– No, jeszcze pół godzinki i będziemy w domu. Napiję się kawy, coś przekąszę i jazda na trening – uśmiechałam się do Przemka.

Prowadziłam. Dłonie na kierownicy, w tym jeden palec w usztywniającej żabce. Wjechaliśmy pod wiadukt w Ostródzie. Ciach, zarzuciło tył samochodu. Obróciło nas o trzysta sześćdziesiąt stopni. Rąbnęliśmy w bandę, wpakowaliśmy się do rowu. Zdążyłam uchwycić moment, jak wypada radio, a tablet Przemka zbiera się do lotu. Cholera.

Moja wina? Pamiętam, że w ostatniej chwili spojrzałam jeszcze na licznik prędkości i nie jechałam szybciej niż pięćdziesiąt kilometrów na godzinę. Ani się obejrzałam, a już rozmawiałam z policjantem. Kilka kilometrów dalej, w Starych Jabłonkach, był wypadek. Zrobił się korek, w okolicy kręciły się radiowozy.

– Czy wzywała pani policję? – zapytał funkcjonariusz.

– Dlaczego, żeby dostać od panów mandat? – zapytałam otwarcie, chyba zbyt szczerze.

– Widzę, że opony są w bardzo dobrym stanie. Musiała pani jechać nieostrożnie i znacznie przekroczyć dozwoloną prędkość – policjant wyliczał moje rzekome przewinienia.

Wlepił mi trzy stówy. Gorzej, że auto Przemka nadawało się do kasacji. Tak sobie jednak myślę, że mieliśmy dużo szczęścia, bo gdyby z przeciwnej strony nadjeżdżała ciężarówka, których przecież na tej trasie nie brakuje, mogłaby nas zmiażdżyć. Przemek nie miał pretensji. Interesowało go tylko to, czy nic mi się nie stało. Zadzwoniłam po kolegę, wziął rozbitą furę na hol. Z Ostródy do domu zabrał nas szwagier Jarek. Na trening już nie pojechałam.

Wybite palce, wypadek samochodowy? Może to sygnał, żeby nie lecieć do Tokio? Przemek mówił, że powinnam to przemyśleć, ale ja jestem kowalem własnego losu. Poleciałam.

W szatni przed walką Paweł owinął mi dłonie bandażem. Nie było zmiłuj. W walce trzeba już było walić także lewą ręką. Bolało, ale w końcu to tylko pięć rund po trzy minuty. Na szczęście kości, którymi uderza się po zaciśnięciu pięści, były całe. Pęknięcia znajdowały się w śródręczu. „Trudno, ręka mi nie uschnie" – pomyślałam. Dziś, po dwóch złamaniach kości śródręcza prawej dłoni w ostatnich walkach wiem, że wtedy w Japonii bolało bardziej.

Kiedy trenujesz, modlisz się o to, aby nie stało się nic takiego, co uniemożliwiłoby ci walkę. Ludzie mają pretensje do zawodników, gdy ci usprawiedliwiają przegraną urazem. Zgoda, nie powinno być wymówek, ale taka jest przecież prawda. Podjęli ryzyko. Weszli na ring albo do klatki, choć mogli się poddać od razu na starcie. Dla nas najważniejsza jest idea walki i jej głód, chęć rywalizacji, sprawdzenia się w najtrudniejszej możliwej sytuacji. Nawet przed rewanżem z Claudią Gadelhą w 2016 roku patrzyłam na dłoń, widząc, że coś jest nie tak. Nie odpuściłam jednak ani jednej rundy sparingu. Gdy trenuję do walki, idę na całość. Nie ma oszczędzania się. To oczywiste, że nie można też przesadzić. Trzeba umieć znaleźć granicę pomiędzy odwagą a głupotą.

O swoje trzecie zawodowe mistrzostwo świata walczyłam w Differ Ariake Arena. Tam w 2009 roku pobiłam Satoko Sasaki, sięgając po tytuł J-Girls. Kozue „Azuma" Nagashima okazała się silną dziewczyną. Nieźle się broniła, ale w drugiej rundzie zaczęłam walczyć z kontry i trafiałam coraz dokładniej. Nie zabrakło moich ulubionych front kicków w głowę i tułów. Azuma upadła w trzeciej rundzie, chyba po prawym sierpowym. Podniosła się. Wygrałam jednogłośnie na punkty. Wręczono mi pas mistrzyni kickboxingu World Bukokai Federation w kategorii do 56 kilogramów.

No właśnie, pas. Japończycy są bardzo hojni, ale tym razem coś poszło nie tak. Cieszymy się w szatni, podchodzi do nas jakiś facet.

– Asia, zrób sobie szybko zdjęcie z pasem, bo musimy go zaraz oddać – powiedział Paweł.

– Ha, ha. Słaby żart jak na ciebie – uśmiechnęłam się.

– Przyszedł promotor i mówi, że pas miała dostać Japonka, byli tego pewni. Nie mają drugiego do wręczania na kolejne walki – tłumaczył Dziura, to pseudonim Pawła.

Ale zabawa. Ustawiłam się do zdjęcia z dużo mniej szerokim uśmiechem niż zazwyczaj. Ktoś powiedział, że wyślą mi pas do Polski. Czekam do dzisiaj. Bywa tak, że zawodowy sport zawodowy jest tylko z nazwy.

Uznam jednak, że w Tokio pech mnie opuścił. Mogłam spaść z ruchomej bieżni, a nie spadłam. Przed walką poszłam się poruszać do siłowni. Nie mogłam się połapać w przyciskach, miały japońskie podpisy. Chłopak z bieżni obok pomógł mi wyregulować tempo. Obracam głowę, żeby mu podziękować, a to... Masato! Japoński przystojniak, bohater całego kraju, doskonały kickbokser. Zatrybiłam późno, jak jakaś blondyna. Masato zachowywał się naturalnie. Nie dawał poznać, że jest gwiazdą, która wyskakuje Japończykom z lodówek, jak Robert Lewandowski Polakom w czasie Euro 2016.

Dużo śmiechu było też na kolacji z inną legendą K-1. Musashi ma duże usta. Wcinał bardzo grube parówki, dłuższe od naszych serdelków. Paweł, który lubi żartować, zaczął go naśladować. Nie mogłam się opanować. Mushasi zaciekawił mnie opowieścią o tym, jak w młodym wieku dał się wykorzystywać organizatorom pojedynków. Walczył bardzo często, przez co w najważniejszej fazie kariery zabrakło mu zdrowia. Nie poprowadzono go rozsądnie, został przeżuty przez machinę promotorską. Przykro zrobiło mi się także z powodu Hong-man Choia. Tak, to ten olbrzym, mierzący dwieście osiemnaście centymetrów. Sprawiał wrażenie smutnego, może trochę zakompleksionego człowieka. Walczył naprawdę nieźle, ale był marionetką w rękach menedżerów. Ludzie nie dawali mu spokoju, cały czas prosili o zdjęcie. Sądzę, że nikogo nie interesował człowiek, lecz jego rozmiary.

Polubiłam sushi, po nocach śni mi się guidon, czyli miska ryżu z wołowiną, serem i warzywami. Absolutnie przepyszne danie. Zamawialiśmy je z Pawłem codziennie, w restauracji niedaleko Differ Ariake. Nauczyłam się jeść pałeczkami, ale żeby dorównać tym spryciarzom z Japonii, potrzebowałabym kilku tygodni ćwiczeń. Opędzlowanie michy zajmuje im pięć minut, łącznie z oczekiwaniem na posiłek i zapłaceniem rachunku. Wołają „arigato!" i mogą wracać do pracy. Co za robotny naród. Mróweczki.

To był mój ostatni pobyt w Japonii. Chciałabym tam wrócić, może uda się na jedną z walk w obronie tytułu UFC?

We wrześniu 2013 roku drugi rok z rzędu wygrałam z Niemką Lisą Schewe, ponownie w Leverkusen. Niedługo potem pakowałam się do Bangkoku. Który to już raz? Pokochałam Tajlandię, lecz te ostatnie wspomnienia nie są miłe.

W stolicy kraju organizowano turniej o nazwie World Muay Thai Angels. Zaproszono szesnaście dziewczyn ze świata, do wygrania było milion bacht, czyli jakieś sto tysięcy złotych, a także nowiutka toyota. Jak na kobiety to wręcz zawrotna suma. W tym okresie z jednej walki wyciągałam najwyżej dziesięć tysięcy złotych, to było maksimum. Odbiję sobie po latach? A dlaczego nie, przecież jestem najlepsza! Nie wahałam się, warto było się skusić.

Imprezę rozkręcano z rozmachem, dobrą oprawą i promocją. Robiono nam fajne sesje zdjęciowe, do których starannie nas przygotowano. Mogłyśmy się poczuć prawie jak najlepsze tenisistki świata. Z tą różnicą, że nie pozowałyśmy w sukniach wieczorowych, za to w ładnym makijażu i ubrane dość skąpo, na sportowo. W październiku wygrałam pierwszą walkę z Sandrą Mandret z Luksemburga i awansowałam do ćwierćfinału. Od razu stałam się faworytką zawodów. Jeden z działaczy zaczął mnie nawet namawiać, żebym odsprzedała mu toyotę, której i tak nie miałabym jak sprowadzić do Polski.

W listopadzie wróciłam do Bangkoku na walkę ćwierćfinałową z Duannapą Mor Rattaną Bundit. Tak, właśnie z tego powodu nie mogę wspominać turnieju dobrze. Może nie zgniotłam Tajki, za to solidnie ją skopałam. Wygrałam tę walkę, wszyscy to wiedzieli. Sprawiedliwe potraktowanie Polki miejscowym jednak się nie opłacało. Lepiej było przepchnąć do półfinału swoją dziewczynę. Szkoda gadać.

To mogło być wspaniałe ukoronowanie kariery w muay thai. Nie było mi jednak pisane. Jak zawsze wierzyłam, że nic nie dzieje się bez przyczyny. To prawda. Znów okazało się, że ktoś nade mną czuwał. W zawodowym MMA wygrałam już cztery pojedynki. Gdybym zwyciężyła w turnieju, pozostałabym związana kontraktem w Tajlandii na kolejny rok, a mieszane sztuki walki znów znalazłyby się na marginesie. Zarobiłabym jak nigdy, lecz i tak nieporównywalnie mniej z tym, co już niebawem miała mi do zaproponowania największa na świecie federacja organizująca walki. Ultimate Fighting Championship, czyli UFC. W elicie, lidze mistrzów i mistrzyń MMA, znalazłam się siedem miesięcy później, w czerwcu 2014 roku.

Dorobek w sporcie amatorskim? 46 walk – 43 zwycięstwa, trzy porażki, choć tak naprawdę jedna. Trzy złote medale mistrzostw świata, trzy złote medale mistrzostw Europy. Zawodowe muay thai i kickboxing? 34 pojedynki – 29 wygranych, jeden remis i cztery porażki, lecz w moim odczuciu 34 zwycięstwa. Trzy pasy zawodowej mistrzyni świata, dwa tytuły mistrzyni Europy, 80 walk stoczonych w czternastu krajach przez dziewięć lat. Nieźle.

Rozdział 17

MUSIAŁAM BYĆ NAJLEPSZA

Mamed Chalidow dzięki KSW został gwiazdą polskiego sportu. Ja zostałabym jednak odebrana jako kaczka dziwaczka. Szybko zdobyłabym pas i co dalej? Kto miałby mnie poważnie sprawdzić? Od początku wiedziałam, że decydując się na MMA, zaczynam wspinaczkę na sam szczyt. Nie mogłam zatrzymać się w połowie drogi.

Byłam gotowa na zderzenie z rzeczywistością. Potrafiłam ciężko pracować. Mogłam zostać trenerem osobistym, w gorszym wariancie sprzedawać drukarki. Podawałabym nawet frytki w McDonald's, gdyby było trzeba. Chciałam zacząć żyć. Chciałam, żeby było mnie stać na mieszkanie, samochód, wakacje. Mieszane sztuki walki były moją ostatnią szansą na pozostanie w sporcie.

Stopień trudności wzrósł dwukrotnie. Stójkę od dawna miałam opanowaną perfekcyjnie, choć trzeba ją było trochę zmodyfikować. W zapasach i parterze startowałam od zera. Czasu na naukę techniki wcale nie było tak dużo. Na szczęście jestem stworzona do uprawiania sportu, o czym świadczy moja motoryka. Boniek, czyli Szymon Bońkowski, stanął przed trudnym zadaniem, ale na pewno spotyka uczniów o wiele bardziej odpornych na wiedzę.

Wkurzałam się. Jestem niecierpliwa. Przyzwyczaiłam się, że na treningu wszystko mi wychodzi, a tutaj lipa. Trenowałam parter z chłopakami. Zakładali dźwignie na ramię lub nogę, musiałam klepać na znak poddania się. Niektórzy w widoczny sposób się z tego cieszyli, co doprowadzało mnie do szewskiej pasji. W stójce jeden z drugim dostałby ode mnie w cymbał.

Przeklinam, jest jak jest. To wyrażanie emocji. Czasem staram się to kontrolować, innym razem nie mam ochoty ukrywać zdenerwowania. Nie uważam, że w ten sposób grzeszę. Trenuję z mocnymi zawodnikami. Nawet dziś zdarza się, że odklepuję. Chłopcy są zwyczajnie silniejsi i tyle.

„Kurwa, przecież ja nigdy się tego nie nauczę" – złościłam się w sali treningowej. Ale przecież jestem Joanną Jędrzejczyk, która nigdy się nie poddaje. Tłumiłam gniew, przychodziłam na kolejny trening. Poprawiałam się, z dnia na dzień było lepiej. Naukę przerywały walki w muay thai i kickboxingu. Tak jednak dłużej nie mogło być. Traciłam na nie za dużo czasu. Zresztą, pozbyłam się złudzeń, że któregoś dnia zacznę godnie zarabiać na sportowym mistrzostwie w moich ulubionych dyscyplinach.

Nie było żadnej drogi na skróty. Nikt nie miał wątpliwości, że pięści, łokcie i nogi pozostaną moją najgroźniejszą bronią, lecz jeśli nie nauczę się bronić przed atakami zapaśniczek, judoczek albo zawodniczek brazylijskiego jiu-jitsu, które zostały zmuszone do postawienia na MMA (tak jak ja – z powodów finansowych), to wszystko na nic. Nigdy nie grałam nieczysto. To proste, że mogłabym na przykład wyprowadzać kopnięcia frontalne w kolano rywalki. Można wykluczyć przeciwniczkę z gry na bardzo długo, a to jest cholernie nie fair. Zerwiesz dziewczynie więzadła, nie będzie mogła walczyć przez wiele miesięcy. I na czym zarobi? Przecież taki front kick jest jak strzał z pistoletu. Co gorsza, niektórzy nic sobie z tego nie robią i kopią nawet sparingpartnerów. Nie jestem fanką jakichkolwiek fauli. Wolę wyprowadzać front kicki w głowę i łamać nosy. Śmieję się. Momentami marzyło mi się jednak takie zakończenie rewanżu z Claudią Gadelhą, gdy któryś raz z rzędu poskarżyła się, jak było jej ze mną niedobrze na planie programu telewizyjnego. Ciekawe jest to, że tę świetną w parterze Brazylijkę prawie udusiłam. W walce, nie w programie telewizyjnym. O tym później.

Co tu kryć, z moim grapplingiem było tak sobie. Paradoksalnie pierwszą poważną walkę wygrałam przez duszenie zza pleców. W marcu 2012 roku pojechałam do Sochaczewa na zawody Amatorskiej Ligi MMA, w skrócie ALMMA. Wygrałam na punkty z Pauliną Suską, w finale czekała na mnie Karolina Kowalkiewicz. Po dwóch rundach zarządzono dogrywkę. Karolina zrobiła dosiad, ale obróciłam ją i założyłam duszenie. Koniec. Przed naszym pojedynkiem o mistrzostwo świata, do którego doszło 12 listopada 2016 roku w Nowym Jorku podczas gali UFC 205, każdy chciał zobaczyć tę walkę w internecie. Nagranie jednak gdzieś przepadło.

W zawodowym MMA zadebiutowałam 19 maja 2012 roku w Kołobrzegu. Wygrałam z Sylwią Juśkiewicz, a w grudniu w Nowej Soli pokonałam Białorusinkę Liliję Kazak (znowu duszenie!). W maju 2013 roku w Olsztynie przystępowałam z pozycji underdoga do starcia z Brytyjką Katie Jackson, lecz i jej dałam radę. Szymon i Paweł nie chcieli mnie puścić do

Moskwy, gdzie w czerwcu miała mnie podjąć Julia Berezikowa. Ich zdaniem jeszcze za mało umiałam. Fakt, Julię nazywano kobiecą twarzą rosyjskiego MMA, kiedyś reprezentowała ten sam klub, co Fiodor Jemieljanienko. Szykowała się do debiutu w amerykańskiej organizacji Bellator. Zresztą, nie tylko moi trenerzy uznali, że zwariowałam i w czwartej walce porywam się z motyką na słońce. Postawiłam jednak na swoim.

Berezikowa liczyła na to, że jeśli przeniesie walkę do parteru, to założy dźwignię na nogę lub ramię albo doprowadzi do duszenia i łatwo wygra przez poddanie. Nic z tego. W stójce biłam i kopałam celniej. Po gongu kończącym drugą rundę zrobiłam kółeczko przy ściance okrągłej klatki. Wiedziałam, że zwyciężyłam. Fajnie, że tym razem nikt nie planował mnie oszukać. Każdy sędzia uznał, że wygrałam obie rundy.

Na Berezikową czekał czek na sto tysięcy rubli. Mnie wręczono... kwiaty. Zarobiłam bodaj tysiąc pięćset euro. Najważniejsze, że wszystkim wątpiącym we mnie opadły szczęki. Z Julią spotkałam się jeszcze miesiąc później na mistrzostwach Europy w Lizbonie. Walka była w muay thai, więc moja wygrana i późniejsze złoto nie stanowiły żadnego zaskoczenia.

Dwa tygodnie przed moim pojedynkiem w Rosji Karolina Kowalkiewicz zdobyła pas KSW. To największa firma organizująca walki MMA w Polsce. Mogłam dla niej walczyć. Rozmowy w tej sprawie prowadzili Paweł i Szymon, którzy wówczas byli także moimi menedżerami. Znowu uznali, że mam trochę za gorącą głowę.

– Asia, poucz się jeszcze – mówili. Nie rozumieli tego, jak bardzo pragnę rywalizować, sprawdzać się. Nie wiedzieli, ile serca poświęciłam sportowi.

– Mogę walczyć nawet co miesiąc. Działajcie – namawiałam.

Przez dwa lata od debiutu stoczyłam jednak tylko sześć pojedynków w MMA. Mało. Wkurzało mnie gadanie o walce z Kowalkiewicz.

– Dobra, idę do KSW. Jeśli chcą wiedzieć, kto jest najlepszy w Polsce, podpisujmy kontrakt. Utrę nosa Karolinie, będzie po sprawie – mówiłam. Paweł i Szymon wahali się.

W KSW, lecz jeszcze nie za pojedynek z Kowalkiewicz, miałam zarobić osiem tysięcy złotych plus dwa tysiące za zwycięstwo. To nie była taka słaba kasa, ale przecież walczyłabym najwyżej dwa razy w roku. Być może drugie tyle wzięłabym od sponsorów, lecz to nadal nie byłby korzystny układ. Najgorszy miał być zapis w umowie, który nie pozwoliłby mi się uwolnić i odejść do UFC. Już wtedy chodziły bowiem słuchy, że wprowadzona zostanie tam kategoria wagowa z limitem 52 kilogramów. W KSW musiałabym się kisić cholernie długo, może nawet do dziś. Zgoda, pokazywano by mnie w otwartym Polsacie paru milionom widzów, zdobyłabym rozpoznawalność w kraju. Wygrałabym z Kowalkiewicz, przejęłabym pas i co dalej? Zostałabym kaczką dziwaczką. KSW nie jest w stanie zadbać o wysoki poziom sportowy walk kobiet. Wyjątkiem był pojedynek Kowalkiewicz z Kalindrą Farią. Brazylijka postawiła się Karolinie, a potem nie mogła uwierzyć w werdykt. Moim zdaniem Faria była lepsza, jednak przegrała.

W jednym z wywiadów powiedziałam, że wybrałam UFC, bo nie zamierzałam obijać kelnerów. Nie chodziło mi o to, że polscy i europejscy zawodnicy są do niczego, że do niczego jest KSW. Doceniam to, co zrobili szefowie projektu Martin Lewandowski i Maciej Kawulski. Ich działania przyczyniły się do tego, że dzisiaj wielu Polaków rozumie mój sukces. Nie wyobrażałam sobie jednak udziału w pojedynku, którego wynik byłby z góry przesądzony ze względu na niski poziom rywalki. Takiej przeciwniczki, która niskie umiejętności rekompensuje tym, że jest wyszczekana i dobrze „sprzedaje" walkę. Nie chciałam walczyć pod publiczkę, bronić tytułu mistrzyni KSW (a więc w zasadzie mistrzyni Polski), do tego najmniejszym kosztem. To mam na myśli, mówiąc o kaczce dziwaczce. Po prostu zawiesiłam sobie poprzeczkę bardzo wysoko. Chciałam być najlepsza na świecie, a najlepsi są tylko i wyłącznie w UFC. Prawdopodobieństwo porażki było większe, ale nie miało to dla mnie najmniejszego znaczenia.

Żałowałam tylko walki z Kowalkiewicz, bo zamknęłabym jadaczki wszystkim, którzy z nieznanego mi powodu mądrzyli się, że mogłabym z nią przegrać. Na przykład jej trenerowi Marcinowi Rogowskiemu. Zachowywał się wobec mnie jak gbur. Spotkałam go podczas gali w warszawskim Blue City w maju 2014 roku, gdzie pokonałam Karlę Benitez z Wenezueli. Grzecznie się przywitałam. Zareagował arogancko, strzelił focha jak baba. W 2015 roku, latem, przypadkiem wpadliśmy na siebie w Krynicy Morskiej. Raz na deptaku, drugi raz nad mierzeją. Nawet się nie odezwał, ale widziałam, jak patrzy z pogardliwą miną, jakby chciał przepowiedzieć moją porażkę. Cóż, gdy do naszej walki wreszcie doszło, obejrzał ją w telewizji, bo przestał być trenerem Karoliny.

Moim faworytem nie był także Paweł Kowalik, menedżer Kowalkiewicz, także już były. Spotkaliśmy się w niemieckim Herne, dwa tygodnie po moim pojedynku z Berezikową. Odbywała się tam finałowa walka programu telewizyjnego MMAster, do którego w charakterze prowadzącej zaangażowało mnie TVN Turbo. Polska ekipa zachowywała się miło, z wyjątkiem Kowalika. Zaczął mi smrodzić. O swojej

▼ Policjanci z Miami? Nie, tych przystojniaków spotkałam w San Jose, kilka dni przed moim debiutem w UFC.

▲ Wylot z Berlina po zwycięstwie nad Jessicą Penne i pierwszej obronie tytułu mistrzyni świata UFC. Obok mnie od lewej: Szymon Bońkowski i Paweł Derlacz, czyli moi ówcześni trenerzy z Arrachionu Olsztyn, oraz Tais Okamura i jej brat Tiago, do niedawna pełniący funkcję mojego menedżera.

► Z moim kuzynem i menedżerem Karolem Jędrzejczykiem, który w moim imieniu prowadzi rozmowy z mediami i sponsorami w Polsce.

▲ Oczkiem w głowie całej rodziny jest Adaś, syn mojej starszej siostry Ewy i jej męża Jarka. Adaś lubi przejażdżki z ciocią.

▼ Tuż przed pierwszą z moich dwóch operacji kości śródręcza, które przeszłam w Los Angeles. Po mojej minie tego nie widać, ale tamtego dnia najadłam się sporo strachu…

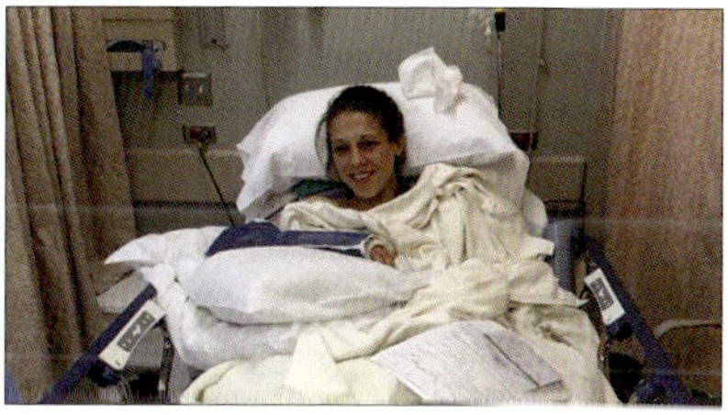

► W samolocie do Los Angeles rozpoznał mnie sam Jean-Claude Van Damme! Mówił, że parę dni wcześniej oglądał mnie w akcji w telewizji, gdy wygrywałam w Melbourne z Valerie Letourneau.

► Z narzeczonym Przemkiem. Jesteśmy szczęśliwą parą od 2010 roku.

▼ Viva Las Vegas! Podczas zdjęć do reality show The Ultimate Fighter miałam dużo czasu, żeby poznać to niezwykłe miasto.

▲ Kilka godzin po najważniejszym zwycięstwie w karierze – nad Claudią Gadelhą w MGM Grand w Las Vegas, gdzie po raz trzeci obroniłam tytuł UFC. Pozuję z pasem na dachu hotelu Rio w trakcie mojego after party.

◀ Nasi kochani rodzice z córkami przed domem w Nowej Kaletce koło Olsztyna.

◀ Mamed Chalidow – pionier polskiego MMA, przez kilka lat mój klubowy kolega z Arrachionu Olsztyn. Podziwiam go.

▼ 24 godziny po wygranej z Gadelhą spotykam Justina Timberlake'a podczas gali UFC 200 w T-Mobile Arenie.

▲ 18 sierpnia 2016 roku, moje 29. urodziny. Pomysłowość bliźniaczki Kasi, jej męża Krzysia (z lewej) i mojego Przemka nie przestaje mnie zaskakiwać.

► Październik 2016 roku. Moje pierwsze tygodnie w klubie American Top Team na Florydzie. Z trenerami Mikiem Brownem (z lewej) i Vitelmo „Katelem" Kubisem.

▲ W drodze z moją przyjaciółką Anią. Zawsze mogę na nią liczyć. Pomogła mi w wielu trudnych momentach mojej sportowej kariery.

▼ Słoneczne popołudnie nad Atlantykiem.

zawodniczce opowiadał z pasją. Tak się rozpędził, że zaczął mnie obrażać.

– Słuchaj, pajacem jesteś, nie menedżerem. Okazuj mi szacunek albo udawajmy, że się nie znamy – odpowiedziałam.

Sądzę, że zrozumiał, bo podobna dyskusja już się nie powtórzyła. Dzisiaj nasze relacje są poprawne. Widujemy się na imprezach MMA, rozmawiamy. Kiedy matchmaker UFC (człowiek, który zestawia ze sobą przeciwników i przeciwniczki) Sean Shelby pytał o Agnieszkę Niedźwiedź, nie miałam kłopotu z tym, żeby skontaktować go z Pawłem. Zmienił podejście wobec mnie i dobrze, że już nie zachowuje się jak gówniarz.

Szanuję Karolinę za ambicję. Walczyła o swoje. Minęły trzy lata, od kiedy zaczęto namawiać nas na drugą walkę, po tej amatorskiej z 2012 roku. Kowalkiewicz przeszła do UFC, pokonała trzy niezłe rywalki. Świetnie. Nie dziwiłam się, gdy mówiła, że jest w stanie mnie pokonać. Jednak im dłużej robiła sobie nadzieję na zwycięstwo, tym większe miało być jej rozczarowanie. Przed nowojorskim UFC 205 naprawdę jej nie zazdrościłam.

W KSW moim bohaterem jest Mamed Chalidow, starszy kolega z Arrachionu. Niedawno, gdy wrzuciłam do sieci nasze wspólne zdjęcie, zagraniczni kibice prosili, żebym zabrała go do UFC. Na to jest już jednak za późno. Wielka szkoda, bo od dawna mówiłam, że Mamed też mógłby zostać mistrzem świata. Nie mogę pogodzić się z falą hejtu, która wylała się na niego, nie po raz pierwszy zresztą. Najpierw kibice mieli mu za złe pozostanie w Polsce, rzekomy brak odwagi, o którym miało świadczyć odrzucenie oferty UFC. Nie waham się powiedzieć, że wtedy Mamedowi zaproponowano po prostu zbyt słabe warunki, jak na wybitnego zawodnika, który w Polsce dostaje znacznie wyższe wypłaty. To był jego wybór, ludziom nic do tego. Jestem szczęśliwa, gdy dostaję od takiej osoby jak Mamed wiadomość: „Asiu, zajebista walka. Jesteś naszą mistrzynią".

Drugi raz Chalidowa zmieszano z błotem po słabej walce z Azizem Karaoglu. Rozmawiałam z jego żoną Ewą. Mamed od ładnych paru lat nie miał wakacji z prawdziwego zdarzenia. On się do tego nie przyzna, ale przerywał przygotowania do walki, lądował na pogotowiu. Przed wcześniejszym pojedynkiem z Michałem Materlą przeszedł operację, po której wielu zawodników nie wróciłoby do sportu. Chodziło o kręgi szyjne. Poważna sprawa, groziła paraliżem. Taki wojownik jak Mamed nie wycofał się jednak z walki z Brettem Cooperem, a miał do tego pełne prawo. Starcie z Materlą było wielkim znakiem zapytania. Na treningach w Arrachionie widziałam, z jaką blokadą psychiczną się zmaga. W walce z Karaoglu wyglądał na wypalonego. Potrzebuje przerwy. Niech podejmie mądrą decyzję. I tak wiadomo, że jest fighterem nie z tej ziemi.

Bardzo polubiłam też Materlę. On i Mamed są zresztą kumplami. Na ich walkę czekałam w dużym napięciu. Po operacji dłoni mieszkałam w hotelu w Los Angeles. Wykupiłam internetowe pay-per-view, strasznie się denerwowałam. Napisałam chłopakom smsy, że kibicuję im obu. Bałam się sromotnej porażki któregoś z nich. Tak się niestety stało. Michał został znokautowany w trzydzieści jeden sekund.

Mamed jest mądrym człowiekiem. Stwierdził, że powinniśmy pomagać imigrantom z krajów muzułmańskich, w których toczy się wojna. Jest wyznawcą islamu. Poparł ideę przyjęcia ludzi, którzy nie mają dachu nad głową, uciekają z rodzinami przed piekłem. Co było złego w tych słowach? Nic, wynikały z uczuć wrażliwego człowieka. Ludzie wrzucili jednak Mameda do jednego wora z radykalnymi islamistami, jakby zapowiedział, że w Polsce ma zostać przyjęte prawo szariatu.

Nie możemy się oszukiwać, że z Syrii i Iraku przybywają wyłącznie ludzie dobrej woli. Nikt nie jest w stanie sprawdzić, czy do Europy przedostają się ludzie potrzebujący, imigranci ekonomiczni, czy bojówkarze Państwa Islamskiego. Facet ze zdjęcia przytulający dziecko wcale nie musi być jego zatroskanym ojcem. Nie wiemy, co jest propagandą, a co prawdą. Wrażliwość wrażliwością, pomoc pomocą, ale musimy chronić swoich bliskich i naszą przyszłość. Mamed też wie, że pomoc powinna być udzielana z głową. Jednak ludzie nie próbują się wsłuchać w jego wypowiedzi. Aby wydać osąd, wystarczy im zdanie wyrwane z kontekstu, nagłówek w serwisie internetowym.

Staram się interesować różnymi tematami, religią i sprawami społecznymi także. Nie wypowiadam się, jeśli w danej dziedzinie nie czuję się pewnie. Nie uważam się za najmądrzejszą, ani też za najgłupszą. Jestem głodna wiedzy i w miarę możliwości ją poszerzam. Nie wstydzę się swoich przekonań. Trzy lata temu, gdy zaczęło być głośno o ISIS, nie spałam kilka nocy. Zaczęłam się bardzo obawiać wojny. Jestem mocno wierzącą chrześcijanką. Byłam przerażona widokiem mordowanych wyznawców Jezusa, którym na terenach zajmowanych przez ISIS czyni się krzywdę, przybija do krzyża.

Zamachy dokonywane na zachodzie Europy przez terrorystów utożsamiających się z Państwem Islamskim stały się zatrważająco regularne. Niepokojące informacje docierają z Turcji. Co wydarzy się za kilka lat? Oczywiście ogromna większość muzułmanów to ludzie, którzy nie mają wrogich zamiarów. Jednak zamachy terrorystyczne pokazywane przez media nakręcają spiralę strachu. Sytuację na świecie trzeba obserwować trzeźwym okiem.

Czy Francja lub Niemcy się obronią? Nie wiem. Czy Polska będzie bezpieczna? Wierzę, że tak, ale boję się wybuchu ogromnego konfliktu. Kiedy skończyła się II wojna światowa? Siedemdziesiąt dwa lata temu, nie tak dawno. Pamiętają ją nasze babcie i dziadkowie. Modlę się, żeby przez nasz kraj i pogrążony w nieładzie kontynent kolejny raz nie przelała się fala cierpienia. Za moich najbliższych oraz wiarę byłabym gotowa oddać życie. Nie są to puste słowa. Mówię bardzo poważnie.

Abstrahując od terroryzmu, liczba muzułmanów mieszkających na zachodzie Europy stała się tak duża, że nie umiem przejść obok tego obojętnie. Statystyki mówią same za siebie. Każdy wie, że w muzułmańskiej rodzinie rodzi się kilkoro dzieci. W rodzinach niemieckich, francuskich czy belgijskich – najczęściej jedno. Z niepokojem patrzę, jak w liberalnych społeczeństwach Zachodu zanika europejska kultura i wartości, które miały swój początek w chrześcijaństwie.

Rozdział 18

JEDEN CIOS ZMIENIA WSZYSTKO

Warto było czekać. Wywiozłam zwycięstwo z Moskwy, wywiozłam także z Londynu. Na międzynarodowej arenie MMA pokazałam się z najlepszej strony. Na fali ogromnego sukcesu Rondy Rousey UFC wprowadziło drugą kategorię wagową kobiet. Nie mogło mnie w niej zabraknąć.

Są zawodnicy, którzy trenując do walki, wybierają wygodnych dla siebie sparingpartnerów. Zwyczajnie nie lubią, gdy ktoś sadza ich na tyłek. Ja wymagam od siebie bardzo dużo. Nie zawsze wygrywam sparing z nastolatkiem, który wciąż nabiera siły, dojrzewa jako mężczyzna. Zderzam się z rzeczywistością, nabieram pokory. Przygotowuję się na niepomyślny przebieg wydarzeń w walce. Uczę się, jak w danej sytuacji zareagować. Podczas obozu treningowego bywam przemęczona. W sparingu trzymam się strategii, która nie zawsze wychodzi. Chłopak jest silniejszy, ja osłabiona zbijaniem wagi. Przeżywam ciężkie chwile. Tym większa jest moja radość w trakcie walki, przed którą moje baterie znów są naładowane na sto procent. I ta satysfakcja, że potrafię wygrywać również w MMA. Znowu jestem lepsza niż rywalka, znowu dałam radę!

To największa satysfakcja, gdy w trakcie walki kontroluję jej przebieg. Kiedy wykonuję akcję ofensywną lub technikę obronną, które podczas sparingu mi nie wychodziły. Które wałkowałam do znudzenia, żeby w tym najważniejszym momencie nie dać zrobić sobie krzywdy albo wyrządzić ją rywalce. To pozytywne zaskoczenie dodaje mi energii, entuzjazmu do walki. Wtedy wstępuje we mnie mały zakapior. „Uderzyłaś mnie? Chcesz to zrobić jeszcze raz? Lepiej patrz na to!" – śmieję się w duchu. Zadaję mocniejsze ciosy, wyprowadzam więcej kopnięć, raz za razem potwierdzam swoją dominację. Interesuje mnie rywalizacja, udowodnienie wyższości nad przeciwniczką, nad wszystkimi przeciwniczkami. I chyba najprzyjemniejszy jest moment, w którym ona ma jeszcze dużo sił, a ja już czuję, że zdobywam przewagę. Wtedy dociera do mnie, że mam ją na widelcu.

Wizualizuję sobie sukces, to jego nieodłączny element. Robię to podczas ciężkiej, codziennej pracy. W pierwszej rundzie nie chcę być porywcza. Zazwyczaj zaczynam spokojnie. Wolę najpierw przeczytać przeciwniczkę. Lubię wejść w pierwszą wymianę, poczuć pięść na głowie rywalki, poczuć także jej siłę na swojej głowie, jakkolwiek to zabrzmi. Wiem, że mój jeden cios może zburzyć cały plan przeciwniczki. Mam taką moc. Z rundy na rundę nabieram większej ochoty do bitwy. Chcę pokazać wszystko, czego się nauczyłam, chwalić się tym. Chcę zadać każdy cios, który znam, każdą kombinację. Uderzyć, kopnąć w każdej płaszczyźnie. Walczyć widowiskowo. Sprawić, że publiczność będzie przecierać oczy ze zdumienia.

Chcę zakończyć karierę niepokonana, choć być może kiedyś przegram. Robię jednak wszystko, aby po wyjściu z klatki nie mieć do siebie najmniejszej pretensji. Muszę pokazać ludziom, kim jestem i jak wiele zrobiłam, aby znaleźć się w tym miejscu. Grunt to dać z siebie wszystko, nie mieć pretekstu, aby obwiniać się za niepowodzenie. Nikt tego nie wie, kiedy znajdzie się ktoś silniejszy, zdolniejszy, o większych umiejętnościach. Porażką przez poddanie straszą mnie od dawna. Zawsze wchodzę do oktagonu ze stuprocentową pewnością, że przygotowałam się tak, jak powinnam. Nie zmarnowałam czasu, wycisnęłam z siebie wszystko co się da, gdy po mojej twarzy spływały pot, krew i łzy. Gdybym krzyczała, że jestem pępkiem UFC i wszelkich sportów walki z udziałem kobiet na całym świecie, nie byłoby to prawdziwe. To nie byłabym ja. Owszem, cały czas zapowiadam, że nikt nie zabierze mi pasa. Wtedy mam jednak na myśli to, że będę pracowała najciężej jak umiem, aby do tego nie dopuścić.

Wiosną 2013 roku zaczęły się zdjęcia do MMAstera, reality show realizowanego przez TVN Turbo. Pierwszą edycję poprowadzili Agnieszka Rylik i Paweł Nastula, drugą ja z Piotrem Strusem. Do Warszawy przyjeżdżałam co tydzień, podobnie jak zawodnicy z różnych zakątków kraju. Dostawałam kilkaset złotych za odcinek. Na planie zdjęciowym byliśmy w sobotę i niedzielę, do późnych godzin. Program miał wypromować zawodnika, który zawojuje polskie MMA.

Byłam zniesmaczona. Producentom nie chodziło o sport, lecz o sensację.

– Aśka, jeśli nie ma dramatu, afery, złości, kasy, seksu albo zdrady, program się nie sprzeda – słyszałam. Miałam pełno pomysłów na trening z uczestnikami turnieju, lecz mało kogo to obchodziło.

– Ludzie i tak nie znają się na MMA. Te ćwiczenia nie będą wyglądać dobrze na ekranie – takimi uwagami sprawiano, że schodziłam na ziemię. Gdy ktoś cierpiał po przegranej, kazano nam go cisnąć, zadawać pytania. Jako sportowiec robiłam to z niesmakiem, współczułam pokonanemu.

Nieprzyjemnie było też z powodu Strusa. Miał dwadzieścia cztery lata i uchodził za zdolnego zawodnika, który zostanie gwiazdą. Najpierw zrobił na mnie dobre wrażenie, ale z czasem zaczęła z niego wychodzić natura warszawskiego cwaniaka. Nosił głowę wysoko. Był nieszczery i arogancki, by po założeniu mikroportu i włączeniu kamery przerodzić się w czarującego Piotrusia. Mocno się kłóciliśmy, ludzie z produkcji nasłuchali się wyzwisk. Dziś mówimy sobie cześć, jak gdyby nigdy nic, ale to Strus miał być złotym chłopcem polskiego MMA. Gdzie jest dzisiaj, a gdzie znalazłam się ja?

Po wygranej z Berezikową nie walczyłam w MMA prawie okrągły rok. Gdzie były te oferty? Za pierwszą walkę zawodową w Kołobrzegu otrzymałam cztery tysiące złotych, za drugą w Nowej Soli dostałam niespodziewany bonus w wysokości pięciu tysięcy od Krystiana, jednego ze sponsorów, który szalenie miło mnie wtedy zaskoczył. Sześć tysięcy skasowałam za zwycięstwo w Moskwie. Same kwoty nie wyglądają tak źle, prawda? Rzecz polegała jednak na tym, że tej kasy przed następną walką już nie było. Przygotowania do pojedynków pochłaniały dziewięćdziesiąt procent zarobków i wypłat od sponsorów. Suma na koncie znowu stawała się bliska zera. Łapałam się za głowę, gdy miałam wydać trzy stówy na odżywki. Nie w taki sposób ma dbać o siebie profesjonalny sportowiec.

Koniec. Nie udało mi się w sporcie. Inaczej – udało, ale na tym nie da się zarobić. Zwiedziłam wiele miejsc, poznałam wspaniałych ludzi, przeżyłam fantastyczną przygodę. Nigdy tego nie zapomnę. Mam dwadzieścia sześć lat, idę do pracy. Postanowione. Jestem spełnionym sportowcem, obudzona w środku nocy nie zdołam wymienić wszystkich sukcesów. Próbowałam z całych sił, czegoś zabrakło. Nie moja wina. Pogodziłam się z tym.

Odezwali się ludzie z FEN, czyli Fight Exclusive Night, firmy promującej mieszane sztuki walki w Polsce. Pierwszą galę zorganizowali pod koniec 2013 roku. Zaproponowali większe pieniądze niż KSW, bo dziesięć tysięcy złotych już za pierwszy pojedynek. Gwarantowali, że zakontraktują dla mnie mocne rywalki z zagranicy, abym mogła się rozwijać. Wyglądało to obiecująco, wstąpiła we mnie nowa nadzieja. Miałam walczyć w FEN w czerwcu 2014 roku we Wrocławiu, potem chyba w sierpniu w Sopocie. Odłożyłam te plany, bo zwróciła się do nas brytyjska organizacja Cage Warriors.

7 czerwca w londyńskim Forum czekała na mnie Rosi Sexton, ogromnie doświadczona zawodniczka, która miała na koncie pojedynki w UFC i Bellatorze. Zgadnijcie, co powiedzieli Szymon z Pawłem. Właśnie tak. Mieli wątpliwości, czy podołam i odradzali mi wylot do Anglii. Sądzę, że wynikało to z troski o mnie, ale i z obawy przed porażką, bo nie do końca we mnie wierzyli. To zrozumiałe, że wreszcie chcieli mieć zawodnika w UFC, a ewentualne niepowodzenie mogło pokrzyżować te plany. Co by się ze mną stało, gdybym w siebie nie wierzyła? Obaj trenerzy później mogli tylko przyklasnąć, gdy w drugiej minucie i trzydziestej sekundzie drugiej rundy nokautowałam Sexton prawym prostym. Wskoczyłam na klatkę, rozpłakałam się. Boże, czy dasz mi jeszcze jedną szansę? Ten ostatni raz?

Już po zwycięstwie w Moskwie z Dziurą i Bońkiem skontaktował się Tiago Okamura z liczącej się w światku MMA firmy menedżerskiej Suckerpunch Entertainment. Myślał, że jestem wariatką, która z bilansem 3–0 porywa się na Berezikową, fighterkę o cenionej marce. Moje zwycięstwo zmieniło postać rzeczy. Tiago sprawdził moje osiągnięcia. No tak, wszystko się zgadza – wielokrotna mistrzyni świata. Okamura i jego ludzie doprowadzili do podpisania kontraktu z Invicta FC. To amerykańska organizacja, podczas jej gal walczą wyłącznie kobiety. Biznes najwyraźniej nie kręcił się jednak wtedy najlepiej, bo nie zaproponowano mi ani jednego pojedynku. Byłam sfrustrowana. Chciałam zrezygnować z usług Tiago, tymczasem on już niebawem miał się stać nie tylko moim menedżerem, ale i bardzo bliską mi osobą.

9 maja pobiłam w Warszawie Karlę Benitez, 7 czerwca znokautowałam w Londynie Rosi Sexton. 3 lipca UFC, najpotężniejsza na świecie firma organizująca walki, ogłosiła listę szesnastu uczestniczek programu telewizyjnego *The Ultimate Fighter 20*, którego zwyciężczyni 12 grudnia 2014 roku w Las Vegas miała założyć pas mistrzyni globu kategorii słomkowej. Z powodu nieznajomości języka angielskiego do turnieju nie zakwalifikowano Brazylijki Juliany de Limy Carneiro. Czekała na mnie 26 lipca w kalifornijskim San Jose. Menedżerowie nie mieli dużo pracy. Po walce z Sexton spodziewałam się telefonu z ofertą i nie myliłam się. Wielkie UFC zgłosiło się do mnie samo. Byłam w domu rodziców, kontrakt leżał na stole. Podzieliłam się radosną nowiną z najbliższymi. Łzy napłynęły mi do oczu. Byłam szczęśliwa.

Rozdział 19

BĄDŹ PEWIEN, ŻE OBEJRZYSZ POWTÓRKĘ!

Zawsze marzyłam o Stanach Zjednoczonych. Kiedyś wujek wysłał mi rower z Nowego Jorku i rozpalił wyobraźnię. Wygrałam mnóstwo walk w Europie i Azji. Pragnęłam się przekonać, jak smakuje zwycięstwo w USA.

Na przygotowanie się do debiutu w UFC miałam pięć tygodni. To był trudny czas. Pierwszy raz musiałam zbić wagę do 52 kilogramów. Tyle wynosi limit kategorii słomkowej. Do tej pory walczyłam w muszej. Pięć kilo to duża różnica. Na kogucią (61 kilogramów), w której królowała Ronda Rouscy, byłam za mała. Pojawił się duży znak zapytania. Parę miesięcy wcześniej chciałam zrzucić wagę do 52 kilogramów, na próbę. Trafiłam na pseudodietetyków, nie wyszło. Do 26 lipca nie zostało dużo czasu. Żartowałam, że będę musiała obciąć sobie rękę, ale nie było mi do śmiechu. Trzeba było działać.

W sali treningowej pracowałam z Szymonem nad defensywą. Wiedzieliśmy, że Juliana Lima jest silna w parterze, jak przystało na Brazylijkę. Byłam zmotywowana, ale i zaniepokojona. Waga nie spadała tak, jak powinna. Nad moją dietą czuwał Mateusz, zawodowo zajmujący się odżywkami. Przez niego skontaktowałam się z Jakubem Mauriczem, wówczas jeszcze nie tak znanym dietetykiem. Kojarzyłam go ze współpracy z Michałem Materlą. Okazało się, że to barwna postać o imponującej wiedzy. Zgodził się mi pomóc w zamian za reklamę w portalach społecznościowych. To był korzystny układ.

Byłam zdumiona liczbą badań lekarskich i zaświadczeń, których wymagało UFC. Do tej pory wystarczała pieczątka od doktora, który bez skrupulatnej analizy stwierdzał, że wszystko jest ze mną okej. Tym razem odwiedziłam neurologa, okulistę, zrobiłam EKG i rezonans magnetyczny. Wszystko kosztowało, z portfela uciekała gruba kasa. Cztery albo pięć stów wydałam na badanie krwi, które zalecił Mauricz, a prawie tysiąc złotych na amerykańską wizę typu P-1, dla sportowców i artystów. Wydatki mnie wkurzały, ale wiedziałam, że to inwestycja. Jakbym kupowała podręczniki na studia albo płaciła za kurs, dzięki któremu później wyjdę na swoje.

Wiedziałam, że będzie dobrze, nakręcało mnie to wyzwanie. Przede mną w UFC nie walczyła żadna Polka. Zrzucałam wagę, brakowało energii. Nie odpoczywałam po treningu, tylko latałam po lekarzach i męczyłam się czekaniem w kolejkach. To były ostatnie tygodnie mieszkania u rodziców w Nowej Kaletce. Wieczorem przechodziłam przez papierologię. Ze Stanów przesłano aż trzy kontrakty i mnóstwo innych dokumentów do przetłumaczenia, przeczytania i podpisania. Zamiast iść spać, siedziałam nad tym, drukowałam, podpisywałam, skanowałam i wysyłałam. Zawsze było coś nie tak. Trzeba było coś poprawić, dopisać, wszystko powtórzyć. Myślałam, że to się nigdy nie skończy. Cóż, tak pracują profesjonaliści. Nic dziwnego, że wcześniej nie miałam o tym pojęcia. Zawodowym sportowcem nie stajesz się po stoczeniu pierwszej zawodowej walki. Dzieje się to dopiero wtedy, gdy zarobione pieniądze pozwalają ci utrzymać rodzinę lub samego siebie.

W dzieciństwie marzyłam, aby polecieć do Nowego Jorku. Miałam tam wujka, który kiedyś przysłał mi amerykański rower. Przez lata naoglądałam się filmów, których akcja rozgrywa się wśród wieżowców wielkich miast. Od lipca 2014 roku zaczęłam latać do USA tak często, że potrzebowałabym dłuższej chwili, aby zliczyć wszystkie podróże. Nie mam manii zbieracza, ale w domu wrzucam bilety do torby. W życiu zaliczyłam już minimum dwieście lotów, może i trzysta. Kiedyś próbowałam je policzyć, nie dałam rady. Na starość chcę wysypać wszystko z tej torby i wspominać. Robię się sentymentalna. Nowy Jork już poznałam. Niestety, nie zdążyłam spotkać wujka i podziękować mu za rower. Zginął w tragicznym wypadku samochodowym. Wyściskałam jego syna, mojego kuzyna.

Wylot do San Jose na walkę z Limą miałam we wtorek. W niedzielę pojechałam z Przemkiem, Kasią, Ewą i Adasiem na plażę do Krynicy Morskiej, żeby się trochę zrelaksować. Zapakowaliśmy się w opla corsę, no i wio. Dziś śmieję się ze zdjęć, które wtedy dałam sobie zrobić. Mój brzuch wyraźnie się zaokrąglił, jednocześnie byłam sucha i wycieńczona. Mądrzejsza stałam się dopiero później. Wiem, że nie mogę zrzucić wagi do 52 kilogramów kilka dni przed walką. To się ma stać dopiero ostatniej nocy przed ważeniem.

Do San Jose poleciałam z Szymonem. Trochę lepszy kontakt miałam z Pawłem. Z nim podróżowałam wiele razy na walki, w których jeszcze nie sprawdzałam umiejętności parterowych. Ale i z Bońkiem nie było źle. Gadaliśmy, trochę zwiedzaliśmy. W sali treningowej zamykał się w sobie. Czasami wręcz myślałam, że mnie nie lubi. Szymon to bardzo dobry trener. Ma czarny pas brazylijskiego jiu-jitsu, który otrzymał w Las Vegas od samego mistrza Roberta Drysdale'a.

Podróż do Kalifornii okazała się bardzo długa. Na miejscu było słonecznie, trzydzieści stopni ciepła. Jako debiutantka w UFC nie miałam dużo obowiązków. Dziennikarze jeszcze się mną nie interesowali. Zdaje się, że udzieliłam tylko jednego wywiadu. Zrobiono mi sesję zdjęciową i... to by było na tyle. Spotkałam Tiago, na którego jeszcze niedawno byłam nieźle wkurzona, nawet wyzywałam go w myślach. Jednak szybko się do niego przekonałam. Trafił mi się naprawdę spoko menedżer i dobry człowiek. To wysoki mężczyzna o skośnych oczach, który ubiera się swobodnie, zamiast gajera stawia na koszulkę i dżinsowe spodenki. Pewnie mógłby zrzucić kilka kilogramów. Nie wygląda jak człowiek interesu, lecz w UFC dbał o mnie jak nikt inny. W rozmowie jest wyważony, mądrze prowadził negocjacje ze sponsorami. To Brazylijczyk z Sao Paulo, a na jego japońskie korzenie oprócz oczu i kruczoczarnych włosów wskazuje także nazwisko Okamura. Był dla mnie jak brat. Nieraz spaliśmy w jednym pokoju. Nie wstydziłam się przy nim rozebrać zupełnie do rosołu, kiedy wychodziłam z sauny albo następował czas na kontrolne ważenie.

Przed walką nie lubię leżeć w hotelu, więc w San Jose dużo spacerowaliśmy. Byłam na zakupach. Ciuchy znanych marek, u nas bardzo drogie, tam kosztują o wiele mniej. Musiałam się powstrzymywać, żeby nie kupić za wiele. Wiadomo, że ubrania to moja słabość. Spotkałam pięciu gliniarzy. Luzaki. Opaleni, w ciemnych okularach, jak policjanci z Miami, wśród nich Meksykanie. Wstydliwie zapytałam, czy mogę stanąć z nimi do zdjęcia.

– Hej, Joe, słyszałeś? Ta mała chce strzelić sobie z nami fotę. Co o tym myślisz? – zaczęli się wczuwać w rolę twardzieli i trochę się ze mnie naśmiewać.

– Wiesz, Michael, myślę, że możemy to dla niej zrobić – drugi policjant puścił do mnie oko.

Byłam trochę skrępowana, ale stanęli wokół mnie w pozie rozbójników, nie stróżów prawa. Mam z tego spotkania fajną pamiątkę.

Starałam się chwytać każdą chwilę spędzoną w USA. Próbowałam nawet zdobyć numer ubezpieczenia społecznego. Nie wiedziałam, kiedy tam wrócę. Czułam jednak, że otwierają się przede mną duże, do tej pory nieosiągalne perspektywy.

UFC świetnie dba o zawodników. Po zameldowaniu w hotelu wręczono mi kopertę z pieniędzmi. Wytłumaczono, co, gdzie i kiedy. Dostałam torbę z ciuchami i innymi gadżetami. Spotkałam się z lekarzem, rozmawialiśmy o suplementach. Organizacja była perfekcyjna. Nie było mowy, żeby działo się tak, jak na prowincjonalnych imprezach, gdzie każdy robi wszystko po swojemu. Podana godzina była świętością. Nikt nie spóźnił się na konferencję prasową, ważenie, spotkanie z szefem. Byłam szczęśliwa. Nareszcie znalazłam się w miejscu, gdzie wszyscy traktowali mnie w stu procentach poważnie.

Właśnie – spotkanie z szefem. Po piątkowym ważeniu pierwszy raz zobaczyłam Danę White'a, który jest nie tylko współwłaścicielem i prezydentem UFC, lecz bierze na siebie także wiele obowiązków medialnych. Z tego powodu stał się ogromnie popularną postacią.

– Pamiętajcie, możecie walczyć w pierwszym pojedynku gali, możecie walczyć w ostatnim. Mnie interesuje to, kim jesteście. Wejdźcie do oktagonu i pokażcie mi siebie. Szukamy tutaj osobowości. Jutro każdy z was może być bogatszy o pięćdziesiąt tysięcy dolarów premii. Pamiętacie Alexandra Gustafssona i jego walkę z Jonem Jonesem? W jeden wieczór z chłopca stał się mężczyzną. Do dzieła! – prawił Dana, a ja słuchałam z rozdziawioną buzią. White był jak generał, a my jak jego żołnierze. Jakby mnie zahipnotyzował. Nie zapomnę tego, jak powiedział, że tutaj, w San Jose, może się zmienić życie każdego z nas. Zaczęłam w to wierzyć. Byłam dziewczynką z wielkimi oczami, która próbuje wszystko jak najdokładniej zapamiętać.

Takich emocji, jak w trakcie ważenia, jeszcze nie przeżywałam. Gdy znalazłam się na scenie, osłabiony organizm momentalnie się zmobilizował. Coś dodało mi skrzydeł, byłam gotowa do walki. Stanęłam oko w oko z Julianą. Obniżyłam pozycję i jak zawsze przekrzywiłam głowę, ale kto z obecnych na widowni albo telewidzów mógł to wcześniej widzieć? Dopiero teraz wszyscy poznali Joannę Jędrzejczyk! Nos mój i Limy dzielił najwyżej milimetr. Trwała gra psychologiczna. Nie dałam sobie wejść na głowę. Juliana podeszła za blisko. Skarciłam ją spojrzeniem, które jeszcze nigdy nie było tak ostre. Albo ona, albo ja. Nie, na pewno nie ona, nie pozwolę na to. Tylko ja.

52 kilogramy ważyłam już po wyjściu z samolotu. Bardzo mało jadłam i piłam. Wspomagałam się kawą z masłem, wcinałam orzechy i banany. To nie było za mądre. Dziś wiem, jak mocna mogę być w walce, gdy nauczyłam się osiągać limit inaczej. Czuję się o wiele pewniej. W lipcu 2014 roku działałam po omacku. Wtedy jeszcze nie było zabronione stosowanie

kroplówek. Pamiętam, że po ważeniu, gdy trzeba było szybko podać glukozę i elektrolity, długo nie było nikogo, kto umiałby mi wbić igłę. Zrobiliśmy to dopiero o jedenastej wieczorem.

Nie jestem zwolenniczką kroplówek, ale wtedy czułam, jak wracają mi siły. Po ważeniu spuchłam. Im mniej jesz, tym żołądek bardziej się kurczy. Coś przekąsiłam i od razu czułam się pełna. Nie miałam apetytu. Ostatniej nocy przed ważeniem nie spałam. Ciało, pozbawione węglowodanów, buntowało się. Co innego dwadzieścia cztery godziny później, noc przed walką. Marzyłam o łóżku. Miałam dość stresu, szoku po zmianie strefy czasowej, zwariowanych godzin na drugim końcu świata. Zasnęłam głęboko.

Wstałam, zjadłam normalne śniadanie. Wróciłam do pokoju, spakowałam rzeczy do torby i już koło południa pojechaliśmy do hali. Do SAP Center w San Jose przyszło jedenaście i pół tysiąca ludzi. Tylu kibiców zapłaciło za bilety, żeby obejrzeć najważniejsze walki dwieście osiemdziesiątej czwartej imprezy w historii UFC, które są organizowane od 1993 roku. O mnie jeszcze mało kto słyszał. Z Julianą walczyłyśmy jako drugie, potem odbyło się jeszcze dziesięć pojedynków. Trybuny świeciły pustkami, choć trochę ludzi oglądało walkę w internecie, na platformie UFC Fight Pass. Nawet w Polsce dopiero dochodziła północ, a przecież różnica czasu wynosi dziewięć godzin.

W walce byłam sobą, nie denerwowałam się. Chciałam pokazać się z najlepszej strony. Jednocześnie byłam skupiona, by Lima nie zaskoczyła mnie jakąś akcją w parterze. Nie mogłam dopuścić, aby w głupi sposób wpaść w jej pułapkę i przegrać przez poddanie. Mogę przyznać, że tego parteru trochę się obawiałam. Niepotrzebnie. Juliana nie mogła nic zrobić, ja rozkręcałam się z każdą minutą. Miałam nie kopać, by nie dać rywalce okazji do przechwycenia nogi i przewrócenia mnie. Ale kopałam, w moim repertuarze znalazł się także ulubiony front kick! Atakowałam głowę i korpus Juliany lewym i prawym prostym. Po trzech pięciominutowych rundach usłyszałam od spikera, że zwyciężyłam jednogłośną decyzją sędziów!

Za kulisami otoczyła mnie grupka dziennikarzy. Odpowiadałam na pytania po angielsku, przez pięć minut. Szło mi dobrze, wiele lat zagranicznych startów zrobiło swoje, choć gramatyka troszeczkę kulała. Najważniejszy jest jednak entuzjazm, a tego mi nie brakowało. Uśmiechałam się i żartowałam. Wszystkim się podobało.

W drodze do szatni zaczepił mnie pracownik UFC z działu PR. – Dana chce cię zobaczyć – przekazał.

Pomyślałam, że to nic takiego. Pewnie to tradycja, że Dana gratuluje każdemu zwycięzcy. Zaprowadzili mnie do pokoju VIP. Pierwszy rzucił mi się w oczy wielki telewizor, potem dobre jedzenie. I Dana, oglądający walki na wypasionej kanapie.

– Jesteś drobna, a tak dobrze się lejesz. Niesamowite. Zostałem twoim fanem – powiedział White.

Obok niego stał gość z długimi włosami.

– Nie widziałem twojej walki, dopiero przyjechałem – usprawiedliwił się.

– To bądź pewien, że obejrzysz ją później – pogroziłam palcem w żartach. Dana zaczął się śmiać, zaimponowałam mu swoim luzem. Podziękowałam, wyszliśmy.

Szymon: – Ty, przecież to był facet, który śpiewa w Red Hot Chili Peppers!.

Tiago: – Tak, to był on, Anthony Kiedis.

Ja: – Okej.

Słucham kilku kawałków Red Hotów, kiedyś podrzucił mi je Paweł Słowiński. Polubiłam ten zespół, mimo że wcześniej nie byłam fanką tego typu muzyki.

Za walkę dostałam osiem tysięcy dolarów brutto plus osiem tysięcy premii za wygraną. Biorąc pod uwagę wspomniane koszty, podatek, a także procenty dla UFC, menedżera i trenerów, nie tak znowu dużo, lecz najwięcej w karierze. Zwycięzcom UFC po jakimś czasie przyznaje bonusy, wyrównujące poniesione straty. Na czysto dostałam dodatkowe trzy i pół tysiąca.

Podróż powrotna była chyba najdłuższa w moim życiu. Trwała dobre trzydzieści godzin. Utknęliśmy z Szymonem w Amsterdamie. Rozpętała się burza, anulowano wszystkie loty. Aby dostać nowe bilety do Warszawy, staliśmy w kolejce długiej na sto metrów. Przede mną była wycieczka z Portugalii. Myślałam, że znokautuję te hałaśliwe dzieci, wpychane przez opiekunów w kolejkę. W tym samym czasie przeszukałam w telefonie pół internetu, żeby znaleźć bilety dla mnie i Szymona. Zaczęłam godzić się z myślą, że wrócimy do Polski dopiero kolejnego dnia. W końcu zarezerwowałam dla nas dwa różne loty. Gdy doszłam do punktu obsługi, udało mi się wynegocjować podwójny bilet. Męczarnia zakończyła się wieczorną podróżą do Warszawy przez Kopenhagę. W kraju wylądowałam grubo po północy. Mimo późnej pory, na Okęciu czekało na mnie trzech dziennikarzy. Przedtem nigdy się to nie zdarzyło.

W San Jose porażkę swojej rodaczki Limy oglądała Claudia Gadelha. Dziesięć dni wcześniej w Atlantic City pokonała Tinę Lähdemäki, wygrywając historyczną, bo pierwszą w UFC walkę kobiet w kategorii słomkowej. Stało się jasne, że przyjdzie mi się zmierzyć z kolejną, dużo groźniejszą Brazylijką. Potwierdzenie pojedynku było kwestią czasu.

Rozdział 20

KREW NIE PACHNIE DOBRZE

Pozycję pretendentki do tytułu mistrzyni świata UFC miałam zapewnić sobie 13 grudnia 2014 roku w Phoenix. Relacje z Claudią Gadelhą układały się poprawnie. Wówczas nie przypuszczałam, że następne półtora roku przyniesie tyle wrogości. Chciałam tylko pokonać Claudię i zasłużyć na najważniejszy pojedynek w historii polskiego MMA.

Dzień przed walką skoczyłyśmy sobie z Gadelhą do oczu. To był kolejny mocny pojedynek, czoło Claudii dotknęło mojego nosa. Zapachniało wojną. Podczas starcia oko w oko nie muszę być ostra. Nie mogę jednak potraktować lekko kogoś, kto mnie lekceważy. Irytuje mnie, gdy przeciwniczka oznajmia, że nie jest pod wrażeniem moich umiejętności w stójce, że sprowadzi mnie do parteru i zmusi do poddania. Rywalki w wywiadach wieszczą moją klęskę. Z tego powodu nie cofam się o krok. Nie ustępuję, bo walka już trwa. Muszę pokazać, że przeciwniczka dostanie nauczkę. Nie sądzę, że zadziorna postawa podczas ważenia jest oznaką słabości mojej konkurentki. Chodzi raczej o to, żeby mnie postraszyć, zademonstrować swoją siłę, agresję, odwagę. Bardziej cenię ludzi, którzy są cisi, spokojni. Oni często potrafią uwolnić ogromną energię ze swojego wnętrza, a mało kto się tego po nich spodziewa.

Do Phoenix tym razem poleciał ze mną Paweł Derlacz. Dobrze przystępowało się z nim do walk, bo jest żartownisiem. A ja przed pojedynkiem lubię pogadać, pośmiać się. Paweł umiał mnie rozweselić. Luźna atmosfera nie przeszkadzała mi pozostać ekstra zmotywowaną.

52 kilogramy ważyłam już dwa dni przed walką. Limit osiągnęłam znowu trochę za wcześnie. Trzy ostatnie kilogramy można było wypocić na przykład w saunie. Zamiast tego męczyłam się, głodując. Dla organizmu nie ma nic gorszego. Człowiek strasznie dostaje w dupę, na własne życzenie.

W sobotę obudziłam się o wpół do siódmej. Trochę zbyt wcześnie, ale nie dało się dłużej spać. Przemęczony organizm plus emocje zrobiły swoje. Zjadłam śniadanie, poszłam na krótki spacer, żeby się dotlenić. Wróciłam do pokoju, poczytałam, zasnęłam. Wstałam, wzięłam prysznic. Trochę mi się dłużyło. Tym razem walczyłam dużo później niż w San Jose. Pojedynek z Gadelhą był ostatnim na tak zwanej karcie wstępnej imprezy. Średnio oglądało ją sześćset pięćdziesiąt tysięcy widzów amerykańskiej stacji Fox Sports 1, a nasza walka pewnie miała jeszcze większą publiczność. Do U.S. Airways Center przyszło piętnaście tysięcy ludzi, łącznie zapłacili za bilety półtora miliona dolarów.

W hali panowała ogromna wrzawa, nie to, co w moim debiucie w UFC. Ciężar gatunkowy walki mnie nie przytłoczył. Dwadzieścia godzin wcześniej, zasypiając, jednym okiem oglądałam pojedynek Carli Esparzy z Rose Namajunas o mistrzowski pas UFC. Pierwszą czempionką wagi słomkowej została Carla. Wygrała z Rose przez duszenie w trzeciej rundzie. Ja i Claudia miałyśmy świadomość, że zwyciężczyni będzie pierwsza w kolejce do Esparzy i jej tytułu.

To była moja najtrudniejsza walka w MMA i jedna z trudniejszych w całej karierze. Wszyscy wiedzieli, że choć pas zdobyła Esparza, to Gadelha jest numerem jeden w kategorii słomkowej. Odczułam jej ciosy, a przede wszystkim siłę, gdy spychała mnie do siatki. Jednak znowu efekty przyniosły treningi, w których doskonaliłam techniki obronne. Najlepsza akcja pierwszej rundy należała do mnie. Walnęłam Claudię idealnym prawym podbródkowym. Padła, jakby uderzył w nią piorun. Dopadłam do niej, chcąc dobić paroma „młotkami", lecz zabrakło mi czasu. Skończyła się runda. Claudia krwawiła z łuku brwiowego, bo w ferworze walki zderzyłyśmy się głowami.

Musiałam zachować ostrożność, bo Gadelha starała się zapiąć rękoma trójkątną dźwignię lub zastosować inną technikę kończącą walkę. Nie byłam w kryzysie, udawało mi się wychodzić z klinczu. W stójce nadal byłam ostrzejsza, dlatego wygrałam także drugą rundę. Nie pogniewałam się na sędziów, że trzecią przyznali Claudii. To była cholernie dobra walka. Byłyśmy w takim ferworze, że Gadelha trafiła mnie nawet po końcowej syrenie. Nie miałam jej tego za złe, ogromne emocje są wpisane w nasz sport. Wygrałam niejednogłośnym werdyktem, dwa do jednego w rundach. Uważam, że zasłużenie.

Wróciłam do szatni. – Dana White chce cię widzieć – zawołał ochroniarz. Byłam spocona i cała we krwi Claudii.

– A mogę się najpierw wykąpać?

– Dana nie czeka – podpowiedział Tiago i lekko mnie popchnął.

Narzuciłam bluzę. Zaprowadzili mnie pod sam oktagon. Trwała walka Rafaela dos Anjosa z Nate'em Diazem. Usiadłam obok Dany. Nadal był podekscytowany moim pojedynkiem, bardzo mnie chwalił.

Dos Anjos poniewierał Diaza niskimi kopnięciami. Widownia reagowała żywiołowo, panował niewiarygodny tumult, ale i tak wydawało mi się, że słyszę trzask pękających kości piszczelowych. Siedziałam tak blisko, na pierwszej linii frontu, a obok mnie Dana White! Nie mogłam w to uwierzyć. „Kurde, za co ten Dana mnie tak lubi? Udaje czy co?" – zastanawiałam się.

Uległam emocjom. Chwyciłam za telefon. „Co za walka! Ależ ten Nick Diaz wygrywa" – napisałam na Instagramie. Nie dość, że Diaz przegrywał, to jeszcze z Rafaelem walczył Nate, a nie jego starszy brat Nick. Kurde, pomyślą, że jestem kretynką. Było mi wstyd, gdy się ocknęłam. Paweł Derlacz śmiał się z tego przez kilka tygodni.

Faktem jest, że wtedy byłam na bakier ze znajomością gwiazd UFC. Oglądałam mało walk. Interesował mnie własny cel, nie pojedynki innych. Nie dołączyłam do UFC, aby być czyjąś fanką. Miałam swój interes. Pragnęłam rywalizować i być najlepsza. Dziś strasznie się cieszę, że znalazłam się w elicie, obok najlepszych z najlepszych. Musicie też wiedzieć, że gdy Nick Diaz zaczepił mnie na Las Vegas Strip dwa dni po rewanżowym zwycięstwie nad Gadelhą, wcale nie zawołałam: „Siema, Nate!".

Przy klatce z Daną siedziało się super, ale trochę żałowałam, że ominął mnie ten prysznic. Są chwile, gdy czuję się bardziej komfortowo. Bałam się, że White zaraz podziękuje mi za towarzystwo, przecież śmierdziałam krwią, jak nie wiem. Pewnie sobie wkręciłam, że jest tak źle, ale czy pamiętacie zdjęcia z flagą Polski, które zrobiono mi zaraz po walce? Mój biały top stał się czerwony od krwi. Cały czas miałam go na sobie.

– Dana, sorry, ale chyba nie pachnę najlepiej – przyznałam.

Jednak jego nie obchodziło nic poza tym, że stoczyłam kapitalną walkę. Pewności siebie nie dodał mi fakt, że zaczęłam rozmawiać ze Stevenem Seagalem. Był jednak bardzo sympatyczny. Opowiadał, że jego przodkowie pochodzili z dalekiego wschodu Rosji, że przed laty był w Krakowie na planie filmu, że kocha słowiańską urodę kobiet. Pogratulował mi udanej walki.

Dana podczas każdej imprezy UFC jest supergwiazdą. Po gali pozował do zdjęć z fanami.

– To ja już pójdę – odezwałam się grzecznie.

– Jakie pójdę, poczekaj!

Po dżentelmeńsku odprowadził mnie do szatni, uściskał, jeszcze raz podziękował. Nie zagwarantował, że następną walkę stoczę o pas. Czułam jednak, że szansa jest bardzo blisko. Wtedy żaden z dziesięciu mistrzowskich tytułów UFC nie znajdował się w posiadaniu wojownika bądź wojowniczki z Europy.

Rozdział 21

UKORONOWANA

Codziennie przechodzimy jakiś test. Dobre i złe chwile traktuję jako próbę. Jak się zachowam? Przezwyciężę problem czy się poddam? Jakim jestem człowiekiem? Czy dobra ze mnie córka, siostra, partnerka? Czy rzeczywiście jestem wojowniczką? Czy zasługuję na tytuł mistrzyni?

Był luty 2015 roku. Został tydzień do wylotu do Stanów Zjednoczonych na walkę o mistrzostwo świata z Carlą Esparzą, zaplanowaną na 14 marca w Dallas. Trwał jeden z ostatnich sparingów. W Arrachionie, przy wejściu do sali treningowej, zamontowana jest siatka. Przy niej odbywa się symulacja walki w klatce. Siłowałam się ze swoim młodszym kolegą z klubu. Byłam na górze. Gość próbował mnie obrócić do pozycji dolnej. Machnął mną, głowa spadała z wysokości kilkudziesięciu centymetrów. Lądowanie było zupełnie niefortunne. Rąbnęłam o belkę rozdzielającą boki siatki. Wystawał z niej drut. Wbił się w sam czubek głowy.

Dotknęłam czoła na linii włosów. Ręka zmieniła barwę z różowej na krwistoczerwoną. Paweł i Szymon wyjęli apteczkę. Wystraszyli się, choć zazwyczaj reagują w mało emocjonalny sposób. Zaistniała obawa, że z pojedynku o mistrzostwo UFC wyjdą nici. Pobiegłam po gazę, zaczęłam tamować ranę. Łkałam. Odwołanie walki byłoby koszmarem.

Niedaleko klubu znajduje się szpital MSWiA, tam popędziliśmy. Na korytarzu niecierpliwiło się mnóstwo ludzi. Ktoś mnie jednak rozpoznał i pozwolił wejść do lekarza bez kolejki. Gaza, którą przykładałam, skleiła się ze skórą i włosami. Doktor zaproponował, że może wygolić kawałek głowy, ale skóra w tym miejscu jest cienka, nie ma dużo mięska. Nie miało to sensu. Podziękowałam za opcję założenia szwów. Na szczęście prognoza była dobra. Rana miała się ładnie zagoić. Nie mogłam tylko myć głowy przez kilka dni, co było do przeżycia. Uff. Z ulgą odetchnęli też Paweł i Szymon. Przez niedopatrzenie w sali treningowej mogła przejść nam koło nosa najważniejsza walka w dziejach klubu.

Koniec atrakcji? Nie tak prędko. Czytaliście już, jak dwa lata wcześniej okłamałam trenerów przed pojedynkiem w Japonii. Nie urósł mi wtedy nos, jak u Pinokia. Przydarzyło się jednak coś gorszego. Znowu był luty, na dworze znowu zrobiło się ślisko. Znowu czekałam na walkę o mistrzostwo świata, ważniejszą niż wszystkie poprzednie. I tym razem naprawdę wyrżnęłam.

Spędzałam weekend u rodziców, pilnowałam utraty kilogramów. Kuba Mauricz zalecił, żebym pobudziła jelita. Miałam zjeść kiszone warzywa. Tata miał dla mnie kapustę. Mogłam nią oszukać głód. – Super. Muszę się czymś zapchać! – ucieszyłam się, jakby czekał na mnie największy przysmak świata.

Beczka z kapustą znajdowała się w domku stojącym pod drugiej stronie podwórka. Była ósma bądź dziewiąta wieczorem. Zimą o tej porze jest zupełnie ciemno, chwycił przymrozek. Przemek poprosił, żebym założyła swoją grubą, niebieską kurtkę.

– Przestań, to tylko chwila. Nie jest tak zimno... No dobra, już się ubieram – nie chciałam denerwować chłopaka. I kto wie, czy ta kurtka nie uratowała pierwszego mistrzowskiego pasa UFC dla Polski.

Maszerowałam do domu z miską kapusty pod pachą. Stanęłam na schodku i wywinęłam takiego orła, że klękajcie narody. Miska rozwaliła się o kamienie. Wstałam i w amoku zaczęłam zbierać się do kupy, otrzepując ubranie. Przemek nie mógł uwierzyć, że się nie połamałam. Skończyło się na tym, że lekko zraniłam lewą dłoń, bo trzymałam miskę do końca, a ona roztrzaskała się tak naprawdę w mojej ręce. Miałam trzy małe rozcięcia. Trzeba było tylko przykleić plaster. Jakby radości było mało, dostałam od taty drugą miskę kapusty.

Ktoś nade mną czuwał. Przeszłam dwie próby, które tylko mnie umocniły. Tak, idę po zwycięstwo! Złego diabli nie biorą. Mogłam się pakować do USA ze spokojem. Miałam oczy szeroko otwarte i omijałam ślizgawki.

UFC poprosiło mnie o wcześniejszy przylot. Wsiadłam w samolot dwa i pół tygodnia przed pojedynkiem z Carlą. Przystankiem w drodze do Dallas było Los Angeles. Tam pierwszy raz stanęłam oko w oko z Esparzą, obejrzałam zwycięstwo Rondy Rousey nad Cat Zingano (poddanie w 14 sekund, co za kosmitka!) i mecz koszykarzy Lakers z Milwaukee Bucks. Potem ruszyłam do Las Vegas. Trenowałam pod okiem Szymona, w sali guru brazylijskiego jiu-jitsu Roberta Drysdale'a. Był z nami także Karol Celiński, zawodnik Arrachionu.

Nie mogłam w to uwierzyć, gdy Tiago zadzwonił do mnie i poinformował, że w ciągu dwóch i pół tygodnia odwiedzę Los Angeles, Las Vegas i Dallas! Byłam podekscytowana. W Olsztynie myślałam tylko o treningach i szczęśliwym finiszu przygotowań do najważniejszej walki w życiu, a UFC zaangażowało mnie do wielu działań medialnych. Zadbano w stu procentach nie tylko o mnie, ale i o wszystkie osoby, które tworzyły mój team.

Współpracowałam z ekipą filmową. Galę UFC 185, sprzedawaną w pay-per-view, promowano dostępnymi w internecie materiałami z serii Embedded. Wcześniej zespół UFC odwiedził mnie w Olsztynie, aby zrealizować film z cyklu Countdown, przygotowywany między innymi dla telewizji Fox Sports. Byłam pretendentką do tytułu mistrzyni i jedną z czterech najważniejszych postaci imprezy, obok Esparzy oraz Anthony'ego Pettisa i Rafaela dos Anjosa. Pettis miał bronić w Dallas pasa mistrza świata wagi lekkiej. Na plakacie widnieliśmy we czworo. Byłam pewna, że następnym razem to ja będę pozować do zdjęcia z pasem, nie Carla.

Trzeba było nakręcić dobry materiał. Zawsze nudziło mnie, jak w Embedded pokazują laski buszujące po sklepie z ubraniami i facetów siedzących na fotelu u fryzjera. Co w tym fajnego? Każdy czasami kupuje ciuchy i daje się ostrzyc. Chciałam zrobić coś szalonego. Rzuciłam pomysł, aby wybrać się do Wielkiego Kanionu Kolorado, a UFC uznało, że da się to zrobić! Było nas czworo: ja, Tiago, Marcin Depczyński, wtedy opiekujący się moimi kontami w mediach społecznościowych, i Alex, operator kamery. Wskoczyliśmy do awionetki, która czekała na nas na lotnisku w Boulder City, rzut beretem na południowy wschód od Las Vegas.

Obejrzeliśmy starą farmę i dzikie konie. Drugim punktem wycieczki był Skywalk, czyli słynny szklany taras widokowy w kształcie podkowy. Krajobraz zapierał dech. Miałam wrażenie, że bujam w obłokach. Żeby zupełnie nie odlecieć, od czasu do czasu robiłam kroczek w bok i stawałam na nieprzezroczystej części tarasu. W tym miejscu nie widać kilkusetmetrowej przepaści i można odzyskać równowagę. Ludzie kładli się na przezroczystej tafli szkła i wariowali. W skałach dało się dostrzec psa pitbulla albo sokoła. Wiele tysięcy lat temu te zwierzątka wyrzeźbiła sama natura. A nad naszymi głowami latały helikoptery z turystami.

Na tarasie nie wolno było robić zdjęć. Rzecz polega na tym, żeby zapłacić za nie organizatorom całej zabawy. O ile dobrze pamiętam, telefony komórkowe zostawiało się w specjalnych szafeczkach. Operator Alex z profesjonalną kamerą nie mógł wejść na Skywalk. Zrobił ujęcie z daleka, jak zachwycam się widokiem w towarzystwie Tiago i Marcina. Gdy przechodziłam przez bramkę, coś zapikało. Wytłumaczyłam sędziwemu ochroniarzowi, że to przez mikroport. Puścił mnie dalej. Po zejściu z tarasu musiałam się jednak znowu usprawiedliwiać.

– Przecież jest to urządzenie do rejestrowania dźwięku, nie obrazu – mówiłam, coraz bardziej poirytowana. Robiłam się głodna i zmęczona, a oni przyczepili się do kamery Alexa. Profesjonalnego sprzętu rzekomo nie można używać również z dużej odległości od tarasu.

Czekaliśmy na busa, który miał nas zabrać do kolejnego punktu widokowego. Dojechaliśmy. Śledziło nas dwóch ochroniarzy. Chcieli mieć pewność, że już nic nie nagrywamy. Nagle dopadł nas jakiś niski, gruby typ w ciemnych okularach. To był policjant, żywcem wyjęty z filmu o gliniarzach nieudacznikach.

– Jesteście zatrzymani. Ręce do góry! – zagroził grubasek. Skuł Alexa kajdankami.

Przetrzepali jego torbę, wszystko z niej wyrzucili, wyjęli kartę pamięci z kamery. Myślałam, że to jakieś jaja i za chwilę okaże się, że UFC wszystko wyreżyserowało. Jednak nie. Policjantowi musiała się przegrzać głowa od upału i chyba uznał, że trafiła mu się afera życia.

Komedia trwała. Drugi policjant, o latynoskich rysach, zorientował się, że jestem tą laską, która za parę dni będzie walczyć o mistrzostwo UFC. Jak gdyby nigdy nic, poprosił mnie o autograf. Jeszcze zaczął nawijać, że sam kiedyś trenował zapasy i uwielbia sporty walki. W tym czasie jego szef uznał, że zabierze operatora do aresztu. Pojechaliśmy tam z Alexem, zrobiono nam zdjęcia paszportów. Całe szczęście, że ci wariaci nie postawili mi jakichś zarzutów. W tym cyrku spędziliśmy jeszcze kilkadziesiąt minut. Alex był przerażony, ale ostatecznie puścili go wolno. Policja odholowała naszego busa pod samą awionetkę. Ludzie patrzyli na nas jak na złoczyńców, którzy chcieli ukraść skały z Wielkiego Kanionu.

W Dallas zakwaterowano nas w Hiltonie. Dostałam taki apartament, że naśladując bohaterkę polskiej komedii, mogłabym skomentować: „Tu jest jakby luksusowo". Dwa pokoje, trzy albo cztery łóżka. UFC zadbało o mnie jak o gwiazdę. A ja jeszcze nawet nie zdobyłam pasa! Zamieniłam się jednak z chłopakami. Szymon, Karol i Marcin urządzili się w apartamencie, ja przeniosłam rzeczy do zwykłej dwójki. Po co miałam udawać królową? Przecież w pokoju chciałam się tylko dobrze wyspać.

Nagrywaliśmy kolejne kawałki do Embedded. Tylko na YouTubie oglądało je po trzysta tysięcy ludzi. Zebrałam dużo braw po energetycznym treningu dla mediów. Nie oszczędzałam się, waliłam ile sił w tarczę, którą Szymon założył na rękę. Kamera była także na moim prywatnym treningu, który zaczęliśmy o wpół do dziesiątej wieczorem. Naklejałam plaster na lewą dłoń, która po upadku w akcji „kapusta" jeszcze się nie zagoiła.

– Biję tak mocno, że skóra mi pęka – puściłam oko do kamery. Ale ze mnie kłamczuszek.

Założyłam ubranie odchudzające, tak zwany sauna suit, aby wylać jak najwięcej potu. Narzuciłam na nie bluzę z kapturem. Trening zakończył masaż Tiago. Leżałam wyciągnięta na brzuchu, kamera była przed moim nosem.

– Jeszcze tylko trzy dni i spełni się moje marzenie – przekonywałam.

Tym razem o wagę zadbałam jak trzeba. Piłam od czterech do sześciu litrów wody dziennie, czasami nawet osiem. Im bliżej ważenia, tym bardziej ograniczałam przyjmowanie płynów. Nerki przyzwyczaiły się jednak do filtrowania, dlatego wciąż bardzo często biegałam do toalety. Organizm zaczął pobierać wodę z mięśni, w ten sposób traciłam masę. Wskakiwałam do wanny. Nalewaliśmy do niej gorącej wody. Dodawaliśmy sól, konkretnie siarczan magnezu i alkohol. Miałam wrażenie, że oblewa mnie fala chłodu, jakby woda była lodowata. To tak, jakbym wzięła do buzi miętowy cukierek, lecz efekt czuła na całym ciele.

Dwa dni przed sobotnią walką w pokoju odwiedziła mnie makijażystka. To znak, że nadszedł dzień udzielania wywiadów. Przed kamerą i w obiektywie musiałam się prezentować jak należy. Lubię delikatny make-up. Gdy ostro trenuję, moja twarz wygląda na zmęczoną, a pod oczami robią się przebarwienia. Takie szare plamki są zresztą u nas rodzinne.

Ubrałam się niezobowiązująco. Założyłam granatową koszulkę, dżinsy i białe sportowe buty. Spotkałam Carlę Esparzę. Przypuszczalnie fajna z niej dziewczyna. To nie był jednak czas na zawieranie przyjaźni. Dobrze się ubrała. Miała na sobie ładną bluzkę bez rękawów, białe spodnie i eleganckie buty na obcasie. Miałyśmy stanąć oko w oko, z myślą o fotoreporterach i kamerzystach. Przestraszyłam ją. Udawała, że wszystko jest w porządku, ale myślę, że przestała czuć się komfortowo.

– Ojej, aż trzęsą mi się łydki – uśmiechała się Esparza, widząc kamerę. Rzecz w tym, że to wcale nie były żarty. Zobaczyła dziewczynę, która przybyła do Dallas z drugiego końca świata, z błyskiem szaleństwa w oku. Wiedziała, że nie cofnę się nawet o krok.

Jeszcze gorszego psikusa zrobiłam jej w piątek, w trakcie ważenia. Carla nosi pseudonim Ciasteczkowy Potwór. W sklepie szukaliśmy z Tiago tego przesympatycznego bohatera Ulicy Sezamkowej wśród maskotek. Nie znaleźliśmy, więc pozostał nam plan B. Tiago rano wybrał się do spożywczaka 7-Eleven i po prostu kupił ciacho. Wręczyłam je Carli tuż przed ostatnim „oko w oko". Esparza zapewne zwariowała, nie mogła się tego spodziewać. Publiczność była zachwycona. UFC w Stanach jest tak popularne, że ludzie przychodzą oglądać nawet ważenia.

Tuż przed walką skończyłam czytać autobiografię Mike'a Tysona. To była gorzka, mocna i prawdziwa lektura. Czytanie mnie relaksuje. Dawniej byłam antyksiążkowa, teraz chętnie przewracam kartki nawet w dniu pojedynku. Niedawno skończyłam *Historię najniebezpieczniejszego snajpera w dziejach armii amerykańskiej* i *Zabić Bin Ladena*. Lubię akcję i opowieści o przezwyciężaniu słabości. One wzmacniają mnie duchowo. Po obejrzeniu filmu o Jerzym Popiełuszce od razu kupiłam kilka książek o naszym księdzu, zamordowanym na zlecenie komunistycznej władzy. To był wspaniały wojownik, wspanialszy niż my wszyscy razem wzięci. Na półce czeka też książka o Zbigniewie Relidze, kilka durnych romansów i poradniki, które poszerzą moją wiedzę na temat zdrowia i diety. Nie jestem za to fanką fantastyki albo science fiction. Najlepiej odnajduję się w realu.

No i cóż, przyszedł czas na ukoronowanie mojej kariery. Jedenaście i pół roku po pierwszym treningu, dziesięć lat i dziesięć miesięcy po pierwszych mistrzostwach Polski, pięć lat i cztery miesiące po pierwszym złocie mistrzostw świata, dwa lata i dziesięć miesięcy po debiucie w zawodowym MMA, osiem miesięcy po pierwszej walce dla UFC. Za Mikiem Tysonem mogłabym zanucić *In The Air Tonight* Phila Collinsa. Ale dopiero po walce, na spokojnie. Przed wejściem do klatki potrzebuję czegoś energetycznego, nie ballad.

Zaczęło się. Byłam bardzo skupiona. W myślach miałam jedno: „No wjedź mi w nogi, Carla". Tyle razy straszono mnie atutami rywalki. Esparza to świetna zapaśniczka. Miała mnie sprowadzić do parteru, założyć dźwignię i zmusić do odklepania. Ruszyła. Chciała chwycić mnie za nogę. Wycofałam się, obniżyłam pozycję, zrobiłam wyrzut bioder do tyłu i odepchnęłam jej głowę. Obroniłam się! Chwilę potem Carla zrobiła swoje, ale tylko na moment. Szybko wstałam, zapięłam ręce przy jej głowie. Przerabialiśmy to wiele razy. Spokój.

Esparza nie ustępowała. Spróbowała rzutu przez biodro, ale przesunęłam środek ciężkości mojego ciała. Zaraz potem chciała znaleźć się za moimi plecami i poszukać duszenia, ale przytrzymałam jej rękę. Minęły dwie i pół minuty walki, czyli połowa rundy. Zaczynała się moja rozgrywka.

Sądzę, że już po przyjęciu pierwszego mocnego ciosu w głowę Carla wiedziała, że zaczynam rozdawać karty. Uderzałam coraz częściej, coraz celniej. Esparza miała jeden pomysł na walkę, ale traciła animusz przez moje defensywne zapasy. Zaczęłam ją ustawiać i punktować przy siatce, nie zostawiałam miejsca na ucieczkę. Trafiłam bardzo mocnym prawym w głowę. Carla cierpiała. Bardzo nie chciała przyjmować tych uderzeń. Opuściłam gardę, poczułam się luźniej. Waliłam lewym i prawym prostym, trzymając dystans, by za chwilę go skrócić i skorzystać z łokci, czego nauczyło mnie muay thai. Po pięciu minutach wiedziałam, że mam Esparzę na widelcu. Wypstrykała się. Zabolało mnie tylko raz, gdy trafiła mnie kolanem w brzuch. Było rewelacyjnie, ale za wiele przeszłam w sporcie, żeby stracić czujność. Łup był blisko.

Druga runda. Carla próbowała nurkować i chwycić moje nogi, coraz bardziej desperacko. Ja robiłam swoje w stójce. Ostatecznie przekonywałam wszystkich, że jestem najlepszą strikerką w tym sporcie. Później w grze komputerowej UFC 2 przyznano mi dziewięćdziesiąt osiem punktów na sto możliwych. Wyprzedził mnie tylko Conor McGregor, o punkcik. Biłam coraz mocniej. Słyszałam „bum, bum, bum". Głowa Esparzy robiła się coraz bardziej czerwona. Carla pogubiła się, była moja. Kolejne sprawle sprawiały mi coraz mniejszą trudność.

Wymierzałam soczyste ciosy. Przez głowę przemknęła mi myśl, że fajnie by było, gdyby sędzia przerwał walkę. Nie, nie mogłam pozwolić sobie na dekoncentrację. Nigdy nie wiadomo, co stanie się za chwilę. Trzeba było uważać. Jednak robiłam, co chciałam. Wszystkie uderzenia dochodziły celu. Okej, to jest ten moment. Wyrzuć parę ciosów, skończ to kombinacją. Raz, dwa, trzy, cztery, pięć, sześć. Pomiędzy mnie i Carlę wskoczył sędzia, przerywając męczarnie rywalki. Techniczny nokaut! Minęły cztery minuty i siedemnaście sekund drugiej rundy. Wow, szybko poszło. Miało być pięć ciężkich rund.

Przeżegnałam się, popłakałam. Siedemnaście tysięcy widzów w American Airlines Center zobaczyło mnie z biało-czerwoną flagą. Spojrzałam na trenerów Carli. Przed walką patrzyli na mnie lekceważąco, jakby chcieli powiedzieć, że Esparza mnie zmiażdży. Teraz w ich oczach widziałam smutek i żal. Radość sprawiała mi obecność rodziny. Moi kuzyni, Łukasz, Mariusz i Janusz z żoną Gosią, siedzieli na tyle blisko oktagonu, że dostrzegłam ich, zaczynając walkę. Czułam ich bliskość, dostałam zastrzyk energii. Gdy było po wszystkim, ogromnie się ucieszyłam, że sprawiłam im radość. A jeszcze dwa dni wcześniej mieli łzy w oczach, gdy odwiedzili mnie w apartamencie. To był ostatni dzień robienia wagi.

– Aśka, jak myśmy ciebie zobaczyli w hotelu, to aż nam coś ścisnęło serce – powiedzieli mi po zwycięstwie, choć już w czwartek wiedziałam, że mój widok mocno ich zaniepokoił. Dwa dni przed walką byłam okropnie zmęczona, ale starałam się tego nie okazywać.

Mistrzowski pas UFC był zbyt ciężki, aby Dana White mógł mi go zapiąć na biodrach. Powiesił mi go na ramieniu. Nigdy nie zapomnę tego momentu. Podziękowałam Carli. Powiedziałam, że jest bardzo dobrą zawodniczką. Konferansjer Bruce Buffer ogłosił wszem i wobec, że nową mistrzynią świata wagi słomkowej została Joanna Jędrzejczyk. Joe Rogan zadał mi pytanie. Zatykało mnie, ściskało w gardle z przejęcia, ale odpowiedziałam całkiem donośnym głosem, że tego pasa nikt mi już nie odbierze.

„Właśnie tak się kradnie show!" – napisała na Twitterze Ronda Rousey. Za bilety ludzie zapłacili ponad dwa miliony dolarów. Usługę pay-per-view zamówiło trzysta tysięcy kibiców. Trzysta jedenasta gala w dwudziestodwuletniej historii

UFC zakończyła się. Tego wieczoru pas straciła nie tylko Carla, ale i Anthony Pettis, który przegrał na punkty z Rafaelem dos Anjosem. Brazylijczyk został nowym czempionem kategorii do 70 kilogramów.

Opuściłam klatkę. Lekarz sprawdził, czy wszystko ze mną w porządku. Podpisałam dokumenty, aby UFC mogło mi wręczyć czek za walkę. Zrobiono mi pierwszą sesję fotograficzną z pasem, bo zdjęcia miały być gotowe do promocji kolejnego pojedynku. Udzieliłam wywiadów, na chwilę połączyłam się telefonicznie z Przemkiem.

W hali, z żoną Moniką, był mój znajomy Artur z Olsztyna.

– Ale ekstra, wygrałaś pas! – wykrzyczał.

– Dziękuję – tyle umiałam odpowiedzieć.

Nie dowierzałam, że zostałam mistrzynią świata UFC. Zmierzałam do szatni z Larrym, czyli Marcinem Depczyńskim.

– Przecież ty się w ogóle nie cieszysz!

– Ale o co ci chodzi?

– Zostałaś mistrzynią UFC. Masz to, do czego dążyłaś. Zrobiłaś to!

– No wiem.

Wcale nie przesadzam, tak było. Dobrze wiedziałam, co się stało, ale już myślałam o kolejnych celach. Zwycięstwo nad Esparzą, pas na ramieniu – odhaczone i lecimy dalej. Do tej pory mam tak, że cieszę się z sukcesów na swój sposób, ale mój głód nie został zaspokojony, chcę więcej. Tak naprawdę nie wiem, kiedy nastąpi moment, w którym w pełni docenię wszystkie osiągnięcia.

Wróciłam do szatni, wykąpałam się, a podczas konferencji prasowej dowiedziałam się, że dostanę pięćdziesiąt tysięcy dolarów premii za najlepszy występ wieczoru! Wow, całkiem niedawno takie pieniądze nawet mi się nie śniły. Po odliczeniu podatku, na czysto wychodzi jakieś trzydzieści pięć tysięcy, ale i tak było super. Podstawowa gaża wynosiła dwadzieścia pięć tysięcy, podwojone dzięki wygranej. Za poprzednią walkę, z Claudią Gadelhą, dostałam dziesięć plus dziesięć, jak również kilka tysięcy specjalnego bonusu wyrównawczego.

Zjadłam nocną kolację w zwykłej sieciowej jadłodajni. Był to jedyny otwarty lokal w pobliżu hotelu. Towarzyszyło mi kilkanaście osób i uznaliśmy, że nie ma sensu zamawiać paru taksówek do miasta. W nocy przed lokalem ustawiła się bardzo długa kolejka. Ukryłam się pod kapturem, ale i tak ktoś mnie rozpoznał i uznał, że nowa mistrzyni UFC nie powinna stać na zewnątrz. Wszystko bardzo się jednak dłużyło. Najpierw czekaliśmy na miejsce, potem na menu, jedzenie i rachunek. Minęły dwie, jeśli nie trzy godziny.

Po najważniejszym zwycięstwie w karierze spałam pięć godzin. Pas włożyłam do pokrowca. Tam grzecznie czekał, aż nowa właścicielka się obudzi. W niedzielę przejrzałam wiadomości w telefonie. Było ich mnóstwo. Teraz pisze do mnie mniej znajomych. Nie wiem, dlaczego tak się dzieje. Ludzie chyba myślą, że moje życie się zmieniło i już nie potrzebuję ich towarzystwa. Być może trochę wstydzą się odezwać. Zupełnie niesłusznie. Naprawdę staram się przeczytać każdą wiadomość i na każdą odpisać. Bardzo się pilnuję, by znaleźć na to czas. Zdarza się, że odpowiadam dopiero dwa tygodnie po walce. Odpisuję, a wtedy ludzie nie mogą już skojarzyć, za co im dziękuję.

Następnego dnia po walce miałam ochotę na fast food. Quesadilla, nachosy. Oczy bardzo chciały, ale nic mi nie smakowało. Tak przyzwyczaiłam się do picia wody, że po szklance soku miałam straszną zgagę.

Powrót do Polski był przyjemnością. Wysiedliśmy z samolotu na Okęciu.

– My po panią Jędrzejczyk – zaczepili mnie celnicy. Cholera, za dużo koszulek kupiłam w Stanach? Nie. Funkcjonariusze zaprosili nas do auta, zawieźli do hali przylotów. Czekaliśmy na bagaż. Trwało to długo.

– Złapiemy z Karolem twoje torby. Leć do dziennikarzy – powiedział Szymon.

Otworzyły się automatyczne drzwi. Zobaczyłam kamery, fotoreporterów, wiele znajomych twarzy. Z Olsztyna przyjechał Przemek, szwagier Krzysiek i kuzyn Karol, czekali na mnie kibice. Byłam zaskoczona. Pierwszy raz poczułam, że jestem w Polsce znaczącym sportowcem.

Rozdział 22

NIE MODLĘ SIĘ O NOKAUT

Uważam, że sami nie jesteśmy w stanie nic zrobić. Wszystko, co zdobyłam, zawdzięczam Bogu. Nie wstydzę się mówić o swojej wierze, pokazać się z krzyżem, życzyć swoimi fanom w internecie błogosławionej niedzieli. Jestem dumna z bycia chrześcijanką.

Niedawno wzięłam się za Pismo Święte. Przed snem staram się przeczytać fragment, choćby kilka wersów. Chcę zakończyć dzień myślą o Bogu, o moim życiu. Często obwiniam się, że o wiele więcej czasu poświęcam na sprawy przyziemne niż duchowe. Odpisuję kibicom na wiadomości, a w tym czasie mogłabym usiąść z Biblią. Czuję, że jestem między młotem a kowadłem. Bo jak coś robię, to na sto procent. Jest mi głupio, gdy w trakcie wieczornej modlitwy wkradają się myśli o ułożeniu sobie kolejnego dnia. Staram się jednak ze sobą walczyć. Kiedy powiem amen, cieszę się, że wypełniłam obowiązek, który chciałam wypełnić, nie musiałam. Zasypiam spokojna.

Staram się mieć w sobie pokorę. Wstydzę się powiedzieć przeciwniczce, że ją znokautuję. Zazwyczaj po prostu mówię, że wygram. Są jednak rywalki takie, jak Claudia Gadelha. Wyzwalają we mnie agresję. Wypowiadam pod ich adresem mocne słowa. Ludzie mówią wtedy o mnie, że jestem butna i arogancka, ale tylko ja wiem, dlaczego moja reakcja jest tak ostra. Nie znoszę, gdy ktoś nie okazuje mi szacunku. Nie wpadam w zachwyt, gdy spoglądam w lustro. Są lepsi ludzie ode mnie. Muszę nad sobą pracować. Gdy piszę, że jestem jedyną mistrzynią, mam na myśli to, że w wadze słomkowej w UFC nie ma innej czempionki. Znacie jakąś drugą? Ja nie. Szkoda, że ludzie nie zawsze zastanawiają się, co rzeczywiście chcę im przekazać. Męczy mnie przekonywanie, że nie mam złych intencji.

Po rewanżu z Claudią nie mam sobie nic do zarzucenia. Zaraz po walce potraktowałam ją z respektem, znowu nazwałam ją świetną zawodniczką. Gadelha wolała jednak pozostać w roli ofiary. Podałyśmy sobie ręce, ale to nie było prawdziwe pojednanie. Jakby nie dawała wiary, że zachowuję się szczerze. Porażki bolą, ale trzeba je przyjmować, jak przystało na sportowca. Trudno. Zrobiłam, co mogłam. Przez cały czas walczyłam o swój honor i dobre imię. Nie dam się oczerniać. I tak – jestem pokorna. Gdybym nie była, nie osiągnęłabym sukcesu w sporcie.

Rodzice wychowali mnie na chrześcijankę, jednak moja świadomość wiary nigdy nie była tak silna jak dzisiaj. Dawniej byłam mniej dojrzała, traktowałam religię mniej poważnie. Do chodzenia na niedzielną mszę świętą nigdy się jednak nie zmuszałam. Czułam tę potrzebę, wstawałam najwcześniej z całej rodziny i wypełniałam obowiązek. Dzisiaj nieobecność na mszy świętej jest dla mnie trudnym przeżyciem. Boli mnie, gdy zawiodę. Bo jak to jest? Dziękuję Bogu, któremu wszystko zawdzięczam, proszę o kolejne dary, a nie umiem zaplanować niedzieli tak, by pójść do kościoła? Zawsze można znaleźć wymówkę, ale każda jest głupia. Staram się znaleźć świątynię z mszą świętą w języku polskim także podczas pobytu za granicą. Gdy kręciliśmy zdjęcia do *The Ultimate Fighter* w Las Vegas, chodziłam także na nabożeństwa drogi krzyżowej. Mam tam „swoją" parafię pod wezwaniem Matki Boskiej.

Pod koniec 2015 roku poznałam w Las Vegas księdza Tomasza Ludwickiego. Przystępowałam do komunii świętej. Ksiądz dziwnie na mnie spojrzał. „Chyba mnie nie polubił. Czy ja na serio jestem aż tak brzydka?" – miałam mętlik w głowie. Wróciłam do ławki. Zaczęły się ogłoszenia.

– Jak chyba wiecie, jestem wielkim fanem sportu... – mówił ksiądz Tomasz. Już wiedziałam, że coś się święci. Opuściłam głowę z nadzieją, że nie widać mnie zza ławki. – Chyba się nie mylę, że jest z nami Joanna Jędrzejczyk, mistrzyni sztuk walki. Wielkie brawa dla naszej wspaniałej zawodniczki!

Ludzie zaczęli klaskać. O kurczę.

W Our Lady of Las Vegas Roman Catholic Church panuje fajny zwyczaj. Po mszy świętej księża żegnają wychodzących wiernych. Podają rękę, dziękują, rozmawiają. Ksiądz Tomasz, który należy do Chrystusowców, zaprosił mnie na obiad. Jest na bieżąco ze wszystkimi nowinkami, dlatego nagraliśmy wywiad, który można obejrzeć w internecie. Oczywiście tylko mi się wydawało, że mnie nie polubił. Super człowiek.

Nie wierzę w kryzys w Kościele. To nieprawda, że modlą się głównie ludzie starsi albo biedni. W Olsztynie niedaleko mojego bloku stoi piękna, nowoczesna świątynia. Proboszcz jest niezwykłym człowiekiem. Rozbudował kościół, który dawniej był niewiele większy niż moje mieszkanie. Wokół niego stoi dużo domków, w których żyją zamożni ludzie. Jestem pod wrażeniem, gdy w niedzielę kościół jest pełen wiernych. Tworzą bardzo fajną wspólnotę. Też jest klaskanie podczas mszy świętej, jak w USA. W ten sposób wita się ochrzczone dziecko albo reaguje na ważne wydarzenie dla parafii. Ksiądz naprawdę się stara, aby ci ludzie czuli się zjednoczeni. Co do zamożności katolików – w Las Vegas po mszy świętej spotkałam ludzi, których poznałam podczas Balu Mistrzów Sportu „Przeglądu Sportowego" i Telewizji Polskiej. Ich firma sponsorowała tę imprezę.

Czasami w kościele czuję na sobie wzrok ludzi, szczególnie w Polsce. Dlatego najczęściej staję albo siadam z tyłu, choć generalnie nie powinnam się tym przejmować. Próbuję się wyłączyć. Szatan jednak zawsze kusi. Każe myśleć o tym i o tamtym, byle tylko odwrócić moją uwagę od Boga. Z tego powodu czasami nie mogę się skupić. Jak w takim memie internetowym z motocyklistą. Gdy siedzi w kościele, nad jego głową jest chmurka, a w chmurce motocykl. Gdy jedzie motorem, w chmurce jest Bóg. Dziś jednak więcej czerpię ze Słowa Bożego niż dawniej. Msza święta mi się nie dłuży, mogłaby trwać nawet dwie lub trzy godziny. Nie zerkam na zegarek. Czuję w tym głębię. Kiedyś nie mogłam zrozumieć, gdy ksiądz, zamiast wygłosić sensowne kazanie, odczytywał jakiś list. Teraz mi to nie przeszkadza. Wiem, że każde słowo jest po coś. Myślę, że sama modlitwa to za mało. Powinniśmy od siebie wymagać i dzień święty święcić. Uczestnictwo w Eucharystii, przyjęcie Jezusa Chrystusa, to ogromne szczęście.

Przed walką modlę się z różańcem, który dostałam od świętej pamięci Michała Skupińskiego. Mam przy sobie krzyż, który mogę powiesić na szyi, i breloczek z napisem

Nie Wstydzę Się Jezusa. Odmawiam *Ojcze Nasz.* To najprostsza modlitwa, ale zawiera wszystko, co najważniejsze. *Bądź wola Twoja* – cokolwiek się stanie, poddaję się jej. Pamiętam też o litanii do świętego Krzysztofa, patrona podróżujących i Tadeusza Judy, świętego od spraw beznadziejnych. Jak je rozumiem? To sytuacja, gdy mogę znaleźć się na krawędzi nokautu. Proszę, abym potrafiła się w niej odnaleźć i przetrwać. A przede wszystkim, by do niej nie doszło. Bym była mądra i poprowadziła walkę tak, jak chcę. Bym zakończyła ją bez uszczerbku na zdrowiu.

Nie rzucam czarów na rywalkę. Nie proszę, żeby doznała kontuzji, żebym ją znokautowała. Czasami, po wygranym pojedynku, wręcz przykro patrzeć na powtórki najlepszych akcji. Budzą się ludzkie uczucia, wyrażam nadzieję, że rekonwalescencja przeciwniczki nie potrwa długo. Podczas walki moim krzyżem opiekują się sekundanci. Po zwycięstwie zakładam łańcuszek z krzyżem na szyję. Cieszę się, że mogę dawać świadectwo wiary w Jezusa Chrystusa.

Nie mówię tego wszystkiego, aby pokazać, że jestem lepsza. Każdy ma swoje zasady, morale i etykę postępowania. Wierzy w Boga albo nie. Spotykam ludzi na całym świecie. Chcę zrozumieć ich sposób myślenia, zwyczaje, wartości. Nikogo nie oceniam. Czasami, gdy popełnię ten błąd, czuję się głupio. Nie wydaję wyroku, jeśli kogoś dobrze nie poznam. Nie słucham podszeptów, staram się nie przyjmować za pewnik tego, czego dowiem się na temat drugiego człowieka. Nikt nie jest alfą i omegą. Wszyscy grzeszymy, wszyscy błądzimy, w gruncie rzeczy wszyscy jesteśmy czarnymi owcami. Chodzi o to, żeby po każdym upadku odnaleźć właściwą drogę i próbować z niej nie schodzić jak najdłużej. Wierzę, że jest to dla nas dobre.

Cieszę się, że rodzice mnie ochrzcili i nie poprzestali na tym. Dbają o wiarę także i dzisiaj. Nie ma czegoś takiego, jak bycie katolikiem niepraktykującym. Chrzest dziecka, ale niewychowanie go w wierze jest irracjonalne. Zdaję sobie sprawę, że młodzi rodzice często ulegają presji rodziny i chrzczą pociechę dla świętego spokoju albo z tego samego powodu decydują się na ślub kościelny. Myślę, że to niepoważne.

Dwa lata temu, po zwycięskiej walce w UFC, Yoel Romero krzyczał do mikrofonu o Jezusie, wzywając Amerykanów do nawracania się. Dana White go za to skrytykował. Uważam, że prezydent UFC miał do tego prawo. Przekonania religijne można wyrażać, ale należy znać czas i miejsce. Jesteśmy dla całego świata, nie zaś dla danej religii, danego regionu świata lub państwa. Sport jest uniwersalny, a sportowcy muszą pokazywać, że szanują innych. Staram się nikogo nie nagabywać, chociaż oczywiście chciałabym, żeby wszyscy się nawracali. Nie chcę grzeszyć, mówiąc, że nie powinnam nic robić w tym kierunku. Taka jest przecież moja rola jako chrześcijanki.

Rozmowy o religii i polityce w szerokim gronie rzadko przynoszą dobre rezultaty. Z tego powodu nie starałam się uświadamiać człowieka, który niedawno powiedział mi, że wierzy w Jezusa, ale nie oddałby za niego życia. Zrobiło mi się naprawdę bardzo przykro. Miałam ochotę krzyczeć. Pomyślałam sobie jednak, że ja za wiarę mogłabym oddać głowę. I znowu podkreślam, że nie żartuję. Możecie pomyśleć, że jestem oderwana od rzeczywistości, ale w życiu trzeba być gotowym na wszystko. Ja jestem.

Reebok
UFC
Reebok

Rozdział 23

NIKT NIE ZABIERZE MI TEGO PASA!

Przed walką w Berlinie czułam się fatalnie. Po ważeniu miałam nudności, ale dwadzieścia cztery godziny później nie dałam najmniejszych szans Jessice Penne. Sądzę, że to trwało zbyt długo. Już w drugiej rundzie stało się jasne, że jestem niezagrożona. Dana White znów był pod wrażeniem.

Przestałam nadążać za tym, co się o mnie pisze. Rzadko czytam wywiady. Nie mam czasu sprawdzać, czy dziennikarz wiernie odtworzył moje słowa. Ludzie zaczepiają mnie, mówiąc, że widzieli mnie w telewizji. Mija dłuższa chwila, zanim zorientuję się, o który program chodzi i kiedy go nagraliśmy. Wizyta w telewizji śniadaniowej? Nie uważam, że to niepoważne zajęcie dla celebrytów. Poznaje mnie kolejna rzesza ludzi, zbieram dobre opinie. Lubię kamerę, lubię pokazywać siebie. Za parę lat sama chętnie widziałabym siebie w roli prezenterki.

Staram się ufać ludziom. Dbam o dobre relacje z dziennikarzami. Od nich w dużej mierze zależy, jak odbierze mnie społeczeństwo. Nie stałam się zmanierowaną gwiazdeczką, zadzierającą głowę i unikającą wywiadów. Niektóre ukazały się bez autoryzacji. Wyróżniono nie te słowa, które były dla mnie najważniejsze. Nie miałam na to wpływu. Jednak trzeba spojrzeć prawdzie w oczy – za kilka lat nikt nie będzie pamiętał o szczegółach. Część ludzi o mnie zapomni, inni dopiero dowiedzą się, kim jestem. Będziemy dyskutować zupełnie o czymś innym. Znajdziemy się w nowych sytuacjach.

Nie byłam miłośniczką selfie i dzióbków, ale zauważyłam, że ludzie tego potrzebują. Zbieram pochwały za prowadzenie profili w mediach społecznościowych, bo naprawdę się do tego przykładam. Jeśli nie wrzucę fotki w ciągu dwóch dni, fani zaczynają się martwić, czy nie dzieje się ze mną nic złego. Chcę, żeby kibice wczuli się w to, co w danej chwili robię, poznali klimat miejsca, które odwiedzam. Nie szykuję się do fotografii, nie upiększam się. Nie jestem modelką albo blogerką, która musi wyglądać idealnie. Bywa, że na moich fotach widać zmęczoną twarz albo sińce pod oczami. Nie martwię się tym. Chcę, żeby ludzie lubili mnie za to, kim jestem, niekoniecznie za to, jak wyglądam. Nie chcę stać się produktem, wolę pozostać prawdziwa, naturalna.

Pragnę inspirować innych do działania. Pochwalać prawdziwe życie, nie próżniactwo. To działa. Ponad sześćset tysięcy obserwujących na Instagramie nie wzięło się z przypadku. Wiem, kiedy powinnam być poważna, a kiedy przypomnieć sobie o duszy dziecka. Z nią życie jest łatwiejsze, przyjemniejsze. Każdy jest na jakimś punkcie wariatem. Nie zawsze trzeba chodzić w koszuli zapiętej na ostatni guzik, z krawatem ściskającym gardło. Być może jakiś specjalista od wizerunku krzywiłby się po publikacji filmiku, na którym założyłam czapkę z bohaterem kreskówki i ruszałam jego rączkami za pomocą nóżek – to był mój prezent z Kalifornii dla Adasia. A jednak nie znam nikogo, kto by się przy tym nie uśmiechnął.

Dzięki mediom społecznościowym można też zarabiać, ale do prowadzenia profilu nie zawsze podchodzę biznesowo.

– Powinnaś wziąć kasę za promowanie tej firmy. Modelka pokaże buty i dostaje osiem kafli – słyszę.

Ja potrafię podziękować nawet za paczkę suplementów, jeśli łączą mnie dobre relacje z właścicielem firmy. Czuję, że wspólnie pracujemy na mój sukces. Pamiętam, jak problemem było kupienie torebki dietetycznego makaronu za dziesięć złotych, który musiałam jeść dwa razy dziennie. Wykonywałam setki telefonów do firm, wysyłałam niezliczone maile z prośbą o sponsoring. Parę lat temu cieszyło mnie każde sto złotych dopłaty do wyjazdu, obozu. Wydaje mi się, że sportowcom jest trudniej niż modelom albo blogerom. Jeszcze całkiem niedawno otrzymywałam suplementy za pięćset czy tysiąc złotych, podczas gdy jeden wpis w moich mediach społecznościowych miał kilka razy wyższą wartość.

Moja popularność w Polsce znacznie wzrosła, ale bez przesady. Ludzie nie schodzą się pod blok, w którym mieszkam. Obok powstaje nowy.

– Zobacz, idzie ta mistrzyni od boksu – mówią do siebie budowlańcy, ale żaden nie odezwie się do mnie.

W bloku każdej starszej osobie mówię dzień dobry, młodszym cześć, przedstawiam się. Niektórzy patrzą na mnie jak na wariatkę. Dziwią się, że jestem taka otwarta, ale pamiętam swoje dzieciństwo na starym osiedlu. Tam wszyscy się znaliśmy. Nikt nie wstydził się zapukać do drzwi sąsiada po szklankę cukru albo mąki. Teraz już nie ma takich zwyczajów. Z sąsiadów najlepiej poznałam byłą panią policjant i mojego kibica, mieszkającego ze swoją rodziną. W Polsce nie ma takiego szału, jak w USA, gdzie fani potrafią czekać pod klubem, żeby zamienić choć parę słów z idolem i poprosić go o zdjęcie.

Wiem, że lepiej dmuchać na zimne. Niedawno spotkałam dziennikarza, który dość dziwnie się zachowywał. Przyszedł do mamy do sklepu. Chciał zrobić zdjęcia, zapewniał, że dostał ode mnie pozwolenie. A ja poprosiłam go, żeby uszanował naszą prywatność i nie nachodził mamy. Zignorował to, zachował się nieładnie. Innym razem w sali treningowej pojawił się fotograf, bez uprzedzenia. Ostro zasuwałam, zrzucałam wagę. Miałam na sobie kilka warstw ubrań dla utrzymania wysokiej temperatury ciała, na głowę naciągnęłam kaptur i przypuszczalnie nie wyglądałam najlepiej. Gość był młody i chyba wyobrażał sobie, że jest fotografem Discovery, ale poszłam mu na rękę. Zgodziłam się na zdjęcia, pod warunkiem, że obejrzę je i zaakceptuję przed publikacją. Pierwszy raz zobaczyłam je w gazecie. Wkurzyłam się. Zadzwoniłam do przełożonego tego człowieka, potem znalazłam gościa na Facebooku. Powinnam to olać, ale zabolało mnie, że tak mnie zlekceważył. Dałam mu do zrozumienia, że popełnił duży błąd. Zdjęcia jak zdjęcia. Nie były aż takie fatalne. Jednak nie znoszę, gdy ktoś nie dotrzymuje słowa.

Lubię kontakt z fanami, ale cieszę się, że nie stał się on uciążliwy. Niedawno w galerii handlowej odezwała się do mnie młoda kobieta.

– Joanna, jak miło cię zobaczyć. Oglądam cię na Instagramie, jesteś dla mnie inspiracją – powiedziała.

Zrobiło mi się ogromnie miło. Takie spotkania dają największą radość. Większą niż świadomość, że ludzie rozpoznają cię na ulicy, choć i to jest miłe, gdy pędzę rowerem po

Olsztynie, a kierowca naciska klakson i do mnie macha. Kiedy jest słabo? Na przykład, gdy rodzic popycha dzieciaka w moim kierunku, zachęcając do zrobienia zdjęcia. A młody pyta: „Jak się pani nazywa?".

Kończył się kwiecień 2015 roku. Wieczorem usiadłam na kanapie, włączyłam telewizor. Otworzyłam butelkę piwa z zieloną etykietą. Miałam małe święto, bo właśnie skończyłam ważną, nie najłatwiejszą rozmowę z trenerami. Upiłam łyk, gdy zadzwonił telefon.

– Alexander Gustafsson jest kontuzjowany. Czy chcesz walczyć 20 czerwca w Berlinie z Jessicą Penne?

Zerwałam się na równe nogi. Pierwsza obrona tytułu UFC tak blisko domu? No pewnie, że chcę! Piwa nie dokończyłam, w końcu do walki zostało tylko siedem tygodni.

Podczas przygotowań zdarzało mi się panikować, ale tylko z powodu wagi. Cztery tygodnie do pojedynku? Osiem kilogramów powyżej limitu. Trzy tygodnie? Sześć kilo. Organizm to cwana bestia. Im częściej zbijałam wagę do 52 kilogramów, tym więcej masy nabierałam w okresie roztrenowania.

Przed walką z Penne znowu złapałam doła. Fizycznego i psychicznego. Sparing powinien dodawać pewności siebie, a przez zmęczenie chłopaki sadzali mnie na tyłek dziesięć razy. Niefajnie. Miałam dość makaronu bezglutenowego i gotowanych warzyw: papryki i cukinii. Ciało wypłukiwało się z minerałów, wapnia. Kości mogą się wtedy łatwiej złamać. Bolały mnie nawet zęby.

Nie zapomnę, jak marudziłam w Berlinie ostatniego wieczoru przed ważeniem. Wchodziłam do wanny z gorącą wodą, solą i alkoholem. Było cholernie duszno. Musiałam pozbyć się jeszcze dwóch lub trzech kilogramów. Jednak to jest część mojej pracy. Jeżeli ja nie będę miała chęci, to przecież nikt za mnie tego nie zrobi. Biorę to na swoje barki i już.

Jessicę Penne uważałam za niebezpieczną zawodniczkę. Silną, wytrzymałą, specjalizującą się w judo. Oczywiście nasłuchałam się, że mogę przegrać przez poddanie. To stawało się już tradycją. W Berlinie była bardzo pewna siebie. Gdy stanęłyśmy oko w oko podczas sesji zdjęciowej przy Murze Berlińskim, wiedziałam, że to nie są żarty. Czułam, że przyleciała ze Stanów po zwycięstwo. Naprawdę wierzyła, że może mnie pobić. Na spotkanie z mediami w hali O2 World przyszła w czarnej sukience i butach na wysokim obcasie. Tym większym szokiem był kontrast pomiędzy tą elegancją, a wyglądem Penne po walce.

Nasz pojedynek zapamiętano jako masakrę, a przecież wtedy wcale nie czułam się rewelacyjnie. Kto mógł się tego spodziewać, widząc, jak podczas ważenia prowokuję Jessicę, wręczając jej łańcuszek zrobiony z makaronu penne? Chyba coś przeczuwała, bo momentalnie wyjęła swój prezent dla mnie – pierścionek. Krzyczała, że przypominam jej Golluma z Władcy Pierścieni. Grała twardą.

Po ważeniu odwiedzili mnie w pokoju hotelowym znajomi i rodzina. Leżałam na łóżku. Przyjmowałam kroplówkę z elektrolitami i glukozą. Dostałam też mały posiłek. Zwymiotowałam do pojemnika na śmieci, który stał obok łóżka. Taki był efekt osłabienia i odwodnienia organizmu. Zrobiłam to dyskretnie i prawie nikt tego nie widział, ale bliscy i tak byli przygnębieni z powodu stanu, w jakim mnie zastali. Nikt nie przypuszczał, że to może wyglądać tak dramatycznie. Dobrze, że później UFC wprowadziło przepis zakazujący kroplówek. Chcą powstrzymać zawodników przed katorżniczym zbijaniem wagi. W tygodniu walki nie możesz mieć do zrzucenia więcej niż osiem procent masy ciała.

Motywowałam się. Wyjdź i zrób swoje, po prostu! Do pierwszych uderzeń rywalka może być pewna, że moja siła nie zrobi na niej wrażenia. Bo zwyczajnie nie ma pojęcia, jak groźną bronią są moje pięści i łokcie. Z Jessicą było tak samo. Przyjęła frontalne kopnięcie w głowę, rozcięłam jej nos łokciem. Wystarczyło, by przejąć kontrolę nad walką. Kopałam znacznie częściej niż w starciach z Claudią Gadelhą i Carlą Esparzą. W tamtych walkach bardziej obawialiśmy się sprowadzeń do parteru. Penne nie chciała odpuścić, ale kolejne minuty pogłębiały jej dramat.

W drugiej rundzie zaczęłam zerkać na sędziego, ale on nie przerywał walki. Nie zrobili tego także sekundanci Jessiki. Było mi słono w ustach od jej krwi. Z boku musiało to wyglądać ohydnie. Czwarta minuta i dwudziesta druga sekunda trzeciej rundy to był absolutnie ostatni dzwonek, by poddać pretendentkę do tytułu. Wygrałam przez techniczny nokaut. Oklaskiwało mnie osiem tysięcy widzów, w tym wielu Polaków. Na pocieszenie Jessica, tak jak ja, zarobiła pięćdziesiąt tysięcy dolarów za najlepszy pojedynek gali, lecz wiadomo, że premia była wyłącznie moją zasługą.

Moje ciosy trafiały w punkt, stąd pęknięty nos rywalki i mój złamany kciuk prawej dłoni. Ból poczułam w drugiej rundzie. Penne trzymała szczelną gardę i chyba złamałam ten kciuk, gdy celowałam w korpus, a ręka zatrzymała się na jej łokciu. Zadawałam mnóstwo uderzeń, być może za dużo. Sądziłam, że kumulacja ciosów zmusi sędziego do przerwania walki. Powinnam była poczekać i przymierzyć mocniejszym, skuteczniejszym uderzeniem. Wtedy szybciej byłoby po zawodach. W trzeciej rundzie prawą ręką już tylko szturchałam Jessicę. Kłułam lewą. W prawej nie mogłam docisnąć pięści. Dłoń bardzo bolała, ale adrenalina nie pozwalała o tym myśleć. W niespełna piętnaście minut zadałam 162 celne uderzenia, w tym 126 zaliczanych do najmocniejszych. Penne trafiła mnie tylko 28 razy.

Byłam w euforii. Nigdy nie zastanawiam się nad sposobem celebrowania zwycięstw, nad tym, co powinnam powiedzieć. Nie umiałabym udawać radości, cieszyć się sztucznie. Wskoczyłam na ściankę klatki. – Która następna?! – wrzasnęłam do kamery.

Wiedziałam, że na widowni są bliscy, że przyjechał tata i Przemek, Kasia z Krzysiem i Ewa z Jarkiem, a także przyjaciółka Ania i kuzyni. – Znowu, znowu, znowu! Nikt nie zabierze mi tego pasa! – krzyczałam, podnosząc polską flagę.

– I nadal mistrzynią świata UFC wagi słomkowej jest Joanna Jędrzejczyk! – ogłosił spiker. Wtedy przeszły mnie największe ciarki.

W szatni odwiedził mnie matchmaker Sean Shelby.

– Masz pozdrowienia od Dany White'a. Był pod wrażeniem, uwielbia cię – przekazał.

Podziękowałam. Myślałam, że to zwykła kurtuazja. Poszłam pod prysznic. Byłam już przebrana, gdy znowu podszedł Sean:

– Ktoś chciałby zamienić z tobą parę słów.

Podał mi telefon. Usłyszałam Danę.

– Dziewczyno, jestem twoim największym fanem. Zrobiłaś niesamowite show! – emocjonował się White. Znowu pomyślałam, że Dana przesadza. Jednak potem dotarły do mnie jego słowa. Cieszyłam się, jakbym dostała rower po pierwszej komunii świętej. Popłakałam się jak bóbr. Który raz czytacie o moich łzach w tej książce? Wychodzę chyba na niezłą beksę, ale to był kolejny szalenie emocjonujący moment w moim życiu.

Po konferencji prasowej chciałam jak najszybciej uściskać przyjaciół, zjeść z nimi kolację. Spieszyłam się do hotelu, lecz pierwszy w kolejności był szpital. Wiedziałam, że z kciukiem stało się coś poważnego. Szczególnie zabolał mnie w chwili, gdy żegnałam się z kibicami, w drodze do szatni. Jeden z fanów tak pociągnął za palec, że skręciło mnie z bólu.

W szpitalu trafił mnie szlag. UFC zawsze dba, aby lekarze zajęli się nami w ekspresowym tempie i płaci za to grube pieniądze, jednak tam czułam się jak na pogotowiu w Sylwestra. W okolicy odbywał się jakiś festyn. Karetki przywoziły mnóstwo podpitych dzieciaków. Balowały ostro, niektóre się pokaleczyły i lekarze najpierw musieli zaopiekować się nimi.

Był ze mną tylko Tiago. Na izbie przyjęć siedzieliśmy cztery albo i pięć godzin. Mieliśmy przy sobie tylko kilka euro. Z automatu wyjęliśmy chipsy, potem precelki. Na koniec przeliczaliśmy eurocenty, chcąc się dowiedzieć, czy jeszcze na coś nas stać. Tak wyglądała uroczysta kolacja mistrzyni świata po pierwszej obronie tytułu. Myślałam, że oszaleję, zanim zrobiono mi prześwietlenie.

– Ręka w gips i operacja – lekarka wydała wyrok.

– Nie ma mowy! Niedługo chcę lecieć do USA, trenować. Palec na pewno jest tylko wybity!

Wkurzyłam się, potraktowałam drzwi z buta i wybiegłam z pokoju zabiegowego. Ochłonęłam. Popatrzyłam na zdjęcie rentgenowskie. Faktycznie, kciuk złamany.

– Tiago, wołaj tę panią. Niech załatwi to jak najszybciej.

Pani doktor na szczęście nie miała mi za złe tych fochów. Różowego gipsu nie było, ale mogłam wybrać niebieski, kosztem zielonego i czarnego. Gdy podnosiłam kciuk, wyglądało to tak, jakbym podpisała kontrakt reklamowy z Facebookiem.

Wróciłam do hotelu, gdy już świtało. Nikt nie zawiódł. Wszyscy nadal na mnie czekali.

Rozdział 24

ŻADNA ZE MNIE DAMA

To były szalone tygodnie. Berlin, Nowy Jork, Los Angeles, Las Vegas. Spotkałam wtedy więcej gwiazd niż w całym dotychczasowym życiu. Przy nich wszystkich czułam się jak dziewczynka. Szczypałam się, by uwierzyć, że to wszystko wcale mi się nie śni.

Operację złamanego kciuka początkowo miałam przejść w Polsce, lecz UFC zaproponowało, żeby zajęli się mną specjaliści z Los Angeles. Wcześniej poproszono mnie o przylot do Nowego Jorku. Tam, razem z najlepszymi wojownikami na świecie, prezentowałam nową kolekcję Reeboka, który stawał się oficjalnym dostawcą sprzętu do UFC. Pozowałam do zdjęć z mistrzami. Po mojej lewej ustawili się Chris Weidman (czempion wagi średniej), Daniel Cormier (półciężka) i TJ Dillashaw (kogucia). Z prawej miałam Fabricio Werduma (ciężka), Rondę Rousey (kogucia), Rafaela dos Anjosa (lekka), Robbie'ego Lawlera (półśrednia) i Demetriousa Johnsona (musza). Brakowało tylko Jose Aldo (piórkowa), który 11 lipca w Las Vegas miał stoczyć hitowy bój z Conorem McGregorem. Wybierałam się tam. Szykowały się dwa tygodnie pełne atrakcji!

Czułam się trochę skrępowana, dopóki nie odezwał się Dana White.

– Po tym, co zrobiłaś w Berlinie, oni wszyscy nie mogli się doczekać spotkania z tobą! – dodał mi otuchy.

Dotarło do mnie, że to nie sen. Naprawdę znalazłam swoje miejsce w wielkim świecie! Dana zaprowadził mnie do Rondy Rousey, supergwiazdy UFC i amerykańskiego sportu, niepokonanej mistrzyni, która większość przeciwniczek załatwiała w niecałą minutę. Do laski z dziesięcioma milionami fanów na Facebooku.

– Dzięki, że nas poznałeś, Dana. Cześć Joanna, jesteś niesamowita – zwróciła się do mnie.

Uśmiechałam się od ucha do ucha, ale trudno mi było uwierzyć. „Co ona gada? Przecież to ona jest zajebista" – pomyślałam. Zawstydziłam się. Czy kiedyś zwróciliście uwagę, że zdarza mi się nerwowo przebierać palcami, na przykład podczas publicznego wystąpienia? Gdy stanęłam twarzą w twarz z Rondą, było tak samo. Zamieniłyśmy kilka zdań, ale tak naprawdę nie wiedziałam, o czym mam z nią rozmawiać. Potem Ronda udzieliła wywiadu, w którym przyznała, że... czuła się skrępowana i również nie wiedziała, o czym ze mną rozmawiać. Tłumaczyła, że to przez duży szacunek do mnie, że uważa mnie za kogoś ważnego. Niewiarygodne!

Kilka tygodni później okazało się, że 15 listopada Ronda stoczy najważniejszą walkę gali UFC 193 w Melbourne, a na Etihad Stadium tuż przed nią wystąpię ja! Promowałyśmy tę imprezę wspólnie, jako jedyne kobiety z mistrzowskimi pasami UFC. Najpierw we wrześniu w Australii (jak mi się podobał widok z okna pokoju hotelowego na operę w Sydney!), później w Nowym Jorku. Ludzie zapamiętali Rondę jako elegancką kobietę z klasą, efektownie prezentującą się w idealnie skrojonych kieckach i butach na wysokim obcasie, która w klatce staje się bezlitosna dla rywalek. Ja zobaczyłam w niej normalną dziewczynę. Nie zapomnę, jak usiadła przede mną w zwykłych spodniach, z rozstawionymi nogami. Przyjęłam tę samą pozę.

– No popatrz, jakie z nas damy – wybuchnęłyśmy śmiechem.

Ronda lubi się wyluzować, ubrać mniej formalnie. Nie spodziewałam się, że mnie pochwali.

– Kurde, ty to potrafisz dobrać ekstra buty do dżinsów. Zawsze wyglądasz dobrze. Ubierasz się swobodnie, ale gustownie. Niczego ci nie brakuje. Zazdroszczę ci, że nie musisz wciskać się w te sukienki.

Rzeczywiście, w kiecce czuję się mało komfortowo, za bardzo oficjalnie. Pasuje mi, że mogę przywdziać jedynie fajną bluzkę albo koszulę, a resztę dobrać na luzie, lecz ze smakiem. Być wysportowaną laską, nie ponętną kobietą z wyższych sfer. Gdy trafiłyśmy do centrali telewizji ESPN, Ronda latała od studia do studia, cały czas w eleganckim stroju, w szpilkach. Przebrała się raz albo dwa razy. Chyba potrzebowała odprężenia, bo w jednym z programów dla żartów zaczęłyśmy się okładać maskotkami koala.

Myślę, że rozmawiałyśmy szczerze, szczególnie o życiu sportowca. Nie było między nami jakiejkolwiek rywalizacji, zresztą nie śmiałabym niczego odbierać Rondzie. Zawsze jest mi cholernie miło, gdy otrzymuję od niej wiadomość. Przed rewanżem z Claudią Gadelhą dostałam smsa z nieznanego numeru: „Przypominam ci, że jesteś zajebista". Na telefon przyszło też zdjęcie znanego aktora, który przymykał oko i wskazywał na mnie palcem. Zapytałam, od kogo jest ten obrazek i podpis. Od Rondy. Sprawdziłam w UFC, czy nikt się pod nią nie podszywa. Niedługo przedtem musiała zmienić numer.

– Zaczynam przygotowania. Zrobię wszystko, by nie dać plamy – odpisałam.

– Zawsze jestem z tobą – zapewniła. Jakie to miłe.

Drugą największą gwiazdą UFC jest Conor McGregor z Irlandii. Stał się nią zanim w grudniu 2015 roku znokautował w trzynaście sekund wieloletniego mistrza wagi piórkowej z Brazylii Jose Aldo. Conora poznałam podczas imprezy Reeboka w Nowym Jorku. Szykował się wtedy do lipcowej walki z Aldo. Ten wypadł w ostatniej chwili z powodu kontuzji, a McGregor w Las Vegas pobił Chada Mendesa. Pierwsze wrażenie? Słabe.

– Hej, Conor. Zobacz, Joanna tu jest! – krzyknął jego sparingpartner Artem Lobov.

Cieszyłam się, bo najlepsi z najlepszych w UFC okazywali mi w Nowym Jorku szacunek. Byłam wówczas jedyną mistrzynią z Europy, Conor dopiero aspirował do tytułu. Myślałam, że możemy się trzymać razem.

– No przecież widzę – rzucił do kolegi i zniknął ze swoją dziewczyną oraz menedżerem za kulisami. Z nikim się nie przywitał. „O, ty buraczku" – pomyślałam. Zdałam sobie sprawę, jak wszyscy, łącznie z Jonem Jonesem i Danielem Cormierem, zazdroszczą mu sławy. Wkurzało ich, że ekipa UFC na wszystko mu pozwala. Gość robił, co chciał. Minęłam go w drodze do toalety.

– Cześć Joanna, dobra walka – zaczepił mnie. Przybił piątkę. Okej, nie jest z nim tak źle.

Conor zachował się arogancko, ale wiecie, że nie skreślam ludzi tak od razu. W takich sytuacjach przypominam sobie, że ja też nie wszystkim od razu przypadam do gustu. Lubię stawiać na swoim. Takim jestem człowiekiem, bardzo pewnym swego.

Podziwiam Conora. Dokonał niemożliwego, przełamał bariery. Cenię ludzi, którzy wstają i po prostu robią rzeczy, o których inni boją się śnić. Nie jest tylko wielką gębą, ale i wspaniałym sportowcem. W pewnym momencie wielu zawodników UFC zaczęło go naśladować, starając się robić show na konferencjach prasowych, ważeniach. Nie było to prawdziwe, bo McGregor jest tylko jeden. Zagrał ludziom na nosie, bo pokazał, że można, tylko trzeba chcieć. A wielu boi się smutnej prawdy o sobie. Nikt nie przyzna, że brakuje mu odwagi, żeby odmienić swoje życie, aby z malucha przesiąść się do bentleya. Albo chociaż zmienić pracę, partnera, zdecydować się na dziecko, pierwszy raz wyjechać na zagraniczne wakacje. Ktoś powie, że McGregor się sprzedał, bo stworzył wokół siebie otoczkę, która nie ma nic wspólnego z tym, jakim jest człowiekiem, gdy nie musi robić widowiska. Myślę, że czasami trzeba się trochę zmienić, żeby pozostać sobą. Conor zarobił pieniądze i poruszył świat. Na jego walki do Las Vegas przylatują już nie tylko irlandzcy fani, ale i europejscy milionerzy, którzy po powrocie chwalą się tym znajomym w trakcie obiadu.

Z Nowego Jorku poleciałam do Los Angeles. Nie wiedziałam, czego się spodziewać. Nigdy nie miałam operacji. W szpitalu leżałam tylko w dzieciństwie, miałam wtedy chyba jedenaście lat. Zachorowałam na świnkę, istniało podejrzenie zapalenia opon mózgowych. Przez dwa tygodnie nie wychodziłam z domu. Temperatura ciała zbliżała się do czterdziestu stopni. Zaczęłam majaczyć, trafiłam do szpitala. Widziałam Mateusza, mojego ulubionego kuzyna z dzieciństwa. Chodził na judo. W moim śnie latał w chmurach. Spadał z nieba, a ja próbowałam go łapać. Nie wiem, czy powinnam się tym przejmować, ale ostatnio skojarzyłam fakty. Czy w wieku jedenastu lat miałam proroczy sen? Mateusz zginął dwa lata temu, spadł z jedenastego piętra. Dlaczego tak się stało? Wątpię, aby to było samobójstwo. Przypuszczam, że ciocia z wujkiem, jego rodzice, mogą wiedzieć, co się wydarzyło. Mateusz dopiero co wprowadził się do nowo wynajętego mieszkania. Tamtego dnia przeraźliwie wiało.

Wrócę do operacji w LA. Powiedziałam o niej tylko Przemkowi i rodzinie. Parę osób ma mi za złe, że wolałam ich nie martwić i o niczym nie poinformowałam. Szczególnie przyjaciółka Ania. Do tej pory mi to wypomina.

Sama trochę się bałam. Z drugiej strony cieszyłam się, że jestem profesjonalnym sportowcem, UFC o mnie dba i nie muszę wydawać kupy siana z własnej kieszeni. Wynajęto dla mnie limuzynę, pojechałam do kliniki. Wypełniłam papiery, ubrano mnie w fartuszek, podano znieczulenie. Otumaniło mnie. Kazali mi pokazać, w którym miejscu nastąpiło złamanie. Zaczęłam wmawiać lekarzom, że chodzi o palec, nie śródręcze kciuka. Byłam pewna, że się pomylili, kłóciłam się... Odpuść dziewczyno. To specjaliści.

– Za chwilę będziesz miała wrażenie, że nabierasz za mało powietrza. Nie panikuj, wszystko będzie dobrze – uspokajał mnie anestezjolog.

Zawieziono mnie na salę operacyjną. Było tam strasznie zimno, ale przywitała mnie wesoła ekipa lekarzy. Moją bezwładną prawą rękę podniesiono na wysięgniku. Matko, jaka ona była ciężka. Bałam się na nią patrzeć. Zrobiono mi zastrzyk ze znieczuleniem. Patrzyłam na wszystko jak przez mgłę.

– Kolorowych snów, panienko – doktor szepnął mi do ucha.

▼ 14 marca 2015 roku, gala UFC 185 w Dallas. Walka z Carlą Esparzą. Wygrałam przez nokaut w drugiej rundzie, sięgnęłam po pas mistrzyni świata wagi słomkowej.

▲ 20 czerwca 2015 roku, Berlin. Bronię pasa UFC, pokonując Jessicę Penne przed czasem w trzeciej rundzie. Kilka ostatnich minut tej walki to sceny dla widzów o mocnych nerwach...

► Przed walką Conora McGregora w MGM Grand w Las Vegas, spotykam „Żelaznego" Mike'a Tysona, najmłodszego mistrza świata w historii wagi ciężkiej w boksie.

▲ Kilka sekund po zadaniu nokautujących ciosów Carli. Jedenaście i pół roku po rozpoczęciu przygody ze sportem zdobyłam najcenniejsze trofeum w sportach walki.

▲ Z moją bohaterką Rondą Rousey, dzięki której walki kobiet zaistniały w UFC. Wspólnie promujemy galę UFC 193 w Melbourne. Na Etihad Stadium nasze pojedynki oglądało 56 tysięcy widzów!

► 15 listopada 2015 roku. Drugi raz bronię tytułu UFC. Na stadionie w Melbourne wygrywam wysoko na punkty z Valerie Letourneau.

▼ Krótka wizyta w Polsce po powrocie z Australii. Z pękniętą kością śródręcza odbieram nominację w Plebiscycie „Przeglądu Sportowego” i TVP. Zajęłam w nim siódme miejsce.

▲ 8 lipca 2016 roku, MGM Grand w Las Vegas. Claudia Gadelha walczyła dobrze przez dwie rundy, ale od trzeciej do piątej nie miała szans, aby przeciwstawić mi się w stójce. Obroniłam tytuł trzeci raz, dając najlepsze show całego International Fight Week w Las Vegas, na który składała się także wielka gala UFC 200.

▼ Penn Station, Nowy Jork. Biorę udział w zdjęciach do kapitalnego filmu promocyjnego gali UFC 205.

▲ Oko w oko z Karoliną Kowalkiewicz w Madison Square Garden.

▲ 12 listopada 2016 roku, Nowy Jork. Dwadzieścia tysięcy ludzi ogląda pięć rund mojej zwycięskiej walki z Karoliną. Na UFC 205 popis dał także Conor McGregor.

▼ Styczeń 2017 roku. Mój drugi Bal Mistrzów Sportu.

Zaczął mi zakładać maskę, poczułam się jak w filmie. Przez chwilę myślałam, że się zakrztuszę, ale to tylko znieczulenie zaczęło działać. Prawa strona ciała nieruchomiała, od szyi w dół. Jeszcze nigdy nie byłam tak skupiona na przełykaniu śliny. Zaczęłam panikować. Westchnęłam. Myślałam, że się uduszę. Yyyy-eeee... Obudziłam się już po wszystkim.

Operacja trwała godzinę. Słabo mi się oddychało, okropnie mnie smaliło. Podano mi colę i krakersy. Trzeba było pobudzić organizm, bo przez poprzednich kilkanaście godzin nie mogłam przyjmować pokarmu. Z dłoni zdjęto kompres, założono plastikową ortezę. Pielęgniarka pomogła mi się przebrać, posadziła na wózek. Szybko wstałam. Chciałam działać, choć chodziłam z ręką na temblaku. W pierwszej kości śródręcza była już tytanowa płytka, długa na trzy centymetry, z czterema pinezkami, której nie złamie nawet czołg. Ważne, że nie włącza się alarm, gdy przechodzę przez bramkę na lotnisku.

Co dwie, trzy godziny miałam przyjmować mocne tabletki przeciwbólowe. Bawiłam się w twardziela, bo łykałam je z opóźnieniem. Nie wiem, po co. Mogłam oszczędzić sobie bólu. Nie znoszę bezczynności. Dwa dni po operacji pojechaliśmy z Tiago do Disneylandu, a potem do parku rozrywki Six Flags.

Kolejnym punktem wycieczki było Las Vegas. Czekała na nas limuzyna, zadzwonił telefon. Prosto z lotniska pojechaliśmy do biura Dany White'a. Przywitał mnie serdecznie. Na ścianie w jego gabinecie wisiał olbrzymi rozkład jazdy: kto gdzie walczy i z kim, czołowe piętnastki rankingów poszczególnych kategorii wagowych. Tylko w 2015 roku UFC zorganizowało czterdzieści jeden imprez na pięciu kontynentach. Wszystko rozpisane, jak w scenie z filmu *Piękny Umysł*.

Na biurku Dany stało trzydzieści par najlepszych butów sportowych.

– Wow, ale masz kolekcję – pogratulowałam.

– To nie moje. Należą do ciebie.

– Co ty gadasz? Nie rób sobie ze mnie jaj. Dobrze wiesz, jak lubię buty.

– Wynająłem specjalistę, żeby wybrał takie, jakie lubisz – śmiał się Dana.

Miałam już kilka par, ale o wielu pozostałych marzyłam! W sklepie kolekcjonerskim w Los Angeles chodziły po czterysta dolarów albo i lepiej. Widziałam je wcześniej przez szybę, ale nie zapłaciłabym tyle kasy. Jaka była łączna wartość prezentu? Nie wiem, może dziesięć, piętnaście albo i dwadzieścia tysięcy złotych?

Przyszedł Lorenzo Fertitta, wtedy jeszcze współwłaściciel UFC. Bardzo przystojny facet w średnim wieku, z olbrzymią klasą, rekin biznesu.

– Zobacz Lorenzo, jaka Joanna jest szczęśliwa – powitał go Dana.

– Chłopaki, ale ja mam umowę z Reebokiem. Nawet nie wrzucę zdjęcia do internetu – zaznaczyłam. W kolekcji znajdowały się buty innych marek.

– Czym się przejmujesz, wrzucaj! – machnął ręką White.

Nie mogłam jednak tego zrobić. Za bardzo szanuję partnerów, którzy wspierają moją karierę. Z dumą reprezentuję Reeboka. Pamiętacie billboardy z moją podobizną, które pojawiły się w dużych miastach naszego kraju na początku 2016 roku?

Zostawiłam Danie mój polski adres. UFC zadbało, aby paka z butami doleciała przez Atlantyk do Olsztyna. Zawiozłam ją do domu rodziców. Wrzuciłam na tylne siedzenie auta, zapięłam pasami. „Przywożę ci wnuki" – wysłałam mamie wiadomość ze zdjęciem i popędziłam do Nowej Kaletki. Butów jeszcze nie wypróbowałam. Pokazuję się tylko w Reebokach.

Pasją do kolekcjonowania sportowych butów zarazili mnie kilka lat temu Marcin Depczyński i jego żona Magda. Dzięki nim zostałam „sneakerheadem". Pracowali w sklepie z obuwiem, zawsze odkładali dla mnie najfajniejsze modele. Mają rocznego synka Antosia, który już teraz nosi swoje pierwsze stylowe buciki.

Pod koniec pobytu w USA spotkałam się z kibicami podczas tradycyjnego UFC Fan Expo. Do Las Vegas ściągnęły ich tysiące. Okazywali mi tak ogromne uznanie, że poczułam się jak międzynarodowa gwiazda. Miałam świadomość, że nareszcie doceniono mój wieloletni wysiłek.

Spędzałam czas z gwiazdami UFC, między innymi z Fabricio Werdumem, nowym mistrzem wagi ciężkiej, który 13 czerwca 2015 roku dość niespodziewanie odebrał pas Cainowi Velasquezowi. Dla kibiców zorganizowano specjalne spotkanie ze mną i Fabricio w systemie Q&A – to znaczy pytanie i odpowiedź. Było dużo śmiechu, szczególnie gdy ten ogromny mężczyzna z Brazylii dla żartu stanął ze mną oko w oko. Później, wraz z Demetriousem Johnsonem, Rafaelem dos Anjosem i Chrisem Weidmanem, pozowaliśmy do zdjęcia, na którym mieliśmy powtórzyć specyficzny uśmiech Werduma, będący jego znakiem rozpoznawczym. Ta fotka szybko obiegła internet i stała się hitem, choć niepowtarzalnej miny Fabricio nikomu nie udało się zrobić. Cieszyło mnie, że później mogliśmy odwiedzić szpital, a w nim dzieci chore na raka.

Niektórzy kibice zapłacili, aby spędzić czas ze mną i innymi czołowymi postaciami UFC. W kręgielni każdy z zawodników był przypisany do loży dla sześciu osób, w której rozmawialiśmy z fanami. Oprócz mnie byli tam mistrzowie świata Forrest Griffin i Chuck Liddell. Forrest śmiał się ze mnie, że będę chwytać kulę lewą ręką, gdyż prawa jest w gipsie. Znacie mnie, podjęłam wyzwanie. I kulą wyrzuconą z tej lewej ręki zbiłam prawie wszystkie kręgle!

– No, no. Prawdziwy czempion – chłopaki pokiwali głowami z uznaniem.

Fani UFC, którzy płacą kilka, a przy okazji największych gal pewnie nawet kilkanaście tysięcy dolarów za tak zwany bilet VIP Experience, na pierwszy rzut oka niczym się nie wyróżniają. Nie są to ludzie ubrani w ciuchy najlepszych projektantów. Wyglądają zwyczajnie, a podczas rozmowy zawsze panuje luźna, przyjazna atmosfera.

Zrobiło się mniej zabawnie, gdy Tiago poinformował mnie o potencjalnym sponsorze. W Las Vegas taką propozycję złożył nam człowiek z firmy specjalizującej się w sprzątaniu domów, w których doszło do zabójstw. Czyściła je z krwi i śladów po pociskach.

– Chcą zostać twoim sponsorem, mają bardzo dużo pieniędzy – oświadczył Tiago.

– Ale dlaczego moim? Naprawdę aż tak zmasakrowałam Jessicę Penne? – próbowałam żartować, ale byłam lekko przerażona. Temat jednak upadł i nigdy nie wrócił.

W MGM Grand razem z szesnastoma tysiącami widzów obejrzałam, jak McGregor ucieka z tarapatów i nokautuje Mendesa w czwartej minucie i pięćdziesiątej siódmej sekundzie drugiej rundy. Spotkałam Mike'a Tysona, a trzy tygodnie później nad polskim morzem zostałam narzeczoną Przemka, o czym już czytaliście. Życie pędziło jak na karuzeli!

Rozdział 25

ZNA MNIE NAWET VAN DAMME!

Moją trzecią zwycięską walkę o mistrzowski pas na Etihad Stadium w Melbourne oglądało pięćdziesiąt sześć tysięcy widzów. To rekord UFC, w którym miałam swój udział. Doceniono mnie w Polsce. Usiadłam na kanapie u Kuby Wojewódzkiego, stanęłam na scenie Teatru Polskiego razem z najlepszymi sportowcami w kraju.

Do walki w Australii w drugiej obronie tytułu UFC przystąpiłam najmocniejsza w karierze. Do Melbourne poleciał ze mną Kuba Mauricz. Gotował tylko dla mnie, o nic nie musiałam się martwić. Po ważeniu piłam wodę kokosową i sok pomidorowy z kopiastą łyżką soli morskiej. Przyjęłam pięć litrów płynów, lecz do toalety zajrzałam może dwa razy, bo sól zatrzymuje wodę w organizmie. Tak odżywiłam mięśnie, że przed walką waga z pięćdziesięciu dwóch podskoczyła do sześćdziesięciu kilogramów! Skóra jednak nie wylewała mi się ze spodenek i topu, jakbym nagle przytyła. Po prostu byłam dobrze nabita.

Gdy już się wystarczająco napiję po ważeniu, mogę zjeść banana, ryż z daktylami zmiksowanymi z miodem manuka albo kaszę jaglaną z daktylami lub rodzynkami. Mięso – kurczaka albo rybę – podawaliśmy najwcześniej wieczorem. Nie może zawierać wiele tłuszczu, bo on spowalnia wchłanianie węglowodanów. W wątrobie trzeba sobie zrobić odpowiedni zapas glikogenu. Właśnie od tego zależy, czy w walce nie zabraknie mi tak zwanej pary. W starciu z Valerie Letourneau musiałam jej mieć pod dostatkiem. Przeczuwałam, że pierwszy raz w UFC przyjdzie mi walczyć przez dwadzieścia pięć minut.

Tak jak w debiucie w San Jose – walczyłam po południu. W Australii była już niedziela, a w USA dopiero późny sobotni wieczór. Transmisję gali UFC 193, ze mną i Rondą Rousey w dwóch najważniejszych pojedynkach, sprzedawano w Ameryce w pay-per-view za kilkadziesiąt dolarów. W dniu walki posiliłam się chyba tylko koktajlem pomiędzy dziewiątą a dziesiątą rano. Być może zjadłam też banana. To wystarczyło, byłam świetnie odżywiona. I do roboty!

Etihad Stadium w Melbourne robił wrażenie. Przed galą zapowiadano, że padnie rekord frekwencji w przeszło dwudziestoletniej historii UFC i tak też się stało. Sprzedano dokładnie 56 tysięcy 214 biletów, a zamówień pay-per-view naliczono ponad milion. Pomyślcie, jaki budżet miała ta impreza. Nie będę oczywiście ściemniać, że to dzięki mnie wykręcono takie wyniki. Galę „sprzedawała" Ronda, w drugiej kolejności wojownik wagi ciężkiej z antypodów Mark Hunt.

Podeszłam do Kasi, Krzysia i Przemka, którzy zajęli miejsca niedaleko klatki. Przytuliłam ich. Otuchy dodał mi też Ross Pearson, weteran UFC z Anglii.

– Pamiętaj, że to ty jesteś mistrzynią – krzyknął, jeszcze bardziej mnie motywując.

Piętnastego listopada w Melbourne było raczej chłodno, a na stadionie dało się to odczuć. Chciałam jak najszybciej wejść do klatki i zrobić swoje. Tłum pięćdziesięciu tysięcy widzów mnie nie deprymował. Ze względu na sporą odległość trybun od oktagonu, nie było dużo głośniej niż w hali z kilkunastoma tysiącami fanów. Dobrze słyszałam głos Pawła docierający z narożnika. Szymon tym razem został w Polsce, bo rozchorował się Mamed Chalidow, szykujący się na arcyważne w polskim MMA starcie z Michałem Materlą.

Kanadyjka Letourneau była na fali, miała passę trzech zwycięstw w UFC. Wiedziałam, że mi się postawi. I tak było. Pierwsza runda – badawcza. Valerie to kickbokserka, ale zdołała mnie przewrócić i zaatakować łokciami. Pozbierałam się i osiągnęłam przewagę w stójce. W trzeciej minucie wyszło mi świetnie kopnięcie frontalne prawą nogą – w punkt, czyli prosto w nos rywalki. Od drugiej rundy nękałam Letourneau niskimi kopnięciami i seriami ciosów. Valerie to waleczna kobieta. Dokładała swoje do pieca, ale jej ogień gasł.

Fizycznie czułam się świetnie od pierwszej do dwudziestej piątej minuty. Moje przeczucie się sprawdziło, walczyłyśmy przez pięć rund. Valerie biła rzadziej ode mnie, ale z dużą mocą. Pamiętałam, żeby trzymać ręce wysoko i chronić głowę, bo w każdej chwili mogła zabrać mi sporo prądu. Równo 103 mocne uderzenia przyjęte od Letourneau to dużo, jednak ja walnęłam ją 220 razy. Przez tyle lat, w żadnej walce o mistrzostwo UFC, wliczając mężczyzn, nie było tylu uderzeń, ani takiej różnicy! Celnie wymierzonych 97 tak zwanych significant strikes zatrzymało się na głowie Valerie, 53 trafiło w korpus, a 70 w nogi – więcej, niż w którymkolwiek wcześniejszym pojedynku w UFC. Częściej kopałam lewą nogą, gdyż prawą

Letourneau mogłaby łatwiej przechwycić. Tak sobie jednak myślę, że byłam w tej walce za spokojna. Mogłam bardziej przycisnąć Valerie, zasypać gęstszymi kombinacjami. Pilnowałam się, żeby się nie wystrzelać.

Werdykt, odczytany przez Bruce'a Buffera, był formalnością. Wygrałam każdą rundę, choć dwóch sędziów pierwszą przyznało pretendentce. To nic wielkiego. Moja przeciwniczka po walce znowu wyglądała źle, choć może nie aż tak, jak Jessica Penne. Przykro było patrzeć na Valerie, która podczas wywiadu zakrywała koszmarnie zapuchnięte prawe oko. Widać, że nie miała ochoty nic mówić. Była bardzo zawzięta. Opowiadała, jak bardzo chciała wygrać dla swojej córki. Walczyła po męsku, jak twardziel. Jeszcze przed walką pokazała pazur, zrzucając przynajmniej dziesięć kilogramów. To musiała być dla niej męka. Mniej spodobał mi się jej partner, znany zawodnik UFC Hector Lombard. Przed walką patrzył na mnie z wrogością, jakby sam chciał wejść do klatki i mnie roznieść.

– Zawsze chcę walczyć z najlepszymi, a ona całkowicie na to zasługiwała. Dziękuję za walkę. Byłaś bardzo twarda, Valerie – mówiłam do mikrofonu.

I zgadnijcie co. Proste, że płakałam, choć byłam przeszczęśliwa. Zdałam sobie sprawę, jak kruchymi jesteśmy istotami. Kamery skierowano na siedzącą w pierwszym rzędzie Claudię Gadelhę. Zauważyła to i nie zmarnowała okazji, by wskazać na siebie i nazwać się numerem jeden... Nikt nie miał wątpliwości, z kim zmierzę się w kolejnej walce.

Z Valerie stworzyłyśmy kawał dobrego widowiska. Odbiłoby się ono jeszcze głośniejszym echem, gdyby nie szok, jakim była porażka Rondy Rousey przez nokaut z doskonałą bokserką i kickbokserką Holly Holm. Ronda przyznała, że przez tę porażkę umarła część jej osobowości. Wiem, co miała na myśli. Kolejne triumfy dały jej niewiarygodną pewność siebie. Okazało się jednak, że nikt nie jest nie do pokonania. Było mi ogromnie przykro. Moje serce też zostało zranione.

W Melbourne ucierpiałam także fizycznie, bo znowu pękła mi kość śródręcza. Tym razem piąta, pod małym palcem. Pojechałam do szpitala. Dotarł tam również Dana White. Zdecydował, że operację przejdę ponownie w Los Angeles. W szpitalu widziałam Rondę i smutną Valerie. Towarzyszył jej Lombard. Był już dla mnie dużo milszy niż przed pojedynkiem. Dało się pogadać. Życie tak się potoczyło, że dzisiaj z Valerie i Hectorem reprezentujemy ten sam klub – American Top Team. Jesteśmy w dobrych relacjach.

Moją walkę oglądał Paweł Słowiński, któremu tak wiele zawdzięczam. Przyjechał z Adelaide, gdzie mieszka. Nie był już tak wesoły jak w 2006 roku, gdy w Tajlandii pochłaniał wszystko ze stołu, ale nadal uroczy. Powiedział, że jest dumny ze swojej małej siostrzyczki. Odprężyłam się z ekipą w dobrej hamburgerowni. Była zamknięta, ale powiedziano, że dla mistrzyni zrobią wyjątek. Świętowanie nie trwało długo. Wszyscy byliśmy tak zmęczeni, że wcześnie położyliśmy się spać.

Zarobiłam najwięcej w karierze. Nie mogłam zapomnieć podziękować mojemu braciszkowi z sali treningowej, dwudziestoletniemu Kubie Wikłaczowi. Z nim najczęściej sparowałam, gdy byłam zawodniczką Arrachionu. Staram mu się odwdzięczyć najlepiej, jak umiem, za wszystko, co dla mnie zrobił. W czerwcu był ze mną w Berlinie podczas pojedynku z Penne. W hali O2 wszedł do mojej szatni, pomagał mi w rozgrzewce. Przypuszczam, że było to dla niego duże przeżycie. Są chłopcy, którzy przychodzą do klubu w kratkę. Kuba jest bardzo utalentowany i nigdy nie odpuszcza, co zdarza się jego kolegom mającym bogatszych rodziców. Ma wpojone dobre wartości. Czuję się za niego odpowiedzialna. Stoczył już kilka walk zawodowych, ale będę pilnowała, żeby nikt nie skrzywdził go w tym biznesie, który bywa brutalny. Bardzo w niego wierzę.

Czasami my, starsi zawodnicy, zastanawiamy się, czy nie kończy się w Polsce era prawdziwych wojowników. Podnosi się standard życia, młodzieży niczego nie brakuje. Nastolatkowie wydają się słabszym pokoleniem. W głowie im impreza, snapchat, selfie z filtrem. Na ulicach widać chłopców w leginsach. Mnie się podoba, jeśli ktoś jest modnie ubrany. Nie przeszkadza mi, że facet chodzi w rurkach lub różowej koszuli. Wszystko jest okej, jeśli nie zachowuje się jak skończona pipa. Dla mnie ktoś może być nawet homoseksualistą, ale niech postępuje jak na faceta przystało. Nie byłabym przeciwna, gdyby wróciła obowiązkowa służba wojskowa. Mniej poważnie – zawsze się śmieję, gdy przypomnę sobie scenę ze starego osiedla w Olsztynie. Faceta z bloku obok wyciągała z mieszkania żandarmeria. Potem dowiedziałam się, że kilka razy nie stawił się na wezwanie do wojska. No to przyjechali po niego o szóstej rano i zapakowali do dżipa. A gość na kacu, w samych slipach.

Zaraz po walce przeprowadziłam się do Przemka, Kasi i Krzyśka. Z okna ich apartamentu rozciągał się wspaniały widok na port, szczególnie piękny podczas zachodu słońca. Następnego dnia wyjechaliśmy na Great Ocean Road – to długa, bardzo kręta i górzysta trasa. Jazda okazała się wyczerpująca, ale wszystko wynagradzały wspaniałe punkty widokowe. Celem wyprawy była jedna z największych atrakcji turystycznych Australii – Dwunastu Apostołów. Tak nazwano niezwykłe wapienne skały wystające z oceanu, których jednak wcale nie jest dwanaście.

Bardzo chcieliśmy zobaczyć jeszcze jeden cud natury, mianowicie kangura. Jeździliśmy po rozdrożach, peryferiach. I nic. Wreszcie trafiliśmy na znak – farma kangurów! Gdy dojechaliśmy na miejsce, okazało się, że to... ośrodek dla zuchów, zwanych małymi kangurami. Hmm, straciliśmy dużo czasu, trzeba było wracać do hotelu. Nagle Przemek zorientował się, że nie ma przy sobie saszetki z osobistymi rzeczami. Wyskoczył z auta, żeby sprawdzić w bagażniku i...

– Kangur, kangur! – krzyknął.

Wychylamy się przez szybę, a tu koło naszego auta, w połowie drogi donikąd, skacze piękny torbacz. Tak po prostu, na wyciągnięcie ręki. Dobra, kangur odhaczony na liście! A saszetka odnalazła się w samochodzie.

W Melbourne lekarze owinęli mi dłoń bandażem, wsadzili ją w ciężką szynę. Ręka w australijskim upale strasznie się pociła, nawet nie miałam jej jak umyć. Na szczęście później zawieziono mnie do specjalisty, który założył mi lekki, dużo bardziej komfortowy gips. Piąta kość śródręcza pękła w trzech miejscach. Złamanie było dużo poważniejsze niż to kciuka w Berlinie. Musiałam pędzić do Los Angeles, bo z operacją nie wolno było zwlekać. Przyleciałam do Polski, w domu spędziłam dwadzieścia godzin. Rodzice się popłakali, że wpadłam do nich jak po ogień. Uprałam co trzeba, przepakowałam się i znowu w drogę.

Z Frankfurtu do Los Angeles leciałam biznes klasą, na górnym pokładzie. Zaintrygowała mnie kobieta w skórzanej kurtce z ćwiekami, którą do samolotu podwiózł mercedes. Weszła do pierwszej klasy, która ma najwyższy standard. Aktorka, piosenkarka? Pewnie tak. Za nią podążał nieźle wyżyłowany koleś w czarnej koszulce, okularach i czapce z daszkiem. Spojrzałam na niego, on na mnie. Uśmiechnął się. Skąd ja go znam? Jak on ma na nazwisko? Chyba sobie nie przypomnę... Kurde, przecież to jest Jean-Claude Van Damme! No tak, przecież ma czapeczkę z napisem JCVD! Swoją drogą, jak ktoś tak znany może ją zakładać? Przecież gdziekolwiek się pojawi, ludzie otoczą go i nie odstąpią na krok.

Van Damme przechadzał się po samolocie. Mijając mój fotel, uśmiechnął się do mnie po raz drugi. Ej, głupia. Nie myśl sobie, że ten facet wie, kim jesteś, że rozpoznał dziewczynę z Polski walczącą w UFC. Głupio było mi do niego zagadać. Nie chciałam, żeby wszyscy się na niego rzucili, słysząc naszą rozmowę.

Na lotnisku w Los Angeles wyszłam z samolotu prawym wyjściem, Van Damme lewym. Kolejki jednak się połączyły. I co się stało? Trafiłam prosto na niego. Znów uśmiechnął się porozumiewawczo.

– Dzień dobry. Rozpoznałam pana w samolocie – odezwałam się nieśmiało.

– Ja też cię kojarzę. Jesteś zawodniczką, walczysz. Ostatnio coś wygrałaś, prawda?

– No tak, w Australii. Pięć dni temu.

– Poznaj moją partnerkę – powiedział, wskazując na kobietę w skórzanej kurtce z ćwiekami. – Kochanie, to ta dziewczyna, której walkę wspólnie oglądaliśmy!

Przedstawił mnie też swoim rodzicom. Miał ze sobą pieska. Rozmawialiśmy przez piętnaście minut, w drodze na parking. Zrobiliśmy sobie zdjęcie. Van Damme zaproponował mi trening w Los Angeles. Dał mi swój numer telefonu. Jak taka gwiazda, legenda kina i sportów walki, może mi dać swój numer telefonu?

– Teraz nie mogę, bo leczę kontuzję. Może potrenujemy następnym razem?

– Wpadnij. Nauczę cię paru slow kicks! – zachęcał.

Van Damme naprawdę się cieszył z tego spotkania. Wrzuciłam naszą fotę do sieci. Zrewanżował się tym samym, z tym że pół roku później. Kurde, pamiętał o mnie!

Jest super, kiedy spotykam ludzi, którzy mogliby być zmanierowanymi celebrytami, a zachowują się jak równiachy. Miło wspominam Marka Wahlberga, wielkiego fana sportów walki i podobnie jak ja – sportowych butów. Oboje należymy do tak zwanych sneakerheadów. Podczas jednej z gal w Las Vegas poznałam też rapera DMX i producenta Swizz Beatz, męża Alicii Keys. Zapoznał mnie z nimi Jon Jones, do niedawna numer jeden w UFC bez podziału na wagi i płeć. Powiedział, że wszyscy koniecznie mamy ustawić się do zdjęcia. Fajny człowiek. Który to już facet, nazywający mnie swoją siostrą?

Jones w życiu trochę pobłądził. Wszyscy pamiętamy, za co na pewien czas wykluczono go ze startów. Sądzę jednak, że wróci i odzyska pas mistrza świata wagi półciężkiej. Mam nadzieję, że wreszcie zobaczymy, jak walczy z Danielem Cormierem. Ten zgrywa świętego i ciągle wypomina Jonesowi winy. Będę kibicowała Jonowi. Daniel zawsze był dla mnie miły, ale w którymś wywiadzie stwierdził, że w 2016 roku stracę pas mistrzyni. Pokręciłam głową. Jonesa odwiedziłam na treningu w Albuquerque. Ćwiczy tam także Holly Holm, która pobiła Rondę. Wspaniała z niej dziewczyna, naprawdę skromna, ludzka i cholernie pracowita.

O Stevenie Seagalu już wiecie, ale szkoda, że nigdy nie rozmawiałam z Leonardo DiCaprio. Przychodzi na gale UFC, lecz bywa bardziej cwany od wszystkich. Nie zapowiada swojej obecności, a potem nieźle się maskuje. Wygląda na faceta o złotym sercu. Jest strasznie wkręcony w ruch ochrony środowiska oraz ginących gatunków zwierząt. I nie są to żadne sztuczki jego PR-owców.

Tak to już jest, że wielka sława ma również swoje cienie. Nie sztuka zostać milionerem, jeżeli nie potrafi się z tym żyć. Po niektórych gwiazdach widać, że nie umieją się kontrolować. Wyglądają na zmęczonych i starszych, niż są w rzeczywistości.

Drugiej wizyty w klinice w Los Angeles już się tak nie bałam, choć złamanie kości pod małym palcem było skomplikowane. Kość pękła wzdłuż i w poprzek. Podczas operacji wstawiono mi drugą płytkę tytanową, tym razem z ośmioma pinezkami. Byłam zmęczona i spokojnie zasnęłam. Zapamiętałam śmiesznego anestezjologa ze skośnymi oczami i czarnoskórego pielęgniarza, który koniecznie chciał mi włączyć jakiś fajny przebój. Było mi wszystko jedno, ale poprosiłam o coś, co śpiewała Pink. Gość włączył ten numer, a ja odpłynęłam. Operacja się powiodła, lecz cierpiałam bardziej niż w lipcu. Tym razem brałam tabletki zgodnie z zaleceniami, bo ból ręki trudno było znieść.

Dwa dni po operacji dostałam zaproszenie do programu telewizyjnego *Good Morning LA*. Dałam tam do wiwatu. W wywiadzie wypadłam fajnie, uśmiałam się z prowadzącymi, ale… Po wszystkim dostaję wiadomość od Przemka: „Kurde, wiesz co…". Szwagier Krzysiek: „Asia, do jasnej cholery, skąd ty wzięłaś tę koszulę?!".

No właśnie, skąd? Chciałam założyć coś ładnego, ale nie mogłam przecisnąć zabandażowanej ręki przez rękaw żadnego z fajnych ciuchów. Chodziliśmy z Tiago po sklepach i nic. W końcu znalazłam koszulę w takim żywym, różowym kolorze, ze wzorem w kwiaty. To była chyba jedyna koszula w Los Angeles, w którą mogła się zmieścić moja ręka. „Jest całkiem niezła" – pomyślałam. Chłopaki do dziś śmieją się, że ubrałam się jak starsza pani.

Wówczas w pierwszej kolejności stawialiśmy jednak na karierę w Polsce. Jesienią 2015 roku, jeszcze przed wylotem do Australii na walkę z Letourneau, usiadłam na kanapie w talk show Kuby Wojewódzkiego, a obok mnie Dawid Podsiadło. „O nie, przecież Wojewódzki mnie zniszczy, zje i wypluje" – myślałam sobie. Wyluzowałam, gdy ktoś powiedział mi, że Kuba szanuje młodych artystów i sportowców. Nie lubi tych, którzy w mediach sami robią z siebie klaunów.

Do nagrania podeszłam swobodnie. Śmiałam się tak, że po godzinie bolały mnie mięśnie brzucha i międzyżebrowe. Nie kłamię. Kuba potrafi zabić swoją inteligencją, ma do siebie dystans. Miło było też pod koniec roku u Wojtka Jagielskiego. Raczej słabo ogarniał, o co chodzi z tym całym MMA, ale fajnie poprowadził rozmowę. Nie mogę się też doczekać kolejnego spotkania z Dorotą Wellman i Marcinem Prokopem. Konkretna babka i facet, który się wydurnia. Uwielbiam ten duet.

Z jakiegoś powodu wydaje mi się, że wybitny aktor lub znany muzyk znaczy więcej niż wybitny sportowiec. Zachowuję się przy nich skromnie. Może niepotrzebnie? Kompletnie zaskoczył mnie Cezary Pazura. Spotkałam go podczas gali

„Osobowości i Sukcesy" w Warszawie. Staliśmy na scenie, oboje zostaliśmy wyróżnieni.

– Jak się cieszę, że w końcu mogę panią poznać!

– Panie Czarku, chyba ja powinnam to powiedzieć.

– Nie, to ja się cieszę. Nigdy nie sądziłem, że znajdziemy się na jednej scenie. Jestem pani fanem. Czy zrobimy sobie potem zdjęcie?

Pociągnął mnie za rękę i strzeliliśmy selfie... No nie. Jak Cezary Pazura może prosić o zdjęcie Joannę Jędrzejczyk? Dochodzę do wniosku, że my, sportowcy, nie musimy mieć żadnych kompleksów. Karol Jędrzejczyk, mój kuzyn i menedżer, raz za razem dowiaduje się, że za mój udział w programie telewizyjnym producent chce zapłacić więcej niż aktorowi, którego popularność w skali kraju zdaje się być ogromna.

Ukoronowaniem 2015 roku, w którym wygrałam trzy walki o mistrzostwo świata, była nominacja w Plebiscycie „Przeglądu Sportowego" i Telewizji Polskiej na dziesięciu najlepszych sportowców Polski. Pierwszy raz zdarzyło się, że w gronie kandydatów znalazł się przedstawiciel mieszanych sztuk walki. O kolejności decydowały głosy kibiców. Szybko okazało się, że mam duże szanse na miejsce w czołowej dziesiątce. Na Balu Mistrzów Sportu chciałam wypaść jak najlepiej. Miałam propozycje od projektantów, ale one wiązały się z przymiarkami w Warszawie. A ja, mocno przeziębiona, leżałam w łóżku w Olsztynie. Niemal w ostatniej chwili kupiłam prostą, czarną sukienkę.

W Teatrze Polskim w Warszawie byłam trochę zestresowana. Ale mogło być znacznie, znacznie gorzej! Z hotelu Hilton na galę wiózł nas piętrowy autokar. Do schodków przymocowano gumy, które przytrzymywały dywaniki. Gdy wychodziłam na zewnątrz, mój obcas o coś zahaczył. Zaczęłam lecieć do przodu, odruchowo złapałam za poręcz, ale gdyby nie przytrzymał mnie pan z tyłu, pożegnałabym się z galą i Balem Mistrzów Sportu. Uratował mnie Andrzej z firmy 3W. Później spotkałam go z grupką znajomych w kościele w Las Vegas, o czym już wspominałam.

Stanęłam przy ściance do zdjęć z Przemkiem, pozowaliśmy. Było mi trochę nieswojo, pierwszy raz widziałam tyle gwiazd i legend sportu z naszego kraju. Emocje udzieliły się też mistrzowi olimpijskiemu w judo z 1996 roku Pawłowi Nastuli. Zapraszając na scenę sportowca, który zajął siódme miejsce, wypowiedział nazwisko Jędrzejczak. Oczywiście domyśliłam się, o kogo chodzi. Nie dąsałam się na Pawła, tylko weszłam po schodkach (w butach na obcasie nie były łatwe do pokonania, przyznała to później Ania Lewandowska, żona Roberta), aby odebrać statuetkę. Gdy zwracałam się do publiczności i trzech milionów widzów telewizyjnej Jedynki, łamał mi się głos, byłam wzruszona. Następnym razem powinno być lepiej.

Nastula chyba chciał przepowiedzieć mi spotkanie z Otylią Jędrzejczak, złotą medalistką olimpijską w pływaniu, zwyciężczynią Plebiscytu w latach 2004–2006. Tamtego wieczoru nagrodzono ją statuetką superczempiona. Jędrzejczak i Jędrzejczyk wzięły udział we wspólnej, spontanicznej sesji zdjęciowej! Bardzo cenię Otylię, jest jedną z najlepszych polskich sportsmenek w historii. W życiu prywatnym umiała udźwignąć ogromny ciężar, jakim była tragiczna śmierć brata. Pamiętam, że śledziłam tę historię. Podziwiam Otylię, że umie normalnie żyć po takim ciosie.

Podczas Balu Mistrzów Sportu wymieniłam też uprzejmości z legendami kolarstwa Czesławem Langiem i piłki nożnej

Zbigniewem Bońkiem. Ania Lewandowska była dla mnie bardzo miła. Może dlatego, że sama uprawia karate. Zaskoczyło mnie, jak wielu znanych ludzi chciało do mnie podejść i wyrazić uznanie dla moich osiągnięć. Myślę, że trochę pokrzyżowałam plany bokserom zawodowym, bo głosy na mnie mogły zabrać miejsce w dziesiątce mistrzowi świata Krzysztofowi Głowackiemu i Andrzejowi Fonfarze.

Bawiłam się do czwartej rano z Przemkiem, Kasią, Krzysiem i kuzynem Karolem. Wypiłam trzy lampki wina, rzadko schodziliśmy z parkietu. Zdjąć buty czy nie? Może nie wypada? A tam, zdejmuję! Chcę się dobrze bawić, to się bawię. Niech żałują ci, którym nie chce się ruszyć tyłka.

Reebok
UFC
Reebok

Rozdział 26

SUPERGWIAZDA

Rewanż z numerem jeden wśród pretendentek Claudią Gadelhą – moich dwóch lat w UFC nie dało się podsumować ciekawiej. Potwierdzę supremację czy dołączę do przegranych? Czy nie zawiodę w decydującym momencie, od którego zależeć będzie ocena całej mojej kariery?

Nagrałam reklamy dla Reeboka i Samsunga. To bardzo poważne marki. MMA wielu ludziom w Polsce nadal źle się kojarzy dlatego cieszę się, że zniszczyłam kolejną barierę. Te firmy nie bały się mi zaufać. Zauważono, że jestem lubiana, staję się wzorem do naśladowania, więc mogę budować pozytywny wizerunek tych marek. Nie sądzę, abym kiedykolwiek medialnie urosła tak bardzo, jak Adam Małysz czy Robert Lewandowski, lecz wcale mnie to nie martwi. Cieszę się z tego, co jest.

17 stycznia 2016 roku w Bostonie UFC ogłosiło, że zostanę trenerką w dwudziestej trzeciej edycji reality show *The Ultimate Fighter* i poprowadzę zespół, który będzie konkurował z drużyną Claudii Gadelhi. Dwanaście odcinków programu miało zostać pokazanych przez Fox Sports 1 od 20 kwietnia do 6 lipca. Na 8 lipca zaplanowano finałową galę w MGM Grand

w Las Vegas z rewanżem Jędrzejczyk – Gadelha jako daniem głównym. W 2015 roku mistrzowskie pasy UFC straciło aż siedmioro z dziesięciorga mistrzów. Zajmowałam czternaste miejsce w rankingu bez podziału na wagi i płeć. Wiedziałam, że pół roku później mogę znaleźć się w dziesiątce najlepszych na świecie.

W poprzednich sezonach przez występ w TUF, produkowanym od jedenastu lat, przewinęły się największe gwiazdy UFC, na czele z Conorem McGregorem, Rondą Rousey i Jonem Jonesem. Tej oferty nie mogłam odrzucić. Poleciałam do Las Vegas. Zamieszkałam w prywatnym apartamencie, po mieście mogłam się poruszać autem. W programie jako trenerzy pomagali mi Paweł i Szymon, a także Robert Drysdale. W jego sali treningowej w każdej wolnej chwili szlifowałam brazylijskie jiu-jitsu.

Pamiętałam, co działo się w MMAsterze i nie miałam złudzeń, że w Vegas będzie inaczej. Wiedziałam, że nie mam wpływu na to, jak pokażą mnie w TUF. Albo przedstawią mnie jako wzorową mistrzynię i dobrą trenerkę, przyjaciółkę zawodników, albo awanturującą się dziewczynę, szukającą zaczepki i droczącą się z Claudią. Telewizja potrzebuje akcji, dramatu. Nic nowego. W przeciwnym razie każdego odcinka w Fox Sports 1 nie oglądałoby kilkaset tysięcy widzów.

Wybrałyśmy do swoich zespołów po cztery dziewczyny z wagi słomkowej i po czterech facetów z półciężkiej. Trenowałyśmy ich, by walczyli z rywalami z drużyny przeciwnej. By wygrali ćwierćfinał, a następnie półfinał i finał. Wszyscy byli bardzo spokojni, żyli w zgodzie. Do zajęć nie wprowadzałyśmy udawanej dramaturgii. Dla producentów stało się jasne, że to ja i Gadelha mamy pociągnąć całe show.

Nie zrozumcie mnie źle. Nie kręciliśmy udawanych dialogów, reżyserowanych scenek. Wszystko, co się wydarzyło, było prawdziwe. Nie działałam celowo. Każda sytuacja, którą można było odebrać jako mój atak na Claudię, miała konkretny powód. Wiecie o tym, że jeśli ktoś zachodzi mi za skórę, potrafię się bronić. Claudia za dużo gadała. Zarówno o naszej pierwszej, jak i lipcowej walce. Miała za złe całemu światu, że 13 grudnia 2014 roku w Phoenix to nie jej rękę podniesiono do góry.

Działo się dużo. Szczególnie intensywne były pierwsze dwa, trzy tygodnie. Wtedy najczęściej dochodziło do spięć. Któregoś razu zaczepił mnie trener Claudii.

– Zabierzemy ci ten pas – warknął.

– Słucham?

– Zobaczysz, zabierzemy. Claudia ci go zabierze.

Zaczął mnie prowokować, więc też nie zamknęłam buzi na kłódkę. Jakiś czas później zobaczyłam drugiego trenera Claudii, który dziwnie się na mnie patrzył. Pomyliłam go z tym, który wcześniej mnie zaczepił. Trochę się ode mnie nasłuchał. Wyszło tak, jakbym zaatakowała faceta bez powodu. Pomyłka. Później przeprosiłam tego człowieka, ale to przecież już nie zostało pokazane w telewizji.

Często odwiedzał nas Dana White. Gadelha starała się przymilać. Trochę przewracał oczami, gdy się do niego przyklejała. Mnie wystarczyło, że powiedziałam cześć. Przecież Dana wie, że darzę go ogromnym szacunkiem. Nie muszę nikomu wchodzić w tyłek.

Gadelha na pewno sądziła, że wszystko układa się po jej myśli. Mój zespół wygrał tylko jedną z ośmiu walk. Na sam koniec programu stanęłyśmy do zdjęcia oko w oko. Doszło do starcia. Nauczyłam się kilku słów po portugalsku i wypowiedziałam je, co rozjuszyło Claudię. Później, gdy uczestnicy opuszczali dom TUF, przechodziłyśmy obok siebie. Jeszcze raz mnie sprowokowała. Nie wytrzymałam i rzuciłam w jej kierunku plastikową butelką, która w trzech czwartych była napełniona wodą. Gadelha zrobiła unik, a butelka narobiła hałasu, uderzając w metalową ławeczkę.

Nie dam sobie w kaszę dmuchać. Skoro jesteś taka cwana, walczmy tu i teraz. Jeśli uważasz, że jesteś taka silna, najlepsza, zróbmy to! Jesteśmy fighterkami czy nie?

Zbliżałam się do Claudii. Rozłożyła ręce, zrobiła wielkie oczy i naprawdę zdziwiła się, że to nie są żarty. Tego zajścia nie rejestrowały już kamery, nie było mowy o żadnej grze. A ona ciągle tkwiła w przekonaniu, że tylko udaję na potrzeby programu. Musiała zgłupieć. Miarka się przebrała, miałam serdecznie dość codziennego utrudniania życia przez Gadelhę. Pchnęłam ją w bark. Zbiegli się ludzie, zaczęli nas rozdzielać. Claudia chciała sprzedać mi kopniaka, ale nie trafiła.

Zespół z Brazylii postanowił donieść o wszystkim Danie. Przyjechał na miejsce. Gadelha i jej trenerzy otoczyli go. Jedno przez drugie krzyczało, że należy mi się kara.

– Rzuciła butelką, uderzyła ją! – krzyczeli trenerzy, choć żaden z nich nie widział naszego starcia.

– Uderzyła cię? – zapytał Dana Gadelhę.

– Nie, nie oberwałam – odpowiedziała.

– Kopnęłaś ją? – dopytywał ją.

– Tak, kopnęłam. Ale niecelnie.

– Po co mnie więc wzywacie?

Nawet przez chwilę nie obawiałam się, że coś mi grozi. To śmieszne, że rywalka postanowiła mnie wrobić.

Nie miałam ochoty tego ciągnąć. Dobrze, że to był koniec. Wracając do Polski, miałam w głowie tylko jedno. Trenować jak najciężej, a potem potwierdzić, że na świecie nie ma ode mnie lepszej zawodniczki. Udowodnić to Claudii, jej trenerom, fanom. Ludzie oczekiwali ode mnie wygranej. To był mój obowiązek. 5 marca w Las Vegas widziałam, jak Holly Holm w piątej rundzie przegrywa przez duszenie z Mieshą Tate, daje sobie wydrzeć zwycięstwo oraz pas mistrzyni, przeżywa dramat. W mojej walce to nie miało prawa się powtórzyć.

Już w pierwszym rozdziale dowiedzieliście się, jak ciężkimi miesiącami były dla mnie kwiecień, maj i czerwiec 2016 roku. Nie umiałam znaleźć wspólnego języka z trenerami, do tego bardzo martwiłam się o kilogramy. Niemal nabawiłam się obsesji na tym punkcie. Ważyłam więcej niż w tym samym okresie przygotowań do poprzednich walk. Każdy dzień był na wagę złota.

Kuba Mauricz nigdy nie chciał, żebym płaciła mu za pracę dla mnie. Wystarczało, że promowałam go w mediach społecznościowych. Poza tym mieliśmy świetne relacje osobiste. Coś zaczęło się jednak psuć. Kuba prowadził coraz więcej szkoleń w różnych częściach Polski. Zaczęło mu brakować czasu dla mnie. Próbowałam ratować sytuację. Mówiłam, że przecież możemy się rozliczać normalnie. Potrzebowałam pomocy, bo sytuacja zaczęła się robić poważna. Niby umówiliśmy się, że wszystko będzie jak dawniej, ale Kuba zawiódł. W połowie maja podjęłam decyzję o zakończeniu współpracy. Nadal mamy bardzo dobre relacje osobiste, ale wtedy musiałam powiedzieć stop. Wykręciłam numer do Stanów. Kontrolę nad moim żywieniem przejęły Michelle Ingels i Paulina Indara z cieszącej się świetną opinią w UFC firmy Perfecting Athletes. Z bardzo dobrym skutkiem.

Do Las Vegas wyleciałam 28 czerwca z Pawłem Derlaczem, jedenaście dni przed pojedynkiem w MGM Grand. Powitało nas prażące słońce i czterdziestostopniowy upał. Pierwszy tydzień zleciał szybko. Wróciliśmy do gymu Drysdale'a, aby zakończyć obóz przygotowawczy. Ogromnie się cieszyłam, że zagrało wszystko, co w Olsztynie wychodziło tak sobie.

Trzy dni spędziłam z Ewą, Kasią i Krzyśkiem w wynajętym domu, potem przeprowadziłam się do dwupokojowego apartamentu na dwudziestym ósmym piętrze hotelu Monte Carlo. Czułam, że jestem w gazie, nabrałam entuzjazmu. Wyciszyłam się, uspokoiłam. Spałam dobrze, po siedem godzin. Do ostatnich dni jadłam trzy posiłki dziennie, które przygotowywała dla mnie Michelle. Zajęła jeden z sąsiednich pokoi. Mimo cięcia wagi mogłam sobie pozwolić na takie dania, jak omlet albo kotlet wołowy z ziemniakami purée i marchewką. Piłam dużo wody z solą, miodem i cytryną, przyjmowałam kilka litrów płynów dziennie. Nabrałam przekonania, że to będzie wspaniały występ.

W Las Vegas na każdym kroku można było się natknąć na plakat zapowiadający rewanż z Gadelhą. Znalazły się nawet w kasynach, na maszynach do gier. Była to walka wieczoru piątkowej gali w MGM Grand. Dzień wcześniej w MGM o mistrzostwo świata wagi lekkiej mieli walczyć Rafael dos Anjos i Eddie Alvarez, a na sobotę w nowej T-Mobile Arenie zaplanowano jubileuszowe UFC 200. Nie chodziłam po Vegas, aby napawać się widokiem własnej twarzy spoglądającej na przechodniów, ale czułam, że zbliża się dzień, w którym moje imię będzie wypowiadane bardzo głośno i często jak nigdy wcześniej.

Kibice byli wszędzie, tworzyli gorącą atmosferę. Zorientowali się, że mieszkamy w Monte Carlo i czekali na nas przy windzie na parterze. Są odważniejsi niż polscy fani. Podejdą, śmiało uścisną rękę, zagadają. We wtorek, podczas treningu otwartego w MGM, nakręciliśmy się z Pawłem i zrobiliśmy dla nich niezłe show.

Trenowałam wieczorami, pozbywając się wody z organizmu. W środę ważyłam jeszcze 56 kilogramów, ale niczego się nie obawiałam. Jak dobrze, że wreszcie nauczyłam się osiągać limit z głową! Przed czwartkowym ważeniem nie mogłam pić tylko przez dziesięć godzin. Żaden problem, choć tamtej nocy prawie nie spałam.

Z Claudią w ogóle się nie widywałyśmy – i dobrze. Nie myślałam o żadnym prezencie. W czwartek dwa razy uderzyłam pięścią w drugą dłoń i wyszłam na scenę. Pobudziłam się. Ten ostatni raz chciałam pokazać Claudii, że utrę jej nosa i to ja będę świętować zwycięstwo. Miałam naprawdę dobre przeczucia.

W czwartek po południu ksiądz Tomasz odprawił z uwagi na mnie prywatną mszę świętą. Towarzyszyła mi Kasia, Krzysiek, Ewa oraz Paweł z Szymonem, który niedługo przedtem doleciał do Vegas. Poczułam ogromną siłę. Każdy ma jakiś talent. Trzeba go pielęgnować i pokazywać światu.

W nocy spałam spokojnie. Po śniadaniu zrobiłam rozruch, żeby w brzuchu nic nie zalegało. Ucięłam sobie drzemkę, a po szóstej po południu, trzy godziny przed walką, wyjechałam z Monte Carlo do MGM Grand z przekonaniem, że pas wróci ze mną na noc do hotelu, a następnie do Polski. Przyszło nas obejrzeć osiem tysięcy widzów.

Przejmij ster w swoje dłonie, modlitwa, mowa mistrza ceremonii Bruce'a Buffera. Niech to się już zacznie… Nareszcie. Jedziemy z tym!

Szybko znalazłam się na plecach. Wstałam, ale Gadelha była równie silna, jak dziewiętnaście miesięcy wcześniej. Klinczowała, dociskała mnie do siatki, przewracała. Pod koniec pierwszej rundy boleśnie kopnęłam ją lewą nogą. Z boku obraz walki pewnie nie wyglądał dla mnie zbyt ciekawie. Dialog moich trenerów, element humorystyczny.

– Asia, zerwij uchwyt! Asia, zerwij to!

– Ty, ale przecież już zerwała.

– No tak.

W drugiej rundzie Claudia nieźle radziła sobie także w stójce, ale byłam cierpliwa. Znowu mnie przewróciła, uderzała z góry przy siatce. Skopałam ją w końcówce. Nie można powiedzieć, że walczyłam pasywnie, ale i tak byłam dwie rundy w plecy. Zostały mi trzy.

Najgorsze to stracić wiarę. Wiedziałam, że wygram, tylko potrzebowałam czasu, żeby się rozkręcić. Lubię poczuć cios, krew i głód walki. Wreszcie zaczęłam wystrzeliwać moje najlepsze ciosy. Po lewych prostych na twarzy Claudii rysował się grymas bólu. Nie smakowały jej najlepiej. Dodałam do tego front kick w głowę, a w jej oczach gasły iskierki. Czułam, że już w trzeciej rundzie była wypruta z sił. Pierwsze dwie przegrałam, wykonałam w nich jednak kawał dobrej roboty. Nie pozwoliłam jej kontrolować pozycji w parterze, ale uparcie jej się wymykałam, zmuszając do ogromnego wysiłku. Wymęczyłam ją, dlatego zaczęło brakować jej pary.

Znalazłyśmy się na dole. Starałam się obrócić Gadelhę przy siatce, zaczęłam „wiązać" japoński krawat. To by dopiero było, gdybym wygrała przez duszenie! W ostatniej chwili wyprostowała głowę. Wstałam, odeszłam. Kazałam Claudii się podnieść, a widownia ryknęła z wrażenia. Na deser rąbnęłam Gadelhę niezłym łokciem. Czwartą rundę wygrałam nawet dwoma punktami. Kopałam, zmieniałam pozycję na odwrotną. Claudia zaczęła krwawić z nosa.

Dwa do dwóch. Wygra ta, która będzie lepsza w piątej rundzie. A ja mam siły jeszcze na pięć albo i dziesięć! Zadaję wspaniały bezpośredni prawy, ona dociska mnie do siatki. Kibicom to się nie podoba. Wolą, gdy walczymy w dystansie. Uwalniam się. Mój lewy prosty, prawy front kick i seria ciosów. Gadelha upada na plecy. Znów każę jej wstawać, a trybuny szaleją. Kolejny kontrujący lewy. Jej głowa krwawi, mnie nic nie dolega. Dwudziesta piąta minuta walki, ostatnia syrena. Widownia bije brawo na stojąco.

48:46, 48:46, 48:45. Jednogłośną decyzją sędziów wygrywa Joanna Jędrzejczyk, mistrzyni świata UFC wagi słomkowej! Na Claudię spadło 176 najmocniejszych ciosów, kopnięć i uderzeń łokciem, na mnie tylko 63. Prawie pobiłam własny rekord przewagi significant strikes z Melbourne, zabrakło pięciu. Jestem najlepsza na świecie! Jestem kompletną wojowniczką, lepszą niż kiedykolwiek wcześniej! Porwałyśmy widownię. Kto trzy albo cztery lata temu pomyślałby, że kobiety będą odgrywać taką rolę w MMA?

Osiągnęłam najwyższy szczyt. Obroniłam tytuł trzeci raz i tak będzie do końca mojej kariery. Znów mocno poobijałam sobie prawą dłoń, ale na szczęście tym razem nie doszło do żadnego złamania. Tego wieczoru nie było dla nas konkurencji – zgarnęłyśmy po pięćdziesiąt tysięcy dolarów premii do podstawowej gaży za najbardziej spektakularny występ gali.

Jedyne, co mi się nie udało, to pogodzić z Claudią. Wyciągnęłam do niej rękę, ale ona nie chciała zaakceptować porażki. Już miesiąc przed walką powiedziałam sobie, że niezależnie od wyniku chcę zakopać topór wojenny, bo obie napsułyśmy sobie mnóstwo krwi. Podziękowałam jej, ale Gadelha nie odwzajemniła tego gestu.

Zgodnie z planem, do hotelu Monte Carlo wróciłam z pasem. Przebrałam się, zebrałam ekipę. Wsiedliśmy do ogromniastego hummera, odpaliliśmy muzykę, dotarliśmy na moje afterparty, które Tiago urządził na dachu hotelu Rio. Widok na nocne Las Vegas jeszcze nigdy nie sprawiał mi takiej przyjemności. Ludzie tańczyli przy głośnej muzyce, pili drinki, ja relaksowałam się rozmowami. Razem z JJ Aldrich, moją ulubienicą z TUF, zjechałyśmy z wysokości pięćdziesiątego piętra kolejką linową VooDoo Zipline. Świętowanie zakończyliśmy w knajpie, jedząc amerykańskie skrzydełka kurczaka. Nie mogłam się ich doczekać od paru miesięcy.

Dzień później obejrzałam UFC 200. Walczyli Daniel Cormier z Andersonem Silvą, Miesha Tate z Amandą Nunes (pas wagi koguciej znowu zmienił właścicielkę!), Jose Aldo z Frankie'em Edgarem, Brock Lesnar z Markiem Huntem… Prawie same sławy. Tym więcej radości sprawiały mi komentarze, że w czwartek, piątek i sobotę nie było lepszego, bardziej widowiskowego pojedynku od mojego z Gadelhą.

Podszedł do mnie Conor McGregor. Pogratulował, objął, nazwał supergwiazdą. W internecie napisał do paru milionów ludzi, że to ja zrobiłam na nim największe wrażenie. Jakby szczęścia było mało, za kulisami spotkałam Justina Timberlake'a. A jeszcze dwa lata temu plułam sobie w brodę, że nie mogłam go zobaczyć na koncercie w Gdańsku!

Następnego wieczoru spacerowałam po oświetlonym jaskrawymi neonami Las Vegas Strip, zatrzymując się co chwila, aby spełniać prośby napotkanych fanów, porozmawiać, stanąć do zdjęcia. Nie jestem mistrzynią niedostępną, uciekającą od ludzi. Nie chcę wozić się limuzynami, poruszać się w obstawie ochroniarzy. Na Stripie była dziewczyna w koszulce z nazwiskiem Jędrzejczyk, która przyleciała z Irlandii, Nick Diaz, którego jeszcze półtora roku temu myliłam z Nate'em Diazem, Mark Hunt w kolorowym sklepie z moimi ulubionymi M&M's... Obok mnie uśmiechnięci Ewa, Kasia i Krzysztof. Właśnie tak to miało wyglądać. Warto było zasuwać przez trzynaście lat. To nie koniec. Wiedziałam, że nie mogę się zatrzymać.

Rozdział 27

CZAS NA ZMIANY

Biłam się z myślami, ale wiedziałam, że pewnym sprawom należy położyć kres. Najważniejszą decyzją 2016 roku były przenosiny do nowego klubu w USA. Podjęłam ją z dnia na dzień. Wystarczył jeden telefon z Florydy.

Nie spodziewałam się, że Tiago przestanie być moim menedżerem po wszystkim, co dla mnie zrobił. Wspólnie przeskoczyliśmy kilka pięter w górę. Nie twierdzę, że to jego zasługa, ale był ze mną od początku. W naszej relacji nie chodziło o kasę. Tiago jest dobrym menedżerem, a przede wszystkim dobrym człowiekiem. Zżyłam się także z jego siostrą Tais, która pomaga mu w obowiązkach.

Pod koniec lipca poleciałam do Chicago, UFC zaprosiło mnie tam w charakterze gościa specjalnego gali. Tiago był ze mną.

– Proszę, zadzwoń do Dany w tym tygodniu i powiedz, że jestem gotowa walczyć w listopadzie w Nowym Jorku na gali UFC 205.

– Może ty to zrobisz? On ciebie bardziej lubi.

Zamurowało mnie. Siostra Tiago też zwróciła uwagę, że to nie była właściwa odpowiedź. Poczułam się urażona, również dlatego, że te słowa padły z ust przyjaciela. Jasne, mogę pójść na rozmowę z Daną, zadzwonić do niego, ale przecież to Tiago mnie reprezentował. Na tym polega funkcja, którą pełnił, to chyba jasne.

Po powrocie do Polski biłam się z myślami. Często kieruję się sercem i jestem pobłażliwa, ale tym razem nie mogłam okazać słabości. Pewnie, że walczę też dla idei, lecz najlepsze lata kariery to czas, w którym trzeba zabezpieczyć swoją przyszłość. A miałam wrażenie, że część pieniędzy przechodzi mi koło nosa, na przykład dlatego, że Tiago nie zawsze doprowadzał rozmowy ze sponsorami do końca. Chciałam występować na największych imprezach, takich jak UFC 205 w Madison Square Garden. Gala zapowiadała się jeszcze ciekawiej i bardziej prestiżowo niż lipcowe UFC 200 w nowej T-Mobile Arenie w Las Vegas.

Zrobiłam bilans zysków i strat. Co Tiago zrobił, co mógł zrobić, a czego nie zrobił? Nie na tym polega współpraca z menedżerem, że jest przy tobie przez cały czas w tygodniu poprzedzającym walkę, chucha na ciebie i dmucha. Doszłam do wniosku, że menedżerowi nie płaci się za przyjaźń. Tiago jest świetny dla początkujących zawodników, ale kiedy dochodzi do ostrzejszej konfrontacji z UFC, negocjacji najważniejszych kontraktów sponsorskich, sytuacja trochę go przerasta.

Podjęłam trudną decyzję, zadzwoniłam do niego i powiedziałam, że powinniśmy się rozstać. Tiago był w szoku, ale z drugiej strony po zajściu w Chicago musiał się czegoś domyślać.

Ostatnio mocniej skupiłam się na dbaniu o rozpoznawalność w USA. Nie wiem, czy trafi mi się rola w Hollywood, ale kto wie? Mój język angielski przez ostatnie dwa lata jeszcze się poprawił i dziś mogę wyrazić niemal wszystko, co dawniej przekazywałam tylko po polsku. Amerykańscy dziennikarze przekonali się, że jestem ciekawym rozmówcą, gadułą. Przed UFC 205 zainteresowanie mediów i poziom zadawanych pytań przerosły moje oczekiwania. Chcę wykorzystać ostatnie lata kariery jak najlepiej, uczestniczyć w projektach wykraczających poza MMA i sport. Chcę, aby usłyszało u mnie jak najwięcej ludzi na całym świecie.

Tak więc do Dany zadzwoniłam sama. Najpierw z grzeczności poprosiłam o kontakt jego asystentkę.

– Joanna, przecież masz numer komórki Dany. To znaczy, że jesteś na liście osób, które mogą do niego zadzwonić o każdej porze dnia i nocy – odpowiedziała.

Zadzwoniłam, Dana nie odebrał. Po jakimś czasie napisałam smsa.

– Dana, daj znać, kiedy możemy porozmawiać.

– Nawet teraz, musiałem przeoczyć połączenie!

Wybrałam jego numer.

– Super, bardzo się cieszę, że dzwonisz! – powitał mnie.

– Chciałabym zapytać o UFC 205, bardzo chcę tam walczyć. Jakie są szanse?

– Champ, mamy względem ciebie inne plany. Chcemy zorganizować galę w twoim kraju, będziesz walczyła z tą Polką.

– Masz na myśli Karolinę Kowalkiewicz?

– Tak.

– Dana, doceniam to, że chcecie zrobić imprezę w Polsce. Dajcie mi Karolinę, ale niech to będzie Nowy Jork. Myślę, że już dostatecznie zasłużyłam się w UFC, żeby otrzymać tę szansę.

– No dobra. Mieliśmy inne plany, ale skoro chcesz, to zrobię wszystko, żeby tak było. Biorę ten temat pod uwagę, obgadamy go. Odezwę się za tydzień.

Dana się nie odzywał, ale nie chciałam być natrętna, nie należę do takich osób. Zadzwoniłam do Seana Shelby'ego, który też nie miał dla mnie konkretnej informacji. Wisiałam w próżni, ale podjęłam decyzję, że wylatuję do Stanów i zmieniam swoje życie.

Nie zapomnę tego nigdy. Poleciałam na Florydę w niedzielę 18 września, a w czwartek 22 września odebrałam telefon od Seana.

– Szykuj się do walki, twoją przeciwniczką jest Karolina Kowalkiewicz.

– No dobrze, ale gdzie walczę?

Szczerze mówiąc, już zaczęłam się godzić z myślą, że nie dostanę pojedynku tam, gdzie chciałam.

– Nowy Jork.

– Żartujesz, Sean? Dlaczego robisz sobie ze mnie żarty?

– Naprawdę. Walczysz z Kowalkiewicz w Nowym Jorku. Gratuluję.

– Wow!

Przygotowania zaczęłam dwa tygodnie wcześniej w Polsce. Powtarzałam sobie, że czeka mnie Nowy Jork, choć nie miałam żadnej pewności.

– Dziękuję – napisałam smsa do Dany.

– Nie masz za co dziękować. Zasługujesz na to.

Dlaczego zmieniłam klub z Arrachionu Olsztyn na American Top Team i przeniosłam obóz przygotowawczy do Coconut Creek?

Ostatnio zdarza mi się słyszeć, że to Arrachion mnie stworzył. Nieprawda. Przyszłam do Arrachionu jako mistrzyni świata, o czym wielu ludzi zapomniało. Nie powiem, że Paweł i Szymon zachowywali się wobec mnie jak hieny, bo zgrzeszyłabym ciężko. Nie chcieli jednak stać się bliskimi mi ludźmi. Pamiętam, jak źle się poczułam, gdy kilka godzin po zwycięstwie nad Carlą Esparzą w Dallas, w efekcie którego zdobyłam pas UFC, usiedliśmy z teamem w restauracji, a Szymon wyszedł z niej po pół godzinie.

Po wygranej z Jessicą Penne w Berlinie moja kumpela Malwina Golczak spotkała chłopaków w hotelowym lobby. Dialog wyglądał mniej więcej tak.

– Gdzie jest Asia?

– No, w szpitalu.

– A wy? Dlaczego nie jesteście z Asią? Co z nią?

– Pewnie nic złego. Nie widziałaś tu jakiejś restauracji?

Proste – Paweł i Szymon nie martwili się o mnie. Walka wygrana, grunt, że wpadnie prowizja za walkę. I to tyle. Po rewanżowym zwycięstwie nad Claudią Gadelhą w Las Vegas też nie chciało im się pojechać na moje after party. Usłyszałam, że nie są odpowiednio ubrani.

– Gdy wrócimy do Olsztyna, trzeba będzie zmienić parę rzeczy – powiedział do mnie Paweł, gdy już wybierałam się na zabawę z kolejką VooDoo Zipline w hotelu Rio.

– Nie rozmawiajmy teraz o tym. Daj mi się cieszyć zwycięstwem, wygrałam najważniejszą walkę w karierze.

– Pogadajmy!

– Paweł, ja w tym obozie przeszłam załamanie nerwowe. Nawet tego nie dostrzegłeś.

– Ale jak to? Musimy więcej rozmawiać.

– Próbowałam wielokrotnie. Jesteś bardzo dobrym trenerem, ale daleko ci do pedagoga. Nie jestem maszyną.

Czułam, że Paweł trochę się tym przeraził. Sądzę, że z Szymonem spodziewali się, iż prędzej czy później opuszczę klub.

Szczególnie w Las Vegas musieli sobie zdawać sprawę z tego, jak bardzo rozwinęła się moja kariera.

W Olsztynie pierwszy telefon odebrałam od Dziury. Zapytał, czy dostałam już pieniądze za walkę, bo... kurs dolara spada i chciałby szybko wymienić kasę. Poczułam wtedy, jakbym dostała z placka w twarz. Mój trener nie chciał wiedzieć, jak się czuję po powrocie, tylko kiedy dostanie wypłatę.

Trenowałam w Arrachionie, ale biłam się z myślami. Momentami usprawiedliwiałam chłopaków sama przed sobą. Dla mnie zawsze najważniejsze były relacje. Jak w patologicznym związku – znajdowałam wymówki i argumenty przemawiające za racją trenerów. W końcu jednak uświadomiłam sobie, że to ja jestem ofiarą. Czy nazwałabym ich katami? Za dużo powiedziane. Oczywiście, że nie.

Możliwe, że Szymon zawsze miał mi coś za złe – że to ja zrobiłam karierę, a niego jego siostra. Jasne, że nie ma się czym chwalić, ale dwa razy niechcący złamałam nos Paulinie Bońkowskiej. Nie zapomnę, jak Boniek nakrzyczał na mnie przy wszystkich ćwiczących w sali, wręcz mnie obraził.

To było dwa tygodnie przed galą KSW w Warszawie, która odbyła się w grudniu 2012 roku. Paulina stoczyła tam walkę z Karoliną Kowalkiewicz. Przed MMA trenowała głównie judo, więc miała spore problemy ze stójką. Odwracała głowę, zamykała oczy, opuszczała gardę, słabo broniła się przed ciosami. Sparowałyśmy. Pomyślałam, że wyprowadzę wysokie kopnięcie, żeby pamiętała o trzymaniu rąk w górze. Ten high kick wcale nie należał do dynamicznych. Mimo to mój duży palec u nogi trafił w środek nosa Bońkowskiej. Paulina spanikowała, Szymon kazał jej się uspokoić. Złamałam jej nos.

Szymon wiedział, że tego nie chciałam. Przegrała z Kowalkiewicz i czułam się źle, że namieszałam.

Jakiś czas później w klubie odbywały się sparingi grupowe. Mieliśmy gości, przyjechali Piotr Strus, Krzysztof Jotko i inni zawodnicy. Miałam ćwiczyć z Pauliną, ale ona zaczęła się przede mną cofać.

– No i jak, robimy? – zapytałam.

Schowała się za Szymonem, niczym wystraszone dziecko.

– Ty z nią, kurwa, nie robisz! – warknął Szymon.

– Co? – zdębiałam.

– Co ty sobie wyobrażasz? Że jesteś tu jedyną gwiazdą, że tylko ty będziesz robić karierę? Znowu złamałaś jej nos!

– Jak? Co się stało?

– Walnęłaś ją prawym.

Na treningu obchodziłam się z Pauliną jak z jajkiem. Wymieniałyśmy luźne ciosy. Pamiętam, że jeden z nich był celny i podobno to wtedy miało dojść do kolejnego urazu. Może to nic dziwnego, skoro Paulina wracała do treningów po poprzedniej kontuzji nosa? Po tamtym ciosie od razu zapytałam, czy wszystko w porządku.

– Tak. Super, super – odpowiedziała.

Na drugi dzień, zamiast przyjść do mnie, wypłakała się Szymonowi, a on się na mnie obraził.

– Nie będziesz z nią trenować. Już nigdy nie będziesz z nią ćwiczyć w parze! – wydzierał się Szymon. Ludzie widzieli, jak zmieszał mnie z błotem. Później stosunki między nami się poprawiły, ale nigdy nie był dla mnie ciepły w relacji, dało się to odczuć. Czułam, że dla niego i Pawła stałam się maszynką do trenowania i wygrywania. Potem moimi sukcesami można się było pochwalić, zarobić na nich. W tym nie było żadnej troski o mnie jako człowieka.

Przed rewanżem z Gadelhą w najtrudniejszych chwilach obiecywałam sobie, że wygram tę walkę i wyjadę. W klubie nie czułam się traktowana jak mistrzyni. Nigdy nie chodziło mi o wywyższanie mnie bądź noszenie na rękach, ale o szacunek. Zaszłam dużo dalej niż wszyscy i wręcz wymagałam uznania. A tego nie było. Trenerzy lubili strzelać fochy, a gdy byli obrażeni, w ogóle do mnie nie podchodzili. Wydawali polecenia mojemu sparingpartnerowi, do mnie się nie odzywali. To było strasznie irytujące i męczące. Chciałam normalnie trenować, ale często traciłam humor.

Na American Top Team postawiłam dzięki dietetyczkom z Perfecting Athletes. Miałyśmy współpracować przed moją drugą kolejną walką, dlatego Paulina Indara i Michelle Ingels zaczęły pytać, jak mogą mi pomóc. Paulina skontaktowała mnie z Mikiem Brownem, jednym z trenerów ATT. Mike to były zawodnik UFC, wcześniej posiadacz pasa federacji World Extreme Cagefighting w wadze piórkowej. Zadzwonił do mnie z Florydy.

– Kiedy zamierzasz walczyć?

– Na UFC 205, 12 listopada – odparłam, choć oczywiście nie miałam pewności, że dostanę walkę w Nowym Jorku.

– Więc może przylecisz do nas i zaczniemy przygotowania? Jeśli chcesz zrobić ten krok, zapraszam, pomogę ci – zadeklarował Mike.

Powtarzał, że moja obecność byłaby dla ATT czymś niezwykłym. Był podekscytowany. Poczułam, że temu człowiekowi nie chodzi tylko o trening i wyniki, ale o wzorową relację z zawodnikiem. Rozmawialiśmy w czwartek lub piątek. Kupiłam bilet lotniczy na niedzielę.

Wiedziałam, że wyjadę, ale do samego końca wahałam się, czy jednak nie powinnam zostać. W sobotę miałam trening wytrzymałościowy z Szymonem, więc ćwiczyłam ze świadomością, że w jakimś sensie go wykorzystuję. Później w klubie miały być sparingi, chciałam pogadać z oboma trenerami naraz. Spotkałam jednak tylko Pawła, Szymon nie wrócił jeszcze z zawodów judo.

Dziura wesoło mnie przywitał.

– Musimy poważnie porozmawiać. Jutro wylatuję do Stanów Zjednoczonych.

– Ale jak to?

– Zmieniam klub, chcę rozwijać karierę. Jestem wam wdzięczna za lata współpracy.

Paweł był w szoku. Próbował się uśmiechać, ale był pełen żalu. Popłakałam się.

– Mam nadzieję, że mnie rozumiesz. Rozwój jest dla mnie najważniejszy – tłumaczyłam.

Obiecaliśmy sobie, że utrzymamy kontakt i że będę mogła trenować w Arrachionie, gdy tylko przyjadę na parę tygodni do Olsztyna.

Miałam kilka godzin na spakowanie się, więc do Szymona zadzwoniłam już w niedzielę. Nie odebrał. Za parę minut wchodziłam na pokład samolotu, pozostało mi napisać smsa. Oczywiście, że wolałabym porozmawiać z Bońkiem w cztery oczy, ale nie było na to szans. Napisałam, że jestem wdzięczna za współpracę, że przepraszam, że chciałam zadzwonić.

– Spoko, powodzenia – odpisał Szymon.

Gdy wróciłam do Olsztyna w grudniu, okazało się, że jednak wcale nie jest spoko. Zadzwoniłam do Pawła. Oznajmił mi, że temat treningów w Arrachionie nie jest aktualny, skoro szukałam klubu za plecami jego i Szymona. Oczywiście, że o tym myślałam, już dawno temu chodziło mi po głowie Denver albo Albuquerque, ale decyzję podjęłam naprawdę szybko, we wrześniu. Miałam chodzić przez parę tygodni na zajęcia i głosić, że pewnie zaraz stąd odejdę, ale jeszcze nie wiem gdzie? Nie chcę palić za sobą mostów. Jest mi jednak przykro, że Paweł i Szymon nigdy nie zdecydowali się na szczerą rozmowę ze mną. Woleli słuchać plotek.

Rozdział 28

IMPREZA ZA STO MILIONÓW

Na Florydzie szybko odzyskałam humor, choć byłam pewna, że po latach względnej stabilizacji znów będę cierpieć z tęsknoty za domem i bliskimi. Rozmach imprezy w Madison Square Garden przewyższał wszystko, z czym miałam do czynienia wcześniej. W sam raz, aby pobić tam kolejny rekord.

Na lotnisku w Miami odebrały mnie Paulina i Michelle, pojechałyśmy do Coconut Creek. Na początek wprowadziłam się do hotelu. Drugiego dnia po przylocie wybrałam się na trening w American Top Team.

Pierwsze dni w klubie były… dziwne. Inne dziewczyny nie wyglądały na zachwycone moim widokiem. Valerie Letourneau, z którą walczyłam dziesięć miesięcy wcześniej w Melbourne, nowa mistrzyni świata UFC wagi koguciej Amanda Nunes oraz Nina Ansaroff i Tecia Torres, czyli zawodniczki z mojej kategorii wagowej, sprawiały wrażenie zdezorientowanych. Zdawały się mówić do siebie: „Co jest grane, co Jędrzejczyk tutaj robi?".

W obronę wzięła mnie Jessica Aguilar, parę lat temu uważana za najlepszą na świecie w wadze słomkowej.

– Dlaczego plotkujecie o Joannie? Gdybym nie leczyła kontuzji i mogła normalnie trenować, cieszyłabym się, że mogę się uczyć od mistrzyni – oznajmiła.

To miało jakiś wpływ na żeńskie towarzystwo. Po paru dniach usłyszałam, jak jedna z dziewczyn mówi: „Joanna to bestia!". W wywiadzie dla „Przeglądu Sportowego" szczerze powiedziałam o przyjęciu w ATT, które mogło być milsze. Ktoś to przetłumaczył na język angielski, opublikował artykuł w internecie, a dziewczynom chyba zrobiło się z tego powodu głupio. Stały się życzliwsze. Letourneau, pokonana przeze mnie w Melbourne, zaoferowała mi... wspólne mieszkanie w jej domu! Uznałam jednak, że nie byłby to dobry pomysł.

Dziewczynom wydawało się, że przyleciałam na Florydę tylko na chwilę. A ja szybko nabrałam przekonania, że znalazłam swoje miejsce na resztę kariery. Chciałam być najciężej i najlepiej pracującą sportsmenką w ATT, obiecałam to sobie. Myślę, że dziewczyny dopiero po jakimś czasie zobaczyły, co trzeba robić, żeby znaleźć się na najwyższym poziomie, zdobyć tytuł mistrzowski i bronić go.

Obawiałam się, że bardzo zatęsknię za domem, ale po dwóch tygodniach poczułam się rewelacyjnie. Poradziłam sobie z kolejną życiową barierą i to jest najważniejsze. Takie przełamywanie granic kreuje mnie jako zawodniczkę i człowieka. Bardzo pomogły mi dietetyczki z Perfecting Athletes. Gdy Florydę nawiedził huragan Matthew, uciekłyśmy na zachód z Pauliną i Denise. Nie panikowałam, choć nastroje mieszkańców Coconut Creek nie były zbyt radosne. Ostatecznie huragan odbił w stronę Atlantyku, a w mieście nie było zniszczeń.

Wybrałam świetnych trenerów. Mike Brown zaczął odpowiadać za mój grappling, Kami Barzini za zapasy, Dyah Ali Davis za boks, a Vitelmo „Katel" Kubis za muay thai. Zajęcia organizowano specjalnie dla mnie i właśnie tak należy traktować mistrzynię świata. Naprawdę czułam, że każdego dnia się czegoś uczę. Zaskakiwałam samą siebie i na pewno nie mówię tak dlatego, żeby uzasadnić zmianę klubu. Któregoś dnia miałam trening zapaśniczy. Od ścisku z ciałem rywalki puchły mi przedramiona, a ostatnia runda trwała aż dziesięć minut. Poddałam dziewczynę kilkakrotnie i sama podnosiłam ją z maty, żeby kontynuować ćwiczenie! A to wcale nie była słaba zawodniczka. Chcę być mistrzynią w każdej płaszczyźnie, nie tylko w stójce. Do tego dążę!

Nie miałam wiele czasu na luźniejsze życie. Rzadko zdarzał się dzień, w którym mogłam wyjść, pospacerować, zrobić zakupy i poczuć się normalnie. Trenowałam przez sześć dni w tygodniu. Na początku troszkę się martwiłam, bo oddychało mi się ciężko ze względu na dużą wilgotność powietrza. Jednak mój organizm się przyzwyczaił. Zaczęłam sypiać dobrze, a wiadomo, że świetna kondycja i wydolność to moje naturalne cechy.

Mam też swój kościół. Niedaleko Coconut Creek znajduje się świątynia Our Lady of Częstochowa, odwiedzam ją w niedzielę. Ksiądz głosi bardzo fajne kazania, jest dowcipny. Bardzo się cieszę, że na mszach spotykam wielu Polaków, podobnie jak w Las Vegas. Na Florydzie rodacy też mnie rozpoznają!

Może zabrzmi to samolubnie, ale najczęściej myślałam o sobie. Dbałam o to, żeby dobrze zjeść, dobrze się wyspać i być gotowa na trening. Bo z tego miałam zostać rozliczona w dniu walki. Wiedziałam, że muszę podołać fizycznie i psychicznie. Czułam, jakbym była na misji. Tęskniłam za bliskimi, ale musiałam wykonać jak najcięższą pracę, aby znów zwyciężyć. Karolina Kowalkiewicz została kolejną zawodniczką, która stanęła na drodze do moich marzeń. Czy zasłużyła na szansę? Wygrała trzy walki w UFC, więc najwidoczniej tak. Postawiłam na szali bardzo dużo. Nawet mój tata powiedział, że jeśli przegram, ludzie zechcą mnie pożreć. Zmiany bywają bolesne, ale prędzej czy później wychodzą na dobre. Wierzyłam, że to się potwierdzi już 12 listopada w Madison Square Garden.

Pod koniec września poleciałam z Mikiem Brownem do Nowego Jorku, żeby promować UFC 205. Oprócz mnie o mistrzostwo świata podczas tej gali mieli walczyć Conor McGregor z Eddie'em Alvarezem oraz Tyron Woodley ze Stephenem Thompsonem. Impreza była ogromnie prestiżowa, bo wcześniej mieszane sztuki walki były w Nowym Jorku zakazane. UFC już dawno temu podbiło Las Vegas, a teraz chciało potwierdzić supremację w organizowaniu walk w Stanach Zjednoczonych i na całym świecie. Spodziewano się, że gala sprzeda nie mniej niż półtora miliona pay-per-view, a za transmisję trzeba było zapłacić kilkadziesiąt dolarów.

Wszyscy byli pod ogromnym wrażeniem filmu promocyjnego *Live Like Legends*, który podbił telewizję i internet. To była kapitalna, hollywoodzka produkcja. Pracowała przy nim bardzo mocna ekipa z Los Angeles. Cieszę się, że brałam w tym udział – zdjęcia ze mną kręcono na dworcu kolejowym Penn Station, znajdującym się w samym sercu Manhattanu, tuż obok Madison Square Garden. Później, w przerwie od wywiadów, wjechałam na szczyt Empire State Building. Widok był wspaniały.

W MSG odbyła się wielka konferencja prasowa z najważniejszymi uczestnikami UFC 205. Karolina przyleciała na nią z Polski. Spotkałam ją w hotelu, była ze swoim trenerem Łukaszem Zaborowskim. Przywitaliśmy się, pogadaliśmy chwilę. Pod koniec konferencji, na której zjawiło się kilka tysięcy fanów, pierwszy raz zmierzyłyśmy się wzrokiem. Karolina, na co dzień uśmiechnięta i szczęśliwa aż do przesady, grała twardą. Chciała pokazać, kto jest najlepszy w Polsce. A ja już dawno udowodniłam, że jestem najlepsza na świecie. Wiedziałam, że udowodnię to w Nowym Jorku. Jeszcze tylko kilka tygodni treningów i znów będę mogła błysnąć, znaleźć się na ustach fanów MMA, tak jak w lipcu w MGM Grand!

Do Nowego Jorku w listopadzie poleciałam przez Toronto, gdzie udzieliłam bodaj jedenastu wywiadów. To było szaleństwo! W hotelu Affinia zameldowałam się w poniedziałek wieczorem. Aby znaleźć się w Madison Square Garden, wystarczyło przejść na drugą stronę Siódmej Alei. Na legendarną halę spoglądałam z okna mojego apartamentu na trzynastym piętrze. To niezwykłe miejsce, mekka sportów walki nie tylko dla Amerykanów. Były tam wielkie pojedynki bokserskie, na ring wchodzili najwięksi, na czele z Sugarem Rayem Robinsonem i Muhammadem Alim, aż wreszcie nadszedł czas na MMA. Pod względem popularności wśród amerykańskich telewidzów, UFC zaczęło przebijać pięściarstwo.

Wiedziałam, że dostanę mocniej w kość niż przed rewanżem z Gadelhą. Galę organizowano z pompą. Miałam mnóstwo wywiadów, były sesje zdjęciowe, nagrywałam filmy. Widok mojej twarzy na wielkich ekranach na Times Square robił wrażenie. Umiałam zachować do tego dystans, mimo że tuż obok bohaterów UFC 205 znaleźli się... Donald Trump i Hillary Clinton, będący na ostatniej prostej wyścigu po fotel prezydenta Stanów Zjednoczonych. Reaguję bardzo spokojnie, gdy ktoś mówi mi, że widział moją twarz na billboardzie, w reklamie albo w filmie. Nie spoczywam na laurach. Rozmach gali był niewiarygodny, ale podświadomie czułam, że to nie koniec, że w przyszłości czeka mnie coś jeszcze lepszego. Zawsze wymagam i oczekuję od siebie więcej i więcej.

Do Nowego Jorku przyleciał Przemek, Kasia z Krzysiem, Ewa, Karol i przyjaciele, w tym najbliższa mi Ania. Byli wyrozumiali, wiedzieli, ile mam obowiązków. Gdy tylko znalazłam chwilę, pisałam, żeby wpadli do hotelu chociaż na pięć minut. Napić się kawy, pogadać.

W środę zaprezentowałam się kibicom w głównej hali MSG podczas treningu otwartego. Tarczowałam z Katelem na matach rozłożonych na parkiecie koszykarskim. Parę godzin później mecz ligi NBA rozegrali tam New York Knicks z Brooklyn Nets.

Karolinę traktowałam neutralnie, wręcz obojętnie. Nie czułam, aby między nami panował ferment. W czwartek odwiedziłyśmy Konsulat Rzeczypospolitej Polskiej na Manhattanie, po południu uczestniczyłyśmy w ostatniej konferencji prasowej. W Madison Square Garden Theater show robili McGregor z Alvarezem – rozpętali awanturę i niewiele brakowało, a w ruch poszłoby nawet krzesło. My z Karoliną oraz Woodley z Thompsonem byliśmy nieco w cieniu.

Do starcia oko w oko chciałam podejść spokojnie, jak pod koniec września. Byłam zaskoczona, że grzeczna, milutka przed kamerą Karolina napiera na mnie czołem. Trener chyba przekonał ją, że ma wyprowadzić mnie z równowagi, jak rok wcześniej Holly Holm Rondę Rousey – tak przypuszczam.

Zareagowałam ruchem głowy w przód, co wielu ludzi odebrało jako zwykłe uderzenie „z bańki", jako prowokację z mojej strony, coś wyreżyserowanego. Guzik prawda. Jestem autentyczna. Tylko odpowiedziałam na presję, którą wywarła na mnie Kowalkiewicz. Jeśli moje zachowanie komuś nie przypadło do gustu – trudno. Nie jestem chuliganem. Niektórzy chcieliby, żebym grała pod ich dyktando, a ja nie jestem czyjąś marionetką. Mam swój styl zachowania, który tworzy mój wizerunek. Po zakończeniu kariery ci ludzie nie dadzą mi na chleb. Sama muszę zapracować na to, aby zabezpieczyć swoją przyszłość. A MMA to nie są bierki.

Choć do Affinii można było dojść w trzy minuty, za każdym razem „podróżowaliśmy" busami. Po konferencji ja i Karolina czekałyśmy na podwózkę. Miałam jej coś do powiedzenia.

– Trzeba być prawdziwym, trzeba mieć charakter i przede wszystkim osobowość, a nie być jak chorągiewka.

Karolina umiała tylko wyciągnąć środkowy palec.

– Właśnie pokazujesz, kim jesteś. Mam nadzieję, że to pokażą i zobaczą, kim naprawdę jest Karolina Kowalkiewicz.

Pokazała mi „fucka" drugi raz i trzeci, na samym YouTubie ten odcinek filmu z serii UFC Embedded obejrzało ponad milion ludzi. Dla sporej części Polaków Karolina pozostaje tą lepszą. Myślą, że jest subtelną dziewczyną, która zawsze zachowuje się grzecznie i z klasą. Nie wchodząc w szczegóły, ja nie nazwałabym jej damą. I nie mam na myśli tylko wystawiania środkowego palca.

W piątek przed południem bez problemu zmieściłam się w limicie 52 kilogramów. Zrzucanie wagi z dziewczynami z Perfecting Athletes to nic strasznego! Pierwszym posiłkiem po ważeniu był chleb bezglutenowy bardzo wysokiej jakości ze świeżym masłem z migdałów oraz miodem. Potem dostałam tost ze świeżo wędzonym łososiem, jajkiem i pomidorem – moje ulubione śniadanie. Popiłam zielonym sokiem, później na stół wjechało smoothie z pomarańczy i banana.

Dobrze odżywiona, wybrałam się na ważenie medialne do głównej hali MSG. Zainteresowanie fanów było tak duże, że musieli postarać się o specjalne wejściówki. Inaczej nie skontrolowano by ich liczby. Aby nas zobaczyć, na trybunach zasiadło 15 tysięcy 480 kibiców – na ważeniach UFC nigdy nie było ich więcej! Za sprawą Irlandczyków panował hałas jak na meczu piłkarskim. To co będzie w sobotę?! W dniu polskiego Święta Niepodległości ja i Karolina dumnie pokazałyśmy światu biało-czerwone flagi. Nie było między nami tak ostro jak dzień wcześniej.

Chroniona przez Przemka, w kurtce z kapturem na głowie i czarnej czapce, poszłam na wieczorną kolację z bliskimi. Wyspałam się, w sobotę dostałam na śniadanie jajka z bekonem. Pycha! Zrobiłam lekki rozruch. Wszystko było gotowe na tip top, podobnie jak moja forma. Hotel opuściłam po siódmej wieczorem.

Atmosfera w hali była kosmiczna. Na 20 tysięcy 427 biletów ludzie wydali 17,7 miliona dolarów. Zdzierali gardła, a my mieliśmy im dać rozrywkę, po której nikt nie żałowałby uszczuplenia portfela. UFC nigdy nie zarobiło na biletach tak dużo, podobnie Madison Square Garden.

Zaczęłam spokojnie. Szybko usłyszałam komendy z narożnika Karoliny.

– Zmieniaj pozycję! – krzyczał jej trener.

Czułam się swobodnie, nie spieszyłam się. Zaczęłam wyprowadzać niskie kopnięcia, obijałam jej nogi. Od czasu do czasu strzeliłam też w tułów. Wyprowadzałam ciosy, choć Karolina wycofywała się i nie zawsze udawało mi się ją dosięgnąć. Próbowała dociskać mnie do siatki, ale przecież ja mam na koncie osiemdziesiąt walk w muay thai! Pod koniec drugiej rundy zerwałam klincz łokciem i poprawiłam front kickiem. Kontrolowałam walkę. 20:18 dla mnie.

W trzeciej rundzie Karolina zaczęła ciężej oddychać i zwolniła, choć i tak miała o wiele więcej sił niż Gadelha cztery miesiące wcześniej. Wpłynął na to sposób walki, bo Kowalkiewicz nie zmachała się tak, jak dążąca za wszelką cenę do poddania Claudia. Znów zerwałam klincz, rąbnęłam łokciem, poprawiłam krótkim ciosem prawą ręką w głowę. 30:27.

Zaczęłam od low kicków, dodałam high kick i front kick. Może teraz prawy łokieć? Bum! Ale to nie ja trafiłam. Tym razem Kowalkiewicz była o ułamek sekundy szybsza. Wstrzeliła się prawym, który wstrząsnął moją głową. Straciłam równowagę, zamroczyło mnie. Cofnęłam się pod siatkę, ktoś zgasił światło.

– Aśka, garda! – usłyszałam z lewej strony.

Czyj to głos? To Krzysiek, był kilka metrów od klatki. Tuż przed nim i Kasią siedzieli rodzice McGregora, którzy – jak sądzę – od krzyków mojego szwagra mogli ogłuchnąć.

Coś się dzieje! Ocknęłam się. Wykonałam ruch rotacyjny i już wiedziałam, gdzie jestem. Dotarło do mnie, że przyjęłam silne uderzenie, na moment odpłynęłam, ale już mogę kontrolować walkę. Kryzys trwał kilkanaście sekund. Jeszcze pod koniec czwartej rundy poczęstowałam Kowalkiewicz kilkoma niezłymi kopnięciami. Piąte starcie? Znów moje niskie i frontalne kopnięcia, łokcie. Kowalkiewicz nie odpuszczała, chciała wdawać się w wymianę ciosów. Wygrałam tę rundę oraz całą walkę 49:46.

– Polskie dziewczyny są prawdopodobnie najtwardsze na świecie. Karolina była mocną pretendentką i cieszę się, że jest nas w UFC coraz więcej. Co powiecie na galę UFC w Polsce w przyszłym roku? Każdego dnia jestem pokorna, skoncentrowana i wymagająca dla samej siebie. Trenuję ostro, codziennie stawiam przed sobą jakieś wyzwanie. Dlatego pozostaję na szczycie tak długo! – powiedziałam do mikrofonu Joe Rogana dwudziestu tysiącom ludzi w MSG i milionom na całym świecie. Odniosłam siódme zwycięstwo w oktagonie, bijąc rekord żeńskich walk w UFC. Ronda Rousey spadła na drugie miejsce z sześcioma wygranymi. A różnica zadanych significant strikes (+121) okazała się nawet wyższa niż w pojedynku z Letourneau (+117).

Mój nos spuchł, istniało podejrzenie złamania. Zabrano mnie do szpitala, zrobiono prześwietlenie. Żadnego pęknięcia jednak nie było, choć pod skórą zebrało się sporo krwi. Na pogotowiu poczęstowałam się skrzydełkami kurczaka i ciastkami, które specjalnie dla mnie wzięła z hotelu Paulina. Wiedziała, że będę miała na nie ochotę po walce! Były z nami też Michelle i Denise, a wkrótce do szpitala dotarli Mike, Katel i Kami. Tak, nowym trenerom nie szkoda było czasu, żeby mnie odwiedzić! Zostali ze mną do końca, odprowadzili do pokoju, nawet późno w nocy pytali, czy wszystko ze mną w porządku. To pokazało, że dla nich jestem więcej warta niż zwykły współpracownik, dzięki któremu zarabia się pieniądze. Przed nami jeszcze duże pole do popisu w sali treningowej, podczas przygotowań do kolejnych walk.

W Madison Square Garden moją piątą zwycięską walkę o mistrzostwo świata obejrzała megagwiazda Madonna, aktorzy Zac Efron i Hugh Jackman, wokaliści Demi Lovato i Nick Jonas, a także wiele innych gwiazd show-biznesu. Conor McGregor przeszedł do historii, nokautując Eddie'ego Alvareza, zabierając mu pas wagi lekkiej i zostając pierwszym w historii, który jednocześnie posiadał w UFC dwa tytuły. Porywający pojedynek o mistrzostwo wagi półśredniej stoczyli Tyron Woodley i Stephen Thompson. Po pięciu rundach ogłoszono remis. Sprzedano ponad milion pay-per-view. To mogła być impreza za sto milionów dolarów, największa w 23-letniej historii UFC! Miło, że miałam w niej duży udział. Ja, wojowniczka z olsztyńskich Jarot.

EPILOG

Chciałabym wiedzieć, kiedy zejść ze sceny, a jednocześnie pozostać niepokonana. Czuję się świetnie. Sił mam pod dostatkiem. Przez uprawianie sportu dużo mnie jednak ominęło. Za jakiś czas chciałabym zacząć nadrabiać straty, korzystać z życia.

Jeszcze przed pojedynkiem z Karoliną Kowalkiewicz myślałam, że wygram tę walkę, dwie kolejne i zakończę karierę. Potem przestałam być tego taka pewna. Jak to? Tylko dwie walki? Dlaczego nie pięć? A może nie pięć walk, tylko pięć lat? Pamiętam, jak złościłam się, gdy leczyłam kontuzję. Nie mogłam trenować, rozwijać się, miałam poczucie straty czasu. To była męka. Czy kiedykolwiek będę umiała usiedzieć w miejscu?

Zawsze znajdzie się powód, aby walczyć dalej. Można mnie przekonywać, że jestem młoda, przecież nie skończyłam jeszcze trzydziestu lat. To prawda. Można zaoferować pieniądze, których do tej pory nie zarobiłam. Może się znaleźć przeciwniczka – i na pewno się taka znajdzie – która mnie obrazi. Powie, że nie jestem nic warta, bo odchodzę na sportową emeryturę, gdyż się jej boję. Kiedy nadejdzie ten moment, chcę być mądra. Chcę zrobić wówczas to, czego chcę ja, a nie inni. Czy znajdę w sobie tyle rozsądku, dojrzałości?

Mało który wojownik odchodzi we właściwym momencie. Mistrzów zrzekających się tytułu można policzyć na palcach jednej ręki. Taką decyzję umiał podjąć wieloletni czempion Georges St. Pierre. Brawo, tylko Anderson Silva rządził w UFC dłużej niż on. Boks? Lennox Lewis, Witalij Kliczko, Floyd Mayweather Junior, o ile jego emerytura nie okaże się jedną wielką ściemą. Trudno jest zdobyć mistrzostwo, jeszcze trudniej je utrzymać, a najtrudniej powiedzieć stop.

Mam nadzieję, że nigdy nie posmakuję goryczy porażki. Nie chcę przegrać przez własną głupotę lub pazerność. Pieniądze i sława to jedno, ale organizmu nie oszukam. Na dłuższą metę nie da się go tak eksploatować, jak robię to od 2014 roku. W teorii mogłabym odejść z UFC nawet teraz, choć mój kontrakt przewiduje jeszcze kilka walk. Wystarczyłoby go zerwać i podpisać dokument, że nie odejdę do konkurencji. Jednak mój czas jeszcze nie minął. Miałabym myśleć o końcu kariery po najbardziej spektakularnych zwycięstwach w karierze? Awansowałam na szóste miejsce w rankingu UFC bez podziału na wagi i płeć. Jestem w nim najwyżej sklasyfikowaną kobietą, za moimi plecami znaleźli się mistrzowie świata! Wiele przede mną.

Chcę zostać legendą UFC. Bronić tytułu kategorii słomkowej jak najdłużej, a w przyszłości zdobyć pas w drugiej kategorii wagowej, co przedtem udało się jedynie trzem facetom. Chciałabym, żeby powstała waga musza z limitem 57 kilogramów. Nie wiem, kiedy to nastąpi. Zapewne trochę to potrwa, dopiero niedawno zdecydowano się wprowadzić rywalizację w piórkowej (66 kilogramów). Marzy mi się zdobycie drugiego pasa. Jeśli będzie taka możliwość, chciałabym bronić obu.

Co mnie czeka w życiu prywatnym? W pierwszej kolejności ślub z Przemkiem. Zamarzył mi się dom. Dawniej podchodziłam do tematu sceptycznie, w końcu to oznacza mnóstwo obowiązków. Jednak coraz bardziej się do tego przekonuję. Domek z ogrodem stanąłby gdzieś na uboczu. Obok lasek i jezioro, ale niedaleko miasta, zapewne Olsztyna. Jestem jeszcze zbyt młoda i mam za dużo pomysłów, żeby wynieść się na głęboką prowincję i odciąć od świata. To wykluczone.

Obecnie standard życia w Polsce jest zupełnie inny niż dziesięć lat temu, nie mówiąc nawet o latach dziewięćdziesiątych. Wystarczy rozejrzeć się po Olsztynie: powstały drogi, osiedla, galerie handlowe. Ludzie mówią, że nie mają pieniędzy, a po ulicach śmiga tyle aut, że korki przypominają te warszawskie. Mamy urokliwą starówkę i fantastyczne jezioro Ukiel z plażą miejską. Kiedyś stały tam dwie budki z hamburgerami, dziś są lokale i restauracje na poziomie. A w każdej wolnej chwili można się wyciszyć, ruszając z miasta na wieś.

Dzieci? Mogą być zarówno dziewczynki, jak i chłopcy. Urodzę ich dwoje, troje albo i pięcioro. Gdy się czemuś poświęcam, to na sto procent. Tak samo będzie z rodziną. Chwilami nawet marzy mi się rola kury domowej. No dobrze, z akcentem na „chwilami". Chcę być przy bliskich. Wiem, że rodzice nigdy nie wyjadą z Nowej Kaletki. Mają dom, na który tak ciężko pracowali. Chcę być z nimi, w wesołych i smutnych chwilach. Nie chcę sobie kiedyś zarzucić, że coś mnie ominęło. Momentami obwiniam się, że zaniedbuję te relacje, gdy moja kariera pędzi jak ekspres.

Mam pewność, że dzięki zwycięstwom w UFC zapewnię sobie spokojną przyszłość. Zyskam komfort i spokój. Znajdę czas na czytanie książek. Będę się dokształcać, nie przestanę podróżować. Wrócę do fotografowania – pasji, której nie miałam czasu rozwinąć, a także do wspinaczki, porzuconej kilkanaście lat temu. Myślę, że odnalazłabym się w telewizji. We wszystkich programach do tej pory czułam się świetnie. Możliwe, że tam jest moje miejsce. Uwielbiam poznawać ludzi, obcować z nimi. To mnie nakręca, dodaje sił.

Marzy mi się własna kawiarnia z ciastkami bezglutenowymi, zdrowymi przekąskami. Klimatyczne miejsce, idealne do wyciszenia się. W wolnej chwili sama przyrządziłabym kawę jako barista amator. Chcę też pogłębić swoją wiedzę o winach.

Nie zamierzam odcinać kuponów od sławy. Nie chcę babrać się w polityce. Widzę, ile negatywnych emocji wywołuje, jak nastawia ludzi przeciwko sobie. Już zaczęły się podchody. Ktoś chciał, żebym dała poparcie jednej partii, inny namawiał do przyłączenia się do drugiej. Nie ma mowy. Chciałabym zachować swoją niezależność. Mam mnóstwo pomysłów, znam problemy poszczególnych dyscyplin sportu. Chciałabym, żeby nasze społeczeństwo zadbało o zdrowie przez aktywność fizyczną, to najlepsza profilaktyka. Być może sprawdziłabym się nawet jako szefowa ministerstwa sportu. Ale nie jest to miejsce, żeby pisać program wyborczy. Zresztą, kto wie, może za parę lat będę się tylko śmiała, biorąc do ręki tę książkę, czytając swoje słowa na tej stronie.

Moim najważniejszym projektem pozasportowym jest fundacja. Niedługo powinnam ogłosić jej otwarcie, czekam na urzędowe dokumenty. Będę pomagać dzieciom. Nie tylko chorym, ale i takim, które nie mają szans spełniać swoich marzeń z innych powodów, na przykład finansowych. Pragnę stworzyć poważny program dla uzdolnionej młodzieży, która nie ma jak się wybić. W tej kwestii liczę na wsparcie moich sponsorów.

Nie zostanę celebrytką, która sprzedaje swoją twarz. Chcę pozostać autentyczna, być znana tylko z tego, czego dokonałam. Pokazywać prawdziwą siebie. Zdobyłam popularność, ale nie gryzę się w język, gdy chcę powiedzieć coś ważnego. I niezależnie od tego, ile jeszcze wygram walk, jakie rekordy UFC pobiję, czy zrobię karierę poza sportem, to już nigdy się nie zmieni. Dziś wiem, że pracowałam tak ciężko nie tylko dla wielkich zwycięstw, ale i po to, żeby cieszyć się zdobytym komfortem. Nie przestanę pisać swojej historii, pozostanę w stu procentach sobą.

POSŁOWIE

Dana White, prezydent UFC

Chyba nikt z nas w UFC nie spodziewał się nadejścia Joanny Jędrzejczyk. Sean Shelby, nasz matchmaker, ściągnął ją w 2014 roku, kiedy startowaliśmy z kategorią słomkową. Powiedział mi, że była mistrzynią w muay thai i generalnie miał o niej bardzo dobre zdanie. Jednak tej nocy, kiedy walczyła z Julianą Limą, po prostu oczarowała mnie. Jej technika w stójce była tak doskonała, a ona sama – tak agresywna, aż zapierało dech. Było jasne, że porwie tłumy. Już na ważeniu widać w niej było tę zadziorę, więc kiedy wyszła z oktagonu, kazałem ją przyprowadzić, posadziłem koło siebie i razem obejrzeliśmy kolejne walki tej nocy.

Wtedy powiedziałem też do Lorenzo Fertitty, że ta dziewczyna będzie mistrzynią świata.

Miałem rację. Wciąż jest na topie, broni tytułu, a przy tym nie zmieniła się ani trochę. Kto by pomyślał? Joanna jest przecież poza oktagonem jedną z najsłodszych istot, jakie tylko można spotkać. Jednak jeśli chodzi o walkę i jej bycie najlepszą, mistrzynią, jest najzacieklejszym wojownikiem na świecie.

I to nie tylko wśród kobiet. Spośród wszystkich zawodników, jakich mamy w UFC, to ona udowadnia swoją pozycję na szczycie w najbardziej brutalny sposób. Jest niesamowita.

Strach pomyśleć, że ta dziewczyna nadal chce się rozwijać i być coraz lepsza. Joanna była naprawdę niezła w walce Limą, ale dwie walki później, kiedy walczyła z Carlą Esparzą o mistrzostwo świata, wiele osób zastanawiało się, czy jest gotowa. Carla dominowała przecież w programie *The Ultimate Fighter* i zdobyła tytuł. Gdy patrzyliśmy, jak Joanna absolutnie ją zniszczyła, mieliśmy w głowie tylko jedną myśl, jedno zmartwienie: „Wow, oby ta kategoria wagowa nie okazała się dla niej za ciasna". To tyle w temacie, jak dobra była.

Koniec końców, Joanna okazała się idealną osobą do pociągnięcia kategorii słomkowej kobiet. W UFC przez długi czas mieliśmy dwie żeńskie wagi. Ronda Rousey oczywiście królowała w kategorii koguciej. Idealnie ją rozkręciła, a potem pojawiła się Joanna, która zakasowała konkurentki w słomkowej. Nie mógłbym nawet marzyć o wspanialszych liderkach obu tych wag.

Co najciekawsze w dyskusji o Rondzie i Joannie – Ronda podbiła świat jak burza, chwilę po tym, gdy znalazła się w świetle reflektorów. Większość młodych kobiet i dziewczyn zapytanych, kto jest ich ulubioną zawodniczką, bez wahania odpowie, że Ronda Rousey. Gdy Joanna pojawiła się na scenie, podobnie od razu znalazła zwoich fanów i zwolenników.

Decyzję, aby przyznać Rondzie i Joannie dwie najważniejsze walki gali UFC 193 w australijskim Melbourne, przed pięćdziesięcioma sześcioma tysiącami widzów, podjąłem bez chwili wahania. Oczywiście, że w branży sportów walki nigdy nie wiadomo, czy jest to właściwy moment. Musisz po prostu się zdecydować i to zrobić. Byłem przekonany, że pomysł postawienia dwóch zaciekłych babek na samym szczycie karty walk wielkiego stadionowego show się sprawdzi. Wszystko zagrało, rzecz jasna.

Dzisiaj Joanna jest nadal na szczycie i – w dłuższej perspektywie czasowej – sądzę, że okaże się jednym z najlepszych zawodników, jakich kiedykolwiek mieliśmy. Jeśli oceniać jej zawziętość, pragnienie rywalizacji, determinację do walki do końca – nie ma sobie równych i sądzę, że będzie gwiazdą w tym biznesie tak długo, jak sama zechce.

Joanna jest absolutnie zdumiewająca, ale najlepsze jest to, że nadal jest tą samą osobą, którą wyciągnąłem z oktagonu po jej pierwszej walce. Pomimo sukcesów i sławy nie zmienia się. Jest wielokrotną obrończynią tytułu i najbardziej kozacką babką na Ziemi.